Der Sturz des göttlichen Falken

Der Sturz des

Revolutio
im Alten Ägypte

Peter H. Schulze

göttlichen Falken

Pawlak Verlag

Lizenzausgabe 1986 für
Manfred Pawlak Verlagsgesellschaft mbH, Herrsching
© Gustav Lübbe Verlag GmbH, Bergisch Gladbach
Motiv des Schutzumschlags: Der Falke von
Hierakonpolis, 6. Dyn.
Aufn. Hirmer München
Printed in Yugoslavia
ISBN: 3-88199-302-9

Inhaltsverzeichnis

Für Hagen, Sigrun und Helga

Einleitung

Aus dem Abstand der Jahrtausende betrachtet, die seit dem Ende der altägyptischen Kultur vergangen sind, erscheint uns die Geschichte Altägyptens wie ein
ununterbrochener, steter Strom, beharrlich, unwandelbar und ohne erkennbare
Einschnitte. In feierlicher Ruhe und Erhabenheit, wie die Pyramiden und ihr
Wächter, die mächtige Sphinx, so folgen aus unserer Sicht die Jahrhunderte
ägyptischer Geschichte und Kultur aufeinander, von der Reichseinigung um das
Jahr 3000 v. Chr. bis hin zum schließlichen Erlahmen geschichtlicher und
kultureller Kraft unter Hellenismus und Römertum in den ersten Jahrhunderten
um und nach der Zeitwende.
Gewiß gibt es kaum eine andere Kultur der Menschheit, die so lange Zeit aus sich
selbst heraus blühen konnte und dabei so weitgehend dem Stilgesetz, unter dem
sie angetreten war, treu blieb. Und doch entdeckt der aufmerksame Blick auch
hier, wie in jedem Menschenwerk, Entwicklung und Veränderung, ja sogar jähe
Brüche und die Mühen des Neubeginns aus dem Zusammenbruch. Aber gerade
diese Fähigkeit zur Wiedergeburt zeichnet die ägyptische Kultur vor fast allen
anderen aus und gibt ihr jene Lebendigkeit, die sie vor Verknöcherung und
Austrocknung bewahrte.
Einer der folgenschwersten Einbrüche in der Geschichte Ägyptens war der
Untergang des Alten Reiches, der Epoche der großen Pyramidenbauer und ihrer
Nachfolger. Über siebenhundert Jahre einer von außen ungestörten, im Inneren
weitgehend ruhigen und gleichmäßigen Entwicklung fanden ihr jähes, gewaltsa-
mes Ende in einem plötzlichen und totalen Zusammenbruch aller staatlichen
Ordnung – ein Vorgang, der zumindest in der Residenz Memphis alle Züge einer
Revolution der Massen trägt: Das Königtum wurde ausgelöscht oder zumindest
für einige Zeit zu machtlosem Schattendasein verurteilt; die einst herrschende
Hofgesellschaft wurde ihrer Privilegien, ihrer Macht und ihres Besitzes beraubt.
Die Magazine wurden geplündert und damit die gleichmäßige Versorgung aller
Landesteile mit Lebensmitteln unmöglich gemacht, so daß es in vielen Gebieten
zu furchtbaren Hungersnöten kam. In den Gauen ergriffen Söldnerführer die
Macht, die sich den Teufel um König und Zentralregierung kümmerten und nur
danach trachteten, ihre jeweiligen Nachbargaue auszuplündern. Noch verheeren-
der aber waren die Folgen im geistigen und religiösen Bereich: Gräber und Tempel
wurden geplündert und zerstört; die Mumien der Pharaonen lagen geschändet in
der Wüste, ebenso die der Beamten und Priester, und die Sinnlosigkeit jeder
Jenseitsvorsorge schien offenbar.
Man kann sich die materiellen, vor allem aber die geistigen Auswirkungen der

7

Ereignisse von damals kaum tiefgreifend und schrecklich genug vorstellen: Für die Ägypter brach eine Welt zusammen, in der sie sich jahrhundertelang geborgen gefühlt hatten. Mißtrauen und Skepsis gegenüber dem Sinn von Jenseitsvorsorge und Opferkult, ja Zweifel am Sinn des Lebens überhaupt machten sich breit. Opportunisten und Neureiche hatten die Oberhand, und die einst blühende Kunst verkam in kümmerlichem Provinzialismus.

Es ist wie ein Wunder, daß Ägypten unter der Last all dieses Elends, all dieser Not, all der ungeheuren Zerstörungen nicht für immer zusammenbrach. Aber der ägyptische Geist war kraftvoll und lebendig genug, sich dieser extremen Herausforderung zu stellen und der Ratlosigkeit, Hoffnungslosigkeit, ja Verzweiflung Herr zu werden, die alle Schichten der Bevölkerung in gleicher Weise erfaßt hatte. Dieselben geistigen Kräfte, die zuvor das Entstehen eines revolutionären Klimas stark begünstigt, ja überhaupt erst ermöglicht hatten – so allem voran das wachsende Bewußtsein der eigenen Persönlichkeit und das Vertrauen auf die eigenen Fähigkeiten –, werden nun aufgeboten, um aus der tiefen Krise wieder herauszufinden und eine geistige Erneuerung einzuleiten.

Während die bildende Kunst in provinzieller Bedeutungslosigkeit versinkt, blüht in der nachrevolutionären Zeit eine Literatur auf, die sowohl von ihrer dichterischen Form wie auch von ihrer Thematik her, vor allem aber in dem Reichtum, dem Ernst und der Tiefe ihrer Gedanken zu den größten Leistungen des Menschengeistes überhaupt zählt. Fünfzehn Jahrhunderte vor Plato wird der Dialog als Form philosophischer Aussage entdeckt und genutzt. Zum ersten Mal in der Menschheitsgeschichte setzt der ägyptische Geist sich mit dem Vorwurf an Gott auseinander, warum er das Böse auf Erden zulasse. Im Verlauf einer fortschreitenden Demokratisierung der Jenseitsvorstellungen dringt man bis zum Gedanken eines Totengerichts vor, das jeden Menschen, König wie Bürger, gleichermaßen zur Verantwortung zieht. Nichts geringeres als die Geburt des Gewissens ist es, die wir miterleben können. In anderen Werken ertönt unüberhörbar der Schrei nach Gerechtigkeit, der auch vor dem Pharao nicht verstummt. Ihm begegnet ein sich ausbreitendes Gefühl für soziale Verpflichtung. In das gewaltige geistige Erwachen dieser Zeit gehört auch das plötzliche Auftauchen neuer Götter, die dann binnen kürzester Zeit landesweite Verbreitung finden, ja sich sogar einen beherrschenden Platz im ägyptischen Pantheon erobern wie Amun und Osiris.

So ist in diesem Buch über Altägypten einmal nicht die Rede vom Gold der Pharaonen, von siegreichen Königen oder von der Errichtung gewaltiger Bauwerke und schöner Statuen. Es will seine Leser vielmehr teilnehmen lassen an einer faszinierenden Entwicklung des menschlichen Geistes, an der Entstehung von Fragen, die uns noch heute unvermindert aktuell und gegenwartsbezogen anmuten, und wir werden auch die Antworten kennenlernen, die Dichter und Denker der damaligen Zeit darauf gegeben haben. Zugleich aber werden wir den Leser auch mit Werken bekanntmachen, die über all ihre geistesgeschichtliche Bedeutung hinaus ganz einfach schön und voller Poesie sind und die uns selbst noch durch den Schleier der Übersetzung hindurch den Genius Altägyptens erkennen lassen.

1
Die Klagen des Weisen

»Die Türhüter sagen: ›Laßt uns gehen und plündern!‹ Der Wäscher lehnt es ab, seine Last zu tragen ... Die Vogelfänger haben Streithaufen gebildet ... Das Marschland Unterägyptens trägt den Schild ...[1]«
Mit diesen Worten beginnt der erhaltene Teil einer altägyptischen Handschrift auf einer Papyrusrolle aus der Ramessidenzeit, die heute in Leiden aufbewahrt wird. Der Anfang des Textes ist leider zerstört. So erfahren wir weder, wie der Text einst betitelt war, noch wer ihn verfaßte oder wann er genau entstand. Denn mit ziemlicher Sicherheit trug er ein Entstehungsdatum ägyptischer Art – das Regierungsjahr eines Königs nämlich, unter dem oder für den der Text geschrieben wurde. Das gleiche Schicksal betrifft übrigens viele altägyptische Papyrusrollen, wodurch wir oft erhebliche Schwierigkeiten haben, das Werk genau zu datieren oder es auch nur einer bestimmten Literaturgattung zuzuordnen. Aber solche Probleme und ihre mögliche Lösung sollen uns erst später beschäftigen. Lassen wir uns zunächst von der dramatischen Schilderung gefangennehmen, die der Autor von einer offenbar höchst gefahrvollen Lage Ägyptens gibt. Nach der ersten, durch Lücken im Papyrus leider auch recht unvollständigen Aufzählung von Berufen – allesamt den einfachen Bevölkerungsschichten zugehörig, die offenbar im Aufstand begriffen sind – fährt der Autor in einer höchst kunstvollen, durch Wiederholungen einprägsamen Rede fort:

>»Es ist doch so:
>Das Land ist voll von Banden.
>Man geht zum Pflügen mit dem Schild bewaffnet (um sich zu schützen).
>
>Es ist doch so:
>Der Bogenschütze ist gerüstet.
>Übeltäter sind überall.
>Es gibt keinen Mann von gestern (Vornehmen) mehr ...
>
>Es ist doch so:
>Der Nil flutet, aber man pflügt nicht für ihn,
>denn alle Leute sagen: ›Wir wissen ja nicht, was geschehen wird!‹
>
>Es ist doch so:
>Die Frauen sind unfruchtbar,
>man wird nicht mehr schwanger.
>Chnum (Schöpfergott) schafft nicht mehr wegen des Zustandes des Landes.

1. Einbringen
der Ernte.

Es ist doch so:
Bettler sind zu Herren von Schätzen geworden.
Wer sich keine Sandalen machen konnte, geht jetzt begütert ...

Es ist doch so:
Die Herzen sind zu gewalttätig,
Unheil ist im Lande verbreitet,
Blut ist überall ...

Es ist doch so:
Viele Tote sind im Fluß bestattet,
die Flut ist zum Grab geworden, und die reine Stätte (das Grab) wurde zur Flut.

Es ist doch so:
Die Reichen sind in Trauer
und die Armen in Freude.
Jede Stadt sagt: ›Laßt uns die Starken aus unserer Mitte vertreiben!‹

10

2. »Elend
herrscht im
Lande« – Hun-
gernder Töpfer.

Es ist doch so:
Elend herrscht im Lande.
Es gibt niemanden mehr mit weißen Kleidern.

Es ist doch so:
Das Land kehrt sich um wie eine Töpferscheibe.
Der Räuber ist ein Herr von Besitztümern ...

Es ist doch so:
Der Fluß ist voller Blut.
Will man aus ihm trinken, so schreckt man zurück vor Toten
und man dürstet lieber nach Wasser².«

Ein grausiges Bild von einem in vollem Aufruhr befindlichen Land wird hier
gezeichnet. Denn daß es sich in diesen ersten Teilen der Schilderung nicht um eine
Invasion Ägyptens durch fremde Heere handelt, sondern um innere Unruhen,
kommt deutlich zum Ausdruck: Die Städte Ägyptens vertreiben die ›Starken‹, die
bisher Herrschenden; die ›Bettler‹ und die ›Armen‹ triumphieren. Nicht anders

11

als in heutigen Zeitungsberichten werden die Aufständischen, zumindest solange sie nicht gesiegt und eine Regierung gebildet haben, als ›Räuber‹, heute sagt man ›Guerilleros‹, ›Rebellen‹ oder ›Banditen‹, bezeichnet. Dieser oft beklemmend modern anmutende Bericht über einen Aufstand der Armen stammt aber nicht aus unserem Jahrhundert, sondern ist weit über vier Jahrtausende alt. Zum ersten Mal in der Menschheitsgeschichte wird hier ein innerer Umsturz mit all seinen Folgen geschildert[3] – sicher nicht von einem objektiven Reporter, aber offenbar von einem scharfen Beobachter: Wie immer er auch die Gewichte von Ursache und Wirkung, Schuld und Gewalt einseitig verteilen mag, das Elend Ägyptens zu jener Zeit führt er mit erschütternder Deutlichkeit vor Augen. Nicht nur die Folgen für Besitz und Eigentum, für Leib und Leben werden aufgezählt, beschrieben wird auch die ›Umwertung der Werte‹, die der Umsturz mit sich bringt. Dafür steht das einprägsame Bild: ›Das Land kehrt sich um wie eine Töpferscheibe.‹ Von besonderer Eindringlichkeit sind die Stellen, in denen die verheerenden Auswirkungen auf den Totenkult geschildert werden, der ja im alten Ägypten eine so beherrschende Stellung innehat: Anstelle der sorgsamen Mumifizierung werden die Leichen einfach in den Nil geworfen, und die Gräber sind zerstört.

Unser Autor fährt fort in der Darstellung des Volksaufstandes und seiner Folgen, wobei er wiederum mit dem geschickten rhetorischen Kunstgriff des ›Es ist doch so!‹ seine Zuhörer oder Leser zur Zustimmung, zur Identifikation auffordert und dabei erweisbare, von jedem miterlebte Tatsachen fast unmerklich mit Meinungen und Urteilen mischt:

> »Es ist doch so:
> Hallen, Säulen und Mauern sind in Asche gelegt.
> Mögen doch die Fundamente des Staates (oder des Königspalastes)
> dauern und fest bleiben.
>
> Es ist doch so:
> Das Staatsschiff der Südlichen ist in Verwirrung.
> Die Städte sind in Verwirrung,
> Oberägypten ist kahle Wüste geworden.
>
> Es ist doch so:
> Der Sohn eines Vornehmen ist nicht mehr zu erkennen,
> der Sproß seiner Gemahlin ist nicht besser dran als der Sohn der Dienerin.
>
> Es ist doch so:
> Die Wüste hat sich über das Fruchtland ausgebreitet.
> Die Gaue sind aufgewühlt,
> Fremde von draußen sind nach Ägypten gekommen ...[4]«

Erstmals wird hier als eine der Folgen der inneren Unruhen Ägyptens das Eindringen Fremder in das Land erwähnt, ein Thema, das später noch ausführlich zur Sprache kommen wird. Doch zunächst lenkt der Autor wieder auf die sozialen Auswirkungen des Aufstandes zurück:

»Es ist doch so:
Gold und Lapislazuli sind an den Hals der Dienerinnen gehängt.
Die Reichtümer sind über das Land zerstreut,
aber die Hausherrinnen sagen: ›Hätten wir doch etwas zu essen!‹

Es ist doch so:
Die Leiber der Edelfrauen kränken sich über die Lumpen.
Sie schämen sich beim Gruß ...[5]«

Und immer deutlicher werden nun auch die Auswirkungen des Aufruhrs über den persönlichen Bereich hinaus auf Handel und Wirtschaft, Kultus und Außenpolitik gezeichnet:

»Es ist doch so:
Man fährt heute nicht mehr nach Byblos (Hafenstadt im Libanon, mit der
*   Ägypten seit den Zeiten der Reichsgründung rege Handelsbeziehungen*
*   unterhielt und aus der es vor allem Hölzer und Harze bezog).*
Was sollen wir tun, um Zedern für unsere Mumien zu bekommen?
Priester werden doch begraben mit ihren Produkten,
und man balsamiert die Vornehmen mit ihrem Öl bis nach Kreta hin.
Sie kommen nicht mehr.
Es fehlt an Gold (zur Bezahlung).
Zu Ende sind die Erzeugnisse aller Handwerke,
ausgeleert sind die Schatzkammern des Staates ...

Es ist doch so:
Elefantine bis Thinis bilden ein oberägyptisches Königtum,
ohne der Zentrale Tribut zu leisten (Steuern zu zahlen).
Es fehlt daher an Getreide ...[6]«

Hier erfahren wir zum ersten Male etwas über die Ausdehnung der Aufstandsbewegung: Der Süden des Landes, also Oberägypten von der nubischen Grenze bei Assuan bis zum Thinitischen Gau bei Abydos, hat sich entweder gar nicht beteiligt oder sich unter eigenen lokalen Herrschern vom zentralen Königtum losgerissen, und die fehlenden Abgaben aus dieser Kornkammer verursachen in den großen Städten Engpässe in der Versorgung. Unmittelbar nach dieser Darstellung des Zerfalls der staatlichen Autorität wird ›der König‹ angesprochen, und zwar in einer während der ganzen ägyptischen Geschichte höchst unüblichen Art der Kritik, aus der man Mahnung, Warnung, ja Angriff ablesen kann:

»Der König ist zufrieden, wenn die Gerechtigkeit zu ihm kommt.
In Wirklichkeit kommt aber jedes Fremdland (und fordert):
›Das ist unser Wasser! Das ist unsere Weide!‹
Was wollt ihr dagegen tun? Alles geht zugrunde[7]!«

Nach dieser bitteren Attacke auf den Regenten seiner Zeit, dessen Streben nach Gerechtigkeit von räuberischen Nomaden ausgenutzt wird, verliert der Ton wieder etwas an Schärfe, und mit ›Es ist doch so‹ wird die allgemeine Klage fortgesetzt, die sich schließlich zu erschütterndem Jammer steigert:

»*Es ist doch so:*
Alte und Junge sagen: ›*Wäre ich doch tot!*‹
Kleine Kinder sagen:
›*Man hätte mir das Leben nicht geben sollen!*‹

Es ist doch so:
Die Nachkommenschaft der Vornehmen schlägt man gegen die Wände;
die Kinder, um deren Kommen gebetet wurde, setzt man jetzt in der Wüste aus.

Es ist doch so:
Die in der ›*Reinen Stätte*‹ *(mumifiziert im Grabe) waren,*
wirft man in die Wüste hinaus ...[8]«

Und wieder wird der König mit der typischen altägyptischen Anrede für die Majestät ›man‹ als Verantwortlicher bezeichnet:

»*Was will man dagegen tun? ...*«,

worauf unser Autor nach einigen Beispielen der verkehrten Welt, wie sie der Aufstand hervorbrachte, wieder grundsätzlich wird:

»*Die Gerechtigkeit ist dem Namen nach über das Land verbreitet;*
aber Unrecht ist es, was sie unter Berufung auf diese tun[9]*!*«

Erneut taucht der Begriff ›Gerechtigkeit‹ auf, der schon oben in Zusammenhang mit dem Bestreben des ›Königs‹ verwendet wurde und hier als Zusammenfassung all dessen dient, was die Aufstandsbewegung will. Das ägyptische Wort für ›Gerechtigkeit‹, nämlich ›Maat‹, ist sehr umfassend in seiner Bedeutung und geht weit über unseren Begriff der Gerechtigkeit hinaus, zumal dann, wenn man sie nur in juristischem Sinne versteht. *Maat* ist in Ägypten recht eigentlich das, was Himmel und Erde zusammenhält, und folglich ist ihre Verkörperung als Göttin eine Tochter des Sonnen- und Weltengottes Rê. ›Weltordnung‹ ist oft die treffendste Übersetzung, aber diese drückt sich eben im richtigen Tun genauso aus wie in der Wahrheit oder in der Gerechtigkeit. Und obgleich der Autor unseres Papyrus ja eindeutig *gegen* die Folgen des Aufruhrs Stellung nimmt, kann er doch nicht umhin, zunächst selbst dem gegenwärtigen Machthaber das Streben nach *Maat*, diesem in Ägypten stets religiös begründeten Begriff von Gerechtigkeit, zuzusprechen. Wogegen er sich wendet, ist eine Entwicklung, durch die aus einer Idee der Gerechtigkeit eine Ideologie geworden sei, und es klingt fast an moderne Kritiken des ›Realen Sozialismus‹ an, wenn er die Folgen der unter dem Banner der Gerechtigkeit angetretenen Bewegung ausmalt:

→ 3. »Kleine Kinder sagen: ›Man hätte mir das Leben nicht geben sollen‹.«

»Es ist doch so:
Gemetzel wütet.
Aber der Zaghafte verhindert, daß etwas gegen eure Feinde getan wird …
Der die Königsmacht fortgenommen hat,
warum gebt ihr ihm denn die Regierung?
Er kommt doch nicht zum Ziel.
Das ist ja das Elend, daß ihr sie ihm gebt[10]!«

Der Autor unterbricht also zunächst seine Schilderung und verhöhnt den ›Zaghaften‹, mit dem nach Ansicht des deutschen Ägyptologen Joachim Spiegel nur der ›König‹ gemeint sein kann[11]; dann geht er sogar zum politischen Angriff über, indem er fordert, die Regierung in andere Hände zu legen. Und anschließend werden erneut die Zustände im Land gegeißelt:

»Es ist doch so:
Man ißt Gras und spült es mit Wasser hinunter.
Nicht einmal Körner und Kräuter für die Vögel sind zu finden.
Man raubt die Treber aus dem Maul des Schweins …

Es ist doch so:
Man ist entblößt von Kleidung, Reinigungsmitteln und Öl.
Alle Leute sagen: ›Es gibt nichts!‹ …

Es ist doch so:
Die Akten des Hohen Gerichts sind weggeschleppt,
die Geheimarchive sind bloßgelegt.
Zauberformeln sind dem Volk enthüllt,
magische Sprüche richten Geistesverwirrung an …[12]«

Nach Hunger und Not werden die geistigen Schäden beschrieben: Zauberformeln sind bei den Plünderungen der Tempel in die Hände Unberufener gefallen und richten Unheil an. Man muß sich dabei klarmachen, daß die ägyptische Religion sich nie ganz von der Magie lösen konnte, was ja bekanntlich sogar modernen Hochreligionen schwerfällt. Neben theologischen Überlegungen von höchster Spiritualität stehen oft unvermittelt die Reste vorzeitlicher Vorstellungen, als an der Stelle menschengestaltiger Götter noch ›Mächte‹ standen[13], auf die man mit der richtigen Handlung, vom rechten Spruch begleitet, unmittelbar einwirken konnte. Aber diese Einwirkung war wegen der ungeheuren Gefahr, die jede Berührung mit den ›Mächten‹ mit sich brachte, der geheiligten Person des Königs und allenfalls, in seinem ausdrücklichen Auftrag, den Priestern vorbehalten. Nun waren die Sprüche und Rituale in die Hände der Unwissenden gefallen, und wenn man sich vor Augen hält, welche Schäden noch heutzutage in unserem angeblich so aufgeklärten Zeitalter der Umgang mit – oft wissenschaftlich verbrämten – religiös-magischen Handlungen bei psychisch labilen Menschen anzurichten vermag, kann man unseren Autor wohl verstehen und sich vorstellen, zu welch

16

furchtbaren Folgen im Ägypten des dritten vorchristlichen Jahrtausends der
Glaube, mit den erbeuteten Sprüchen Macht über die Götter und Geister zu
haben, führen konnte.

Nach diesen alle Emotionen aufwühlenden Bildern schildert der Autor wieder die
Tage des Aufstandes, als in der Residenz das erbitterte Volk die Ämter, Schatz-
häuser und Gerichte stürmte und alles herausschleppte und vernichtete, was auch
nur entfernt nach Akten aussah:

> »Es ist doch so:
> Die Akten der Rechnungsbeamten sind vernichtet,
> die Kornvorräte Ägyptens sind Gemeingut.

Es ist doch so:
Die Gesetzbücher werden auf die Straße geworfen,
man tritt darauf in den Stadtvierteln;
das aufständische Volk zerreißt sie in den Straßen ...[14]«

Und schließlich bezieht der Autor, wie schon mit dem stets wiederholten ›Es ist doch so‹, jeden vernünftigen Beobachter mit in seine Sicht der Dinge ein, der ja nur Toren widersprechen können:

»Es ist doch so:
Der Wissende sagt: ›Ja, so ist es!‹
Der Törichte sagt: ›Keineswegs!‹
Der aber die Lage nicht durchschaut, dem scheint sie schön[15].«

Nachdem zuvor bereits der König vom Autor mit Spott und Kritik bedacht worden war, gilt nunmehr der Spott dem ›Törichten, der die Lage nicht durchschaut‹. Einen interessanten Einblick in die sozialen Hintergründe des Aufruhrs bietet die Wahl des ägyptischen Wortes ›*Huru*‹, mit dem jeweils die Aufständischen bezeichnet werden und das wir mit ›Volk‹ u. ä. übersetzt haben. Dieser Begriff *Huru* hat ursprünglich die Bedeutung von ›ärmlich‹, ›schwach‹, ohne jeden abschätzigen Beigeschmack. Gegen Ende des Alten Reiches ist er aber offenbar von den herrschenden Kreisen zunehmend als herabsetzendes Schimpfwort für die Ungebildeten, Armen, Dienenden im Sinne von ›Plebs‹, ›Pöbel‹ verwendet worden[16], und mit diesem Sinngehalt gebraucht ihn auch unser Autor, der sich ja immer deutlicher als engagierter Gegner der Aufstandsbewegung herausstellt.

Wie uns einige andere ägyptische Literaturwerke der gleichen Zeit zwischen Ende des Alten und Beginn des Mittleren Reiches zeigen, ist aber dieser Ausdruck ›*Huru*‹ offenbar – ebenso wie das ›Sansculottes‹ der Französischen Revolution – von den Aufständischen selbst als Bezeichnung für ihre Anhänger benutzt worden und hat sich so von einem Schimpfwort zum Ehrentitel gewandelt[17]. Über einen Zeitraum von vier Jahrtausenden hinweg hat sich also nicht nur die geradezu klassische Darstellung einer Revolution erhalten, sondern sogar das ›Kennwort‹, mit dem die Aufständischen sich bezeichneten. Und genau dieses Wort erscheint gleich zu Beginn des nun folgenden zweiten Teiles der Darstellung, in dem der Autor mit noch anschaulicheren Bildern beschreibt, wie die Revolution in Altägypten im einzelnen vor sich gegangen ist:

»Sehet, Dinge haben sich zugetragen,
die seit den fernsten Zeiten nicht geschehen sind:
Der König ist vom Pöbel (Huru) gestürzt worden!

Sehet, der als Falke (Verkörperung des Horus) bestattet war,
ist aus dem Sarg gerissen.
Das Geheimnis der Pyramide ist ausgeleert.

Sehet, es ist so weit gekommen,
daß das Land des Königtums beraubt worden ist
von ein paar Menschen, die nichts von Regierung verstehen.

Sehet, es ist so weit gekommen,
daß man sich aufgelehnt hat gegen das machtvolle Schlangendiadem des Rê
    (Uräus an der Königskrone),
    das die Beiden Länder in Ruhe gehalten hatte ...
Die Residenz ist in einer Stunde über den Haufen geworfen worden.

Sehet, der Wassersprenger (etwa unserem Straßenkehrer entsprechend)
hat sich des Machthabers bemächtigt und ihn ins Elend gestürzt[18].«

Hier scheint mir eine ganz zentrale Stelle dieses in vielerlei Hinsicht bemerkenswerten Werkes zu sein, und zwar vor allem deshalb, weil sie innerhalb der ägyptischen Tradition einmalig ist. Niemals sonst wird der Sturz eines Königs, ja die Abschaffung des Königtums überhaupt mit so klaren und nüchternen Worten geschildert. Gewiß, hier mag zunächst einmal politische Vorsicht und Rücksichtnahme eine Rolle gespielt haben; da aber eine solche Art der Schilderung auch in lange *nach* den dargestellten Ereignissen verfaßten Texten nicht vorkommt, muß der Grund für diese ägyptische Zurückhaltung tiefer liegen. Und in der Tat, wir kennen aus vielerlei Zeugnissen den Glauben der Ägypter an die Dauer verleihende Wirkung von bildlicher oder schriftlicher Festlegung eines Ereignisses. Hierin, in diesem tief verwurzelten Glauben, liegt ja der Sinn all der unzähligen Darstellungen an den Mauern von Gräbern und Tempeln, all der Bilder und Statuen. Aus dem gleichen Grunde werden beispielsweise auch Schriftzeichen, die in Altägypten in der Hieroglyphenschrift nie ihren bildhaften Charakter verloren[19], an besonders bedeutsamer Stelle, etwa in Königsgräbern, magisch unschädlich für den Toten gemacht, indem z. B. das Bild der Viper (der Buchstabe ›F‹) durch ein Messer zerstückelt oder der Stachel der Biene abgebrochen wird. Und darum auch enthalten die Königsinschriften nur Berichte von Siegen, nie von Niederlagen – weniger aus politischen oder gar propagandistischen Gründen, sondern zunächst aus der Sorge, ihre Darstellung werde ihnen Wiederholung und Dauer verleihen.

Gewiß, es gibt mitunter auch Hinweise auf unheilvolle Ereignisse; aber diese sind, zumal dann, wenn es sich um das Königshaus handelt, so verhüllt in ihrer Aussage, daß wir heute große Schwierigkeiten haben, einwandfrei zu erkennen, von welchen Geschehnissen hierbei überhaupt die Rede ist. Ein Beispiel hierfür ist die ›Lehre des Königs Amenemhêt‹ (s. S. 197), in der einige Sätze von manchen Ägyptologen als Hinweis auf die Ermordung des ersten Königs der XII. Dynastie gedeutet werden. Aber es gibt auch Forscher, die die betreffende Stelle anders auslegen. Diese unterschiedliche Auslegung rührt daher, daß die fraglichen Sätze eben keineswegs klipp und klar aussprechen, daß der König getötet wurde. Nirgends auch ist in ägyptischen Quellen etwas darüber ausgesagt, wie die Pharaonin Hatschepsut zu Tode gekommen ist, so daß es hierüber heftige

Auseinandersetzungen in der Ägyptologie gibt[20]. Auch für Umsturz und schlechtes Regiment gilt dieses magische Tabu, und so finden wir für die religiöse Umwälzung des Echnaton in ägyptischen Texten der Nach-Armarna-Zeit immer nur umschreibende Ausdrücke wie ›Frevel‹, ohne daß dieser näher bezeichnet würde.

Ganz anders hier in unserem Text. Nicht nur, daß der Autor sich nicht scheut, in allen Einzelheiten den Aufruhr, ja sogar den Ablauf der Revolution in der Hauptstadt zu schildern, er sagt sogar in dürren Worten, daß der König gestürzt, die Königsgräber der Pyramiden geschändet und das Königtum selbst abgeschafft worden seien – und dies angesichts der Tatsache, daß in Ägypten das Königtum unabhängig vom jeweiligen Träger als von den Göttern selbst eingerichtet galt und einen tiefen religiösen Gehalt hatte. Was aber am schwerwiegendsten und folgenreichsten ist: Der Autor *sagt* ja nicht nur etwas, er gibt vielmehr all diesem Unheil auch noch durch Festhalten in schriftlicher Form ewige Dauer. Zu den Schilderungen vom Sturz des Königtums gehören auch einige Sätze, die ganz am Schluß des erhaltenen Textes stehen, deren Verständnis allerdings Schwierigkeiten bereitet, da der Rest eben leider zerstört ist. Es heißt da nämlich:

>»Es gab einen Mann, der alt geworden war, bevor er starb,*
>*und doch war sein Nachkomme erst ein Kind,*
>*das noch keinen Verstand hatte ...*
>*Da nahmt ihr es hinweg zum Todesgeschick ...*[21]«

Demnach ist offenbar der Nachfolger eines sehr alt gewordenen Herrschers gestürzt, entführt und ermordet worden. Wenn wir die in Frage kommende Zeitspanne der ägyptischen Geschichte überblicken, so trifft diese Situation auf das Ende der VI. Dynastie, der letzten des Alten Reiches, zu. König Phiops II. war nach einer sehr langen Regierungszeit – der ägyptische Geschichtsschreiber Manetho spricht von 94 Jahren – hochbetagt gestorben. Nach der Königsliste des sogenannten Turiner Papyrus, die sich in ihren erhaltenen Teilen als recht zuverlässig erwiesen hat, war sein Nachfolger Merenrê II. nur ein einziges Jahr an der Regierung, und mit ihm endet in dieser Liste die VI. Dynastie. Die darauf folgende VII. Dynastie umfaßt nach Manetho »70 Könige in 70 Tagen«, eine von Historikern lange Zeit als völlig unsinnig angesehene Behauptung, die sich aber recht gut mit revolutionärem Umsturz nach der VI. Dynastie und einer fernen Erinnerung – Manetho hat fast 2000 Jahre nach diesen Ereignissen zur Zeit der Ptolemäer gelebt! – an die turbulente Herrschaft eines Revolutionskomitees decken könnte.

Es gibt überdies noch zahlreiche andere Beweise für einen Umsturz, mit dem das Alte Reich zu Ende ging. Wir werden sie im folgenden Kapitel zusammen mit der Vorgeschichte dieser Ereignisse kennenlernen. Somit steht außer Frage, daß der Autor unseres Textes einen Vorgang beschreibt, der sich tatsächlich und mit ziemlicher Wahrscheinlichkeit so, wie er ihn im einzelnen schildert, abgespielt hat. Und dafür spricht eben unter anderem auch die Tatsache, über die wir uns zunächst wunderten, nämlich daß der Autor die Ereignisse so unverblümt offen, so ›unägyptisch‹ beschreibt. Dies ist kaum anders zu erklären als so, wie es Joachim Spiegel getan hat[22]: Der Autor muß Zeitgenosse der geschilderten Ereignisse sein und zu Zeitgenossen sprechen oder für sie schreiben, die alle dieses Unheil am eigenen Leibe miterlebt haben, so daß es völlig sinnlos gewesen wäre, hier nur in verhüllenden, umschreibenden Formulierungen zu sprechen.

Es ist gewiß nicht nur ein Zufall der Erhaltung, daß von dieser Geschichte bisher nur ein einziges Exemplar gefunden wurde, während viele andere ägyptische Literaturwerke in mehreren Abschriften vorhanden sind, häufig auch in Auszügen auf Scherben von Kalkstein und Ton, den sogenannten ›Ostraka‹, die im alten Ägypten wegen der Kostbarkeit des Papyrus für schnelle Notizen benutzt wurden oder als Übungstafeln für Schreibschüler. Die Sprache und Literatur dieser Zeit nach dem Ende des Alten Reiches, das sogenannte ›Mittelägyptisch‹, galt bis in die Spätzeit der ägyptischen Kultur als klassisch, als vorbildlich, und gehörte daher zum Übungspensum der Schüler. Die Ägypter aber haben sich sehr wohl gehütet, aus unserem Text, den ›Ermahnungen des weisen Ipu‹, eine Schullektüre zu machen[23].

Vielleicht sollten wir hier auch eine Bemerkung über die Geschichte dieser einen Handschrift machen, weil das uns bei unseren weiteren Überlegungen und den Versuchen helfen kann, festzustellen, was denn nun wirklich genau geschehen und warum es in dieser Form überliefert ist. Es hat darüber in den letzten Jahren recht lebhafte Auseinandersetzungen unter den Ägyptologen gegeben, vor allem über die Fragen: Gibt es für diesen Papyrus einen einzigen Autor oder mehrere, und wann hat er bzw. haben sie geschrieben? Ist die uns vorliegende einzige Handschrift eine Abschrift des Originals oder das Ergebnis von Überarbeitungen? Wann und an welchen Stellen wären solche Redaktionen geschehen?

Daß solche Fragen auch unter Fachgelehrten keine einheitliche Antwort finden, ist nicht verwunderlich. Einmal ist der Erhaltungszustand unserer Handschrift mangelhaft; immer wieder gibt es Lücken, offensichtliche Schreibfehler und Stellen, die unklar zu lesen sind, so daß sie unterschiedliche Deutungen in der Übersetzung zulassen. Dazu kommt, daß es im alten Ägypten kaum das gab, was wir als ›Künstlerpersönlichkeit‹ bezeichnen, und vor allem kein Urheberrecht. Im Gegenteil: Zitate aus alten Werken waren höchst beliebt, ohne daß die Quelle, aus der das Zitat stammte, immer genannt worden wäre. Es ist überhaupt erstaunlich, wenn auch nicht ganz einmalig in der ägyptischen Literatur, daß der Redner und mögliche Urverfasser der ›Ermahnungen‹ an einer Stelle, die wir noch zitieren werden, genannt wird.

Diesen Namen ›Ipu‹ bzw. ›Ipu-wer‹ (Ipu der Ältere oder Ipu der Vornehme, der Weise) gibt es nun leider gar nicht so selten und in verschiedenen Jahrhunderten, so daß wir daraus über das Entstehungsdatum dieses Literaturwerkes nichts entnehmen können. Es würde zu weit führen, all die höchst komplizierten Überlegungen nachzuvollziehen, die Fachgelehrte zur Beantwortung unserer Fragen angestellt haben. Ich möchte aber dem Leser das Resultat einer der neuesten Untersuchungen nicht vorenthalten, dem heute viele Ägyptologen zustimmen und dem auch ich zuneige.

Danach stammt die Hauptmasse des Textes aus der Ersten Zwischenzeit, also dem unruhigen Zeitraum nach Ende des Alten Reiches, und wurde im Mittleren Reich in manchen sprachlichen Ausdrücken, vor allem aber im Versbau dem ›Mittelägyptischen‹ und seiner Metrik angepaßt[24]. Nach Ende des Mittleren Reiches wurde dieser Grundstock mit einigen neu eingearbeiteten Zitaten aus anderen Werken, die ebenfalls in der Zeit der Umwälzungen entstanden waren, zusammengestellt und redaktionell überarbeitet, um dann in der XIX. Dynastie des Neuen Reiches die uns überlieferte Form zu erhalten[25]. Diese komplizierte Entstehungsgeschichte des Werkes muß man sich vor Augen halten – zwischen der wahrscheinlichen ersten Niederschrift um 2180 v. Chr. bis zur XIX. Dynastie liegen mindestens 800 Jahre! –, wenn man versucht, seinen Inhalt zu analysieren, und so mag der Leser verzeihen, wenn das Wort ›wahrscheinlich‹ so oft vorkommt.

Deutlich zeigt sich jedenfalls in dem Text immer wieder die tiefe Erschütterung der Ägypter über den Untergang des Alten Reiches. Die Revolution mit ihrem Sturz des geheiligten Königtums, der Vernichtung der Grundlagen von Staat und Verwaltung, der Schändung der Gräber und dem damit aufkommenden Zweifel am Sinn der Jenseitsvorsorge muß die Ägypter aufs tiefste getroffen haben. Ihr Staat hatte in ihrem Geschichtsbewußtsein ›seit den Zeiten der Götter‹ gedauert. Götter hatten ihn gegründet, seine Einrichtungen im Rahmen der Weltordnung geschaffen, sie waren die ersten Könige der Beiden Länder, Ober- und Unterägyptens, und die ihnen auf dem Thron folgenden menschlichen Herrscher waren Erscheinungen des Weltengottes Horus, waren Söhne des Sonnengottes Rê.

Nach dem gegenwärtigen Stand unserer Erkenntnisse ist die Bildung des Gesamtreiches etwa um 3000 v. Chr. erfolgt[26]. Die Revolution müssen wir ungefähr um das Jahr 2200 ansetzen, so daß also bereits mindestens 800 Jahre einer ungestörten, kontinuierlichen Entwicklung hinter den ägyptischen Zeitgenossen des Umsturzes lagen. Wir müssen uns einmal vorstellen, wie unser historisches Bewußtsein aussähe, wenn wir seit etwa 1000 n. Chr. in ganz Deutschland nur *eine* Regierungsform, stabile Grenzen und – außer kleinen Scharmützeln – Frieden nach außen gehabt hätten! Oder nehmen wir zum Vergleich die Entwicklungen innerhalb desselben Zeitraums von 3000 v. Chr.–2200 v. Chr. in Mesopotamien mit seinen ständigen inneren Kämpfen zwischen Städten und Staaten, seinen Invasionen fremder Völker und Kulturen! Dann kommt uns mit aller Deutlichkeit zu Bewußtsein, welch ein gewaltiger Einschnitt nicht nur im politischen, staatlichen und gesellschaftlichen Leben, sondern auch und gerade im geistigen, religiösen und kulturellen Bereich die Revolution für die Ägypter gewesen sein muß. Wie tief dieser Einschnitt ging, welche Kräfte er aber auch freisetzte, das ist das Thema dieses Buches, und dafür werden wir noch viele andere Beispiele kennenlernen.

So ist es schließlich kein Wunder, daß ein Zeitgenosse dieser ungeheuren Ereignisse seine anerzogenen Hemmungen überwindet und offen von allem Unheil spricht. Aber diese Überwindung trifft eben auch *nur* auf einen Zeitgenossen zu, denn in späteren Texten sehen wir, daß sämtliche historischen Schilderungen erneut von jener verhüllenden Zurückhaltung geprägt sind, wie sie dem ägyptischen Wesen und Denken eigentlich gemäß ist.

Unmittelbar im Anschluß an den Bericht von der Abschaffung des Königtums folgt eine zunächst in ihrer Bedeutung nicht ganz klare Stelle. Es heißt da:

> *»Aber der, in dessen Hand das Szepter ist (wörtlich: ›Herr des Szepters‹),*
> *will den Aufstand niederwerfen,*
> *ohne Gewalt zu gebrauchen[27].«*

Da ja das Königtum abgeschafft wurde, kann es sich bei diesem ›Herrn des Szepters‹ auf keinen Fall um einen Pharao handeln, und in der Tat taucht diese Formel auch nirgendwo unter den zahlreichen Titeln und Bezeichnungen für die Könige von der I. bis zur VI. Dynastie auf[28]. Ganz offenbar versucht unser Autor hier etwas zu umschreiben, wofür es im Ägyptischen keinen passenden Ausdruck gab. Ein Verständnis könnte sich ergeben, wenn man einmal annimmt, daß mit ›Herr des Szepters‹ ein Regent, ein nichtköniglicher Machthaber gemeint ist, und das hieße in diesem Fall: der Führer der Revolution. Auch ihm wird der Vorwurf gemacht, der zuvor schon gegen den ›König‹ oder den ›Zaghaften‹ erhoben worden war, nämlich daß er Gewalt verabscheue und glaube, den Folgen des Umsturzes allein mit guten Worten begegnen zu können. Ganz offensichtlich handelt es sich bei dem Angesprochenen immer um ein und dieselbe Person, wenn auch der Verfasser jeweils andere Ausdrücke verwendet, eben weil es einen passenden in der ägyptischen Sprache seiner Zeit nicht gab.

Joachim Spiegel hat diese Deutung, bei der angesprochenen Person handle es sich um den Revolutionsführer, mit zahlreichen scharfsinnigen Argumenten untermauert. Stellvertretend für eine ganze Reihe von Beispielen sei hier nur erwähnt, daß etwa die Anrede ›Allherr‹ gerade in der in Frage kommenden Zeit – der Ersten Zwischenzeit und dem anschließenden Beginn des Mittleren Reiches – noch einmal in einem Literaturwerk für einen Herrscher verwendet wird, der nicht, in diesem Fall noch nicht, gekrönter Pharao ist, aber praktisch die Macht ausübt, nämlich in der ›Lehre des Königs Amenemhêt‹ für seinen Sohn Sesostris I. Freilich, mit letzter wissenschaftlicher Sicherheit läßt sich diese Frage nicht beantworten, und so will ich den Leser mit drei anderen Deutungen bekannt machen, die bedeutende Ägyptologen jeweils mit guten Gründen vorgeschlagen haben.

Da ist einmal die Vermutung, die Rede Ipus richte sich an den altgewordenen König Phiops II., der in seiner Senilität zuläßt, daß das Reich zugrunde gerichtet wird[29]. Das erscheint mir vor allem deshalb unglaubhaft, weil die archäologischen Funde bis zum Ende der Regierung Phiops' II. keinerlei Anzeichen für einen Umsturz in Ägypten oder in der Residenzstadt Memphis erkennen lassen.

Andere halten es für möglich, daß Ipu sich an sein eigenes Herz, für den Ägypter der Sitz des Verstandes, wendet[30]. Solche inneren Dialoge gab es in Ägypten, insbesondere in dieser aufgewühlten Zeit, durchaus, und wir werden eines der schönsten Beispiele in dem ›Gespräch eines Lebensmüden mit seiner Seele‹ kennenlernen. Aber im Falle Ipus scheint es denn doch klar auf der Hand zu liegen, daß die Vorwürfe an einen Außenstehenden, an ein Gegenüber gerichtet sind.

Mehrere Ägyptologen schließlich vertreten die Auffassung, daß der Gesprächspartner Ipus der Schöpfergott oder eine – als Einheit angesprochene – Mehrzahl
von Göttern sei[31]. Dieser Deutungsversuch ist sehr ernst zu nehmen. Der
›Vorwurf an Gott‹, weshalb er denn das Böse geschehen lasse, begegnet uns auch
in anderen Zeugnissen dieser Zeit, die wir noch kennenlernen werden. Und die
eigentlich zwiespältige Art der Anrede – einerseits mit allen Formeln der Ehrer-
bietung, andererseits mit offenem Vorwurf – könnte sich in dieser Zeit durchaus
auch auf Gott beziehen. Der Hauptvorwurf wäre dann, daß Gott selbst das Böse
nicht kennt, eben weil er ein Gott ist, und daher auch nichts dagegen unternimmt:
Güte wird damit zur Schuld[32].
Ich bin aber der Meinung, daß die auf Gott bezogene Deutung den Gesamtzusam-
menhang des Werkes zu wenig in Betracht zieht[33] und daß es weitaus wahrscheinlicher ist, daß sich Ipus Vorwürfe auf einen Regenten, auf den Revolutionsführer,
beziehen. In jedem Falle aber ist für uns, die wir uns hier mit den Ermahnungen
Ipus zur Aufhellung politischer und sozialer Vorgänge befassen, letztlich gar nicht
entscheidend, wer nun sein tatsächlicher oder erdachter Gesprächspartner eigentlich ist. Bei der äußerst engen Verflechtung ägyptischen Denkens auf allen
Gebieten mit einer tiefen Religiosität läßt sich eine ganz klare Scheidelinie
zwischen politischem und ›religiösem‹ Denken ohnehin nicht ziehen. Wir werden
auf den religiösen Gehalt von Ipus Rede später noch zurückkommen müssen und
dabei die Möglichkeit des ›Vorwurfs an Gott‹ erneut ins Auge fassen.
Im weiteren Verlauf unseres Textes nimmt der Autor nun den Führer der
Aufstandsbewegung scharf ins Visier, und wenn er auch eben noch anerkennen
mußte, daß dessen Handeln vom Verlangen nach Gerechtigkeit und Gewaltlosigkeit bestimmt war, so kann er nun seine Zuhörer gar nicht genug aufputschen mit
dramatischen Darstellungen all des Elends, das dieses Handeln hervorgebracht
habe. Noch eindringlicher als mit dem ›Es ist doch so‹ des ersten Teils werden diese
Schilderungen mit einem ›Sehet‹ eingehämmert:

>»Sehet,
> das Land hat sich zusammengerottet in Banden,
> der Elende raubt die Habe des Edlen.

> Sehet,
> wer sich vorher keinen Sarg machen konnte,
> besitzt eine ganze Grabanlage.

> Sehet,
> die Richter des Landes werden im Land umhergehetzt,
> vertrieben aus den königlichen Gerichtshöfen.

> Sehet,
> die Edelfrauen schlafen auf Wasserschläuchen
> und die Edlen in Zwangsarbeitshäusern ...[34]«

5. »Die Magd besitzt jetzt eine Möbelausstattung« – Dienerin am Mühlstein.

Und gleichzeitig mit dieser Schilderung der Entbehrungen und Demütigungen der ehemals herrschenden Schicht wird Hohn ausgegossen über die ehemaligen Diener, die mit dem neugewonnenen Reichtum prunkten, ohne ihn doch recht nutzen zu können:

> »... Sehet,
> wer früher nicht für sich selbst weben konnte,
> besitzt feinstes Leinen ...
> Wer das Saitenspiel nicht gelernt hat,
> besitzt eine Harfe.
> Wer nicht einmal vor sich hinsang,
> pflegt jetzt die Musik.
> Wer aus Armut unbeweibt schlafen mußte,
> findet eine Edelfrau, wie er sie nie gesehen, und steht befangen vor ihr ...
>
> Sehet,
> die Aufwärter besitzen eigene Tischdiener,
> wer einst Laufbursche war, schickt jetzt andere umher.
> Der Ungepflegte, der nicht einmal einfaches Salböl (anstelle Seife) gebrauchte,
> besitzt jetzt Krüge voll süßen Myrrhenöls.
> Die Magd, die keinen Kleiderkasten ihr eigen nannte,
> besitzt jetzt eine ganze Möbelausstattung.
> Die, welche ihr Gesicht im Wasser besah,
> hat jetzt einen Bronzespiegel.«

Und nun folgt ein aus tiefstem Herzen kommendes Donnerwetter gegen diesen Geist des ›Enrichissez-vous‹ der ›Neuen Klasse‹:

> »Sehet,
> ein Mann gilt heute als vortrefflich, wenn er sich dem Genuß hingibt.
> Man sagt: ›Genieße, was du hast, mit fröhlichem Herzen,
> ohne dir Schranken aufzuerlegen.
> Die Seligkeit des Menschen besteht im Genuß seiner Güter ...‹[35]«

Diese geistig-moralischen Folgen des Umsturzes sind abermals mit geradezu schockierender Genauigkeit beschrieben; wir werden sie fast wörtlich gleichlautend auch in anderen Literaturwerken dieser Zeit wiederfinden.

Zum Schluß dieses Abschnittes kommt der Autor noch einmal auf jenen Bereich zu sprechen, in dem der Umsturz sich materiell wohl am verheerendsten ausgewirkt hatte: die Versorgungslage. Denn der Zusammenbruch der Verwaltung im Bereich der zentralen Erfassungs- und Verteilungsorganisation für Nahrungsmittel des Alten Reiches mußte zu Mangel, ja zu Hungersnot führen:

»Sehet,
wer früher nicht einmal für sich selbst pflügen konnte,
leitet jetzt die Ackerbauverwaltung.
Die Ernte findet statt, aber ihr Ertrag wird nicht gemeldet:
Der Schreiber sitzt im Amt, aber seine Hände sind müßig[*].«

Natürlich ist für unseren Verfasser, dessen Zugehörigkeit zur ehemals herrschenden Schicht der ›Edlen‹ immer deutlicher wird, der Ausschluß seiner Standesge-
nossen von den Regierungsgeschäften der Urgrund allen Übels:

27

>*Sehet,*
den früheren Machthabern wird nicht mehr über die Angelegenheiten des
Landes berichtet,
es geht dem Abgrund entgegen[37]!«

Aus einer weitgehend zerstörten Stelle im Papyrus läßt sich nur noch folgendes Bruchstück entziffern:

... »*Der Schwächling will die hitzigen Gemüter kühlen ...[38]«*

Hier ist also wiederum der Machthaber gemeint, der erneut zur Zielscheibe des Spotts, ja der Verachtung des Autors wird. Folgerichtig sind in den Schlußsätzen dieses Absatzes mit aller Deutlichkeit die unmittelbaren Auswirkungen einer Revolution ohne strenge Disziplin dargestellt, nämlich ein Aufhören jeglicher Autorität, selbst jener der revolutionären Führung:

>*Siehe,*
zerstört wird die Ausführung dessen, weshalb sie ausgeschickt sind,
von den Dienstleuten bei den Aufträgen ihrer Herren.
Diese haben keine Autorität mehr ...
Da ist eine Arbeitergruppe von fünf Mann.
Man sagt zu ihnen: ›Gehet den und den Weg!‹
Darauf sagen sie: ›Wir sind gerade dort, wo wir hinwollten.‹«

Der letzte Satz dieses Teils schließlich betont, daß sich der Aufruhr und seine Folgen auf Unterägypten konzentrieren, was ja an anderer Stelle bereits angedeutet worden war:

>*Weinen kann in der Tat das unterägyptische Land ...[39]«*

In dem nun folgenden dritten und letzten Hauptabsatz geht der Verfasser mit dem Aufruf: »Vernichtet die Feinde der edlen Residenz!« zum direkten Angriff auf die Revolution über. Ganz besonders charakteristisch für altägyptisches Denken ist die Tatsache, daß dabei gleich zu Beginn die Forderung nach Wiedereinführung und geregelter Abhaltung des Kultes in den Tempeln erhoben wird. Das scheint nur für uns heutige Menschen erstaunlich zu sein und nicht in direktem politischen Zusammenhang zu stehen. Für die alten Ägypter aber gab es diese Trennung zwischen Politik und Religion niemals, und selbst in Europa ist sie in der uns heute geläufigen Schärfe erst mit der Aufklärung entstanden. Eine Revolution unserer Tage, nämlich die des Imams Khomeini im Iran, beruht gerade auf der unlösbaren Verbindung von Politik und Staatsrecht und im engeren Sinn religiösen Fragen, wie sie für den Islam so bezeichnend ist. Da jedoch die altägyptische Religion im Unterschied zur christlichen, jüdischen oder islamischen keine Buchreligion ist, sie also nicht auf einem heiligen Buch, das ihrem Glauben nach die Offenbarungen Gottes enthält, basiert, sondern auf dem

Vollzug des Götterkultes[40], wie etwa die altgriechische oder die hinduistische Religion, muß jede Störung der Kultordnung auch zu einer Störung der Staatsordnung führen, ebenso wie ein Wiederaufbau des Staatsgefüges eine Wiederherstellung des täglichen Kultes in den Tempeln zur Voraussetzung hat. So wird also mit dem jeweils vorangesetzten ›Gedenket!‹ u. a. dazu aufgefordert, zu räuchern und zu opfern und die rituelle Reinheit vor dem Opfer zu wahren.

Schon eher in den engeren staatlichen Bereich eines Landes, in dem alle mit den Tempeln verbundene Bautätigkeit Sache des Königs ist, gehört dagegen etwa die Aufforderung:

> »Gedenket,
> *Flaggenmasten aufzustellen*
> *(vor den Tempeln zum Zeichen des göttlichen Bereichs)*
> *und Stelen zu meißeln,*
> *während die Priester die Heiligtümer reinigen,*
> *und das Gotteshaus weißgetüncht ist wie Milch ...*
>
> *Gedenket,*
> *die Vorschriften einzuhalten,*
> *die Festtage richtig einzuteilen*
> *und zu entfernen, wer sich ins Priesteramt gedrängt hat*
> *von niedriger Geburt.*
> *Das heißt Geistesverwirrung stiften*[41]*!«*

In den letzten beiden Sätzen wird uns eine weitere Erscheinung der Revolutionszeit vor Augen geführt: Angehörige der unteren Schichten waren selbst in das Priesteramt eingedrungen, das gegen Ende des Alten Reiches immer mehr zu einer Domäne der herrschenden Schicht geworden war. Doch damit war eigentlich nur ein Zustand wiederhergestellt, wie er zu Beginn des ägyptischen Staates bestanden hatte, als die Priesterdienste an den Tempeln rundum im Lande im allgemeinen von den Orts- und Dorfbewohnern in abwechselnder Reihenfolge wahrgenommen wurden[42]. Wie es bereits in seiner Warnung vor der Verbreitung der magischen Schriften zum Ausdruck kam, befürchtet unser Autor durch eine derartige Ausdehnung priesterlicher Vollmachten und Befugnisse auf Angehörige der breiten Volksschichten eine ›Verwirrung der Geister‹.

Das Verständnis für die geistigen Hintergründe dieser Auseinandersetzung fällt uns sicher leichter, wenn wir in unserer eigenen Geschichte zurückdenken an die Reformationszeit mit ihrer engen Durchdringung von politischen, sozialen und religiösen Forderungen, unter denen wiederum die nach dem ›allgemeinen Priestertum‹ von besonderer Sprengkraft war. Freilich muß man sich bei solchen Vergleichen immer vor Augen halten, daß sie nur Hilfsmittel zum besseren Verständnis sein können, weil die historischen, religiösen und philosophischen Bedingungen andere sind und nicht zuletzt von den ganz unterschiedlichen Denkstrukturen der jeweiligen Völker bestimmt werden[43].

Nach diesem Eingehen auf religiöse Belange – das ja nur dem heutigen Menschen als Abschweifung erscheint – folgen wieder direkte Attacken auf den aus der Revolution hervorgegangenen Machthaber, die ihn zunächst wiederum als um Milde und Gerechtigkeit bemühten Hirten zeichnen:

»Sehet,
warum sucht er etwas aus den Menschen zu machen,
ohne zwischen dem Zaghaften und dem Tatkräftigen zu unterscheiden?
Er möchte Kühlung für die Hitze (des Kampfes) bringen.
Man sagt: ›Er ist ein Hirte für alle Menschen.
Kein Arg ist in seinem Herzen.
Ist seine Herde gering, so wird er doch nicht ruhen, sie zu sammeln.‹[44]«

Diesem Bild eines ›unpolitischen Schwärmers‹, wie unser Autor den Revolutionsführer gern sehen möchte, stellt er sein eigenes Ideal eines Tatkräftigen gegenüber:

»Oh, erkennte er doch der Menschen Wesen von Grund auf,
dann würde er die Rebellen schlagen.
Dann würde er seinen Arm gegen sie erheben
und ihren Samen und ihr Erbe vernichten ...
Ein Kämpfer möge hervorgehen, der das Unheil vertreibt,
das sie haben entstehen lassen.
Es gibt keinen Lotsen zu ihrer Zeit.
Wo ist er denn heute? Schläft er vielleicht?
Seht, man sieht seinen Einfluß nicht[45]!«

Dies ist wiederum eine der Stellen, auf die sich jene Ägyptologen berufen, die hierin eine Anklage gegen den Schöpfergott erblicken wollen; wir hingegen teilen die Meinung derjenigen Gelehrten, die überzeugt sind, hier werde einwandfrei der Machthaber angesprochen.

Unser Autor sieht in einer schwachen Staatsführung eine Gefahr für das Land. ›Zaghafter‹ und ähnliche Benennungen für den Regenten sind also keineswegs als Lob gemeint, wie dies in anderen, ruhigen Perioden der ägyptischen Geschichte durchaus der Fall gewesen ist[46]. Gewiß wurde der Autor von seinen zeitgenössischen Zuhörern und Lesern nicht mißverstanden – ebensowenig wie bei den folgenden Versen:

»Wer keinen Unterschied bei sich macht zwischen Himmel und Erde,
ist ein Zaghafter in den Augen aller Leute.
Wird Seine Majestät es tun (also durch Unterscheidung realistisch handeln),
oder wohin werdet ihr gelangen?
Wer sich dagegen wendet, ist einer, den du (Regent) haßt,
abgeschafft sind Autorität und Verstand.
Gerechtigkeit ist (zwar) bei dir, aber Verwirrung ist es,
was du über das Land bringst mit dem Lärm des Aufruhrs.

Siehe, einer übt Gewalt gegen andere.
Man setzt sich hinweg über das, was du angeordnet hast.
Wenn drei Männer auf der Straße gehen, findet man bald nur noch zwei:
Die größere Zahl bringt die kleinere um.
Gibt es denn einen Hirten, der das Sterben liebt?
So befiehl doch, dir Rechenschaft zu geben! ...
Dein Tun hat dazu geführt, daß diese Lage entstehen konnte,
so ist es doch!
Was du verkündet hast, war falsch ...
Man rechnet schon nicht mehr mit dem Leben.
Diese ganzen Jahre herrscht Aufruhr:
Ein Mann wird auf dem Dach seines Hauses erschlagen,
er muß in seinem eigenen Hause wachsam sein wie an der Grenze ...
Man schickt einen Diener zu irgendwelchen Leuten,
geraubt wird, was er bei sich hat.
Er wird mit Stockschlägen bedacht und übel zugerichtet.
Möchtest du doch nur weniges von dem Elend dieser Verhältnisse zu kosten
*   bekommen,*
dann würdest du anders reden[47]*!«*

Diese harte Auseinandersetzung mit dem Machthaber ist der Höhepunkt des Werkes. Alle Ideale dieses Herrschers, von denen wir annehmen dürfen, daß er sie als Ziele der Revolution selbst verkündet hat – Gewaltlosigkeit, Gleichheit, Hirtenamt des Herrschers –, werden erbarmungslos mit einer Wirklichkeit konfrontiert, wie der Verfasser sie sieht. Das von ihm geschilderte Elend mag übertrieben sein – ganz erfunden ist es sicher nicht, denn sonst hätte er ja mit seinem Aufruf seine Zuhörer oder Leser, die doch das alles selbst erlebt hatten und die zum Handeln bewogen werden sollten, gar nicht erreichen können.
Unser Verfasser stellt sich immer mehr als ein höchst geschickter Volksredner heraus, der es an Geschliffenheit des Stils wie an Raffinesse, was den Aufbau und die beabsichtigte psychologische Wirkung seines Werkes betrifft, gewiß mit den berühmtesten Vertretern der politischen Rhetorik aufnehmen konnte. Mit berechnendem taktischen Geschick beruhigt er die soeben aufgepeitschten Emotionen wieder und stellt dem Elend des Landes das Bild einer glanzvollen, nostalgisch verklärten Vergangenheit gegenüber.:

> *»Es ist doch aber schön,*
> *wenn die Schiffe stromauf fahren«,*

so beginnt er einen neuen Absatz, in dem freilich nur die Idyllen einer verflossenen Zeit ins Gedächtnis gerufen werden.

> *»Es ist doch aber schön,*
> *wenn das Netz gezogen und die fetten Vögel gefangen werden ...,*
> *wenn die Arme der Menschen Pyramiden erbauen,*
> *wenn Teiche gegraben und Baumpflanzungen angelegt werden für die Götter*[48]*.«*

→ 6a. Gefangene Vögel im Netz.

31

Wieder fällt uns auf, welche Rolle kultische Handlungen für das Leben dieser Menschen spielen. Hierzu gehört aber nicht nur die Errichtung von Tempeln für die Götter und Grabmälern für die Könige – beides untrennbar mit dem Gedeihen des Landes und seiner Bewohner verbunden –, sondern selbst eine scheinbar so profane Tätigkeit wie die Vogeljagd, denn der König vollzog sie als Bild seiner Vernichtungsmacht über böse Geister und Dämonen.

Dem altägyptischen Denken entsprechend folgt auf diese religiösen Bezüge die Schilderung höchst irdischer Annehmlichkeiten einer verflossenen Zeit, von der unser Autor wünscht, daß sie wiederkehre:

> *»Es ist doch aber schön,*
> *wenn die Menschen trunken sind,*
> *wenn sie Gutes zu trinken haben und ihr Herz zufrieden ist.*
>
> *Es ist doch aber schön,*
> *wenn Jubel herrscht und die Großen der Gaue dastehen*
> *und dem fröhlichen Treiben auf ihren Gütern zusehen,*
> *fein gekleidet, mit gepflegtem Äußeren und festem Herzen.*
>
> *Es ist doch aber schön,*
> *wenn die Betten bereitet sind und die Kopfstützen der Edlen dazugefügt,*
> *wie es sich gehört,*
> *wenn das Bedürfnis jedes Mannes befriedigt ist durch eine Ruhestatt im Schatten*
> *und die Tür geschlossen wird gegen den, der im Busch schläft ...*[49]*«*

Ebensowenig wie der Revolutionsführer nach Ansicht unseres Autors die Schattenseiten des Aufruhrs sieht oder sehen will, sieht Ipu selbst das Los breiter Volksschichten in der letzten Zeit des Alten Reiches, als es neben dem Lehnsadel, hohen Beamten und Priestern nur eine Masse von praktisch Leibeigenen gab, die eher zu denen gehörte, die ›im Busch schlafen‹, wie unser Autor es verächtlich ausdrückt.

Wiederum folgt nun eine in ihrer Wirkung genau berechnete Wendung zum Elend der augenblicklichen Lage, wobei diesmal vor allem die prekäre außenpolitische Situation angesprochen wird. Wir würden heute vom Anschlagen nationaler Saiten sprechen – freilich, auf altägyptisches Denken trifft dieser Ausdruck nur sehr bedingt zu. Offenbar beziehen sich die ersten Sätze dieses Teiles, die aufgrund von sehr starken Beschädigungen in der Leidener Handschrift nur mit Mühe zu deuten sind, auf Unterägypten und ein dort erfolgtes Einsickern von Asiaten (eines der wenigen erhaltenen Wörter) verbunden mit dem Vorwurf an den Regenten, nichts dagegen zu tun, denn es heißt dann:

> *»Man (d. h. der Regent) sagt:*
> *›Das ist ihre Sache. Sie müssen selbst damit fertigwerden!‹*
> *Man findet niemanden, der aufstünde, um sie zu schützen.*
> *Ruft auf die junge Mannschaft!*

Jeder kämpft doch für seine Schwester und wehrt sich seiner Haut!
Handelt es sich um Nubier?
Wohlan, wir werden uns schützen!
Sammelt zahlreiche Krieger, um das Fremdvolk abzuwehren!
Sind es Libyer?
Wohlan, wir werden sie zurückwerfen!
Die Söldner stehen jedenfalls treu zu Ägypten[50].«

Mit Asiaten, Nubiern und Libyern sind die drei traditionellen Feindvölker Ägyptens genannt, die in den Zeiten stabiler ägyptischer Staatsmacht freilich nie eine ernste Bedrohung darstellten, aber bei Schwächung der Zentralgewalt in kleinen oder größeren Trupps mit ihren Herden über die Grenzen in das Fruchtland einsickerten und jetzt, nach dem Zusammenbruch des Alten Reiches, wohl auch mit ganzen Stammesteilen Überfälle auf die Landbevölkerung unternahmen. Die Söldner jener Zeit waren vornehmlich angeworbene Nubier, nach dem hierfür im Alten Reich bevorzugten Stamm ›*Medschai*‹ genannt. Zusammen mit schnell ausgehobener ›junger Mannschaft‹ aus den einzelnen Gauen, einer Art Miliz, stellten sie im Kriegsfall das Heer des Alten Reiches. Gegen die ausländischen Eindringlinge haben sich die Söldner wohl tapfer geschlagen – ganz im Gegensatz zu den aus Einheimischen rekrutierten Truppenteilen, wie unser Autor ausdrücklich bemerkt:

»Was soll aber, daß jeder seinen Bruder erschlägt?
Die Mannschaft, die wir für uns ausheben, benimmt sich wie ein Fremdvolk.
Sie ist im Begriff, das zu zerstören, woraus sie erwachsen ist,
und die Sache des Vaterlandes an die Asiaten zu verraten.
Und doch waren einst alle Fremdländer in der Furcht vor ihm!
Ein Sprichwort im Volksmunde sagt:
›Nie kann Ägypten zu Staub werden,
seine Macht reicht bis an die Grenzen (der Erde).‹
Von euch aber wird man noch nach Jahren sagen:
›Das war die Zeit, als Ägypten sich selbst zerstörte‹ –
wenn dann überhaupt noch Ägypter übrig sein werden,
um Häuser zu bauen und Kinder zu zeugen[51].«

Mit diesem Höhepunkt, der die damaligen Zuhörer zweifellos tief aufgewühlt haben muß, schließt im wesentlichen der erhaltene Teil des Werkes. Nur gelegentlich sind zwischen großen Lücken noch einzelne Satzfetzen zu entziffern. Unter diesen aber enthält gerade der erste einige Angaben, die für die Beurteilung des Ganzen von großer Bedeutung sind. Die Stelle lautet nämlich:

»Was Ipu der Edle (oder der Ältere) sagte,
indem er der Majestät des Allherrn antwortete[52].«

Zunächst einmal wird unsere Vermutung ausdrücklich bestätigt, daß es sich bei dem Werk um eine Rede handelt, zumindest in seiner ursprünglichen Form. Der uns erhaltene Papyrus ist gewiß eine literarische Fassung davon, durch deren Glättungen und Ergänzungen aber die lebendige Sprache deutlich vorscheint[53]. Es handelt sich um eine echte Diskussion mit Rede und Gegenrede, wobei bedauerlicherweise gerade letztere, die Antwort des ›Allherrn‹ nämlich, nicht erhalten ist. Die beiden Teilnehmer am Streitgespräch aber sind hier genannt. Von einem erfahren wir sogar den Namen: Er heißt *Ipu*, ein Name, der im Alten Reich öfter vorkommt. Sein Beiname wird verschieden gelesen mit den Bedeutungen ›der Ältere‹ oder ›der Edle‹. Beide zeigen an, daß ihr Träger einer vornehmen Familie entstammt, was wir ja bereits anhand von Stil, Inhalt und Tendenz des Werkes wiederholt festgestellt haben.

Sein Gegenüber wird hier wiederum mit ›Allherr‹ tituliert, ein Begriff, den man in der Ersten Zwischenzeit und dem Mittleren Reich als Umschreibung für ›Regent‹ oder ›Machthaber‹ gebrauchte, dann also, wenn der Ausdruck ›König‹ unpassend war oder man ihn vermeiden wollte. Das ist aber schon alles, was wir mit wissenschaftlicher Genauigkeit über das Gegenüber von Ipu aussagen können. Die Vermutung, daß es sich bei ihm um den Anführer der Revolution oder einen aus ihr hervorgegangenen Regenten des Landes handelt, ist nach dem ganzen Zusammenhang wohlbegründet. Ein so gut erzogener Angehöriger des Beamtenadels, wie es unser Ipu eindeutig ist, hätte einen gekrönten ›König von Ober- und Unterägypten‹, einen ›Sohn des Rê‹, anders angesprochen, und auch eine Rede an Gott dürfte wohl altägyptisch anders geklungen haben.

Einige Hinweise auf den Charakter des Regenten konnten wir Ipus Rede ebenfalls bereits entnehmen, wenn man auch annehmen darf, daß er gewiß einseitig gesehen und dargestellt ist: Friedens- und Menschenliebe, aber auch Führungs- und Handlungsschwäche zeichnen sich ab. Leider ist in unserem Papyrus, soweit wir ihn entziffern können, der Name des Regenten nirgends erwähnt. Eingedenk der Tatsache, daß nach altägyptischer Vorstellung der geschriebene Name ewige Dauer verleiht, ist es ohnehin fraglich, ob Ipu angesichts seiner erbitterten Feindseligkeit gegen seinen Gegner dessen Namen überhaupt genannt hat. In der schriftlichen Fassung seiner Rede ist er wohl eher so verfahren wie zahlreiche Ägypter vor und nach ihm, die den Namen eines ihnen Unerwünschten ausließen oder gar nachträglich auslöschten, ob es sich nun um eine verstoßene Ehefrau, einen unangenehmen Vorgesetzten oder gar um einen als illegal empfundenen Vorgänger auf dem Thron handelte – eine Praxis, die die Ägyptologen mit dem Ausdruck ›*damnatio memoriae*‹, ›Auslöschung der Erinnerung‹ zu bezeichnen pflegen[54].

Die ansonsten in der Handschrift noch erhaltenen Wort- und Satzfetzen ergeben kaum mehr einen sinnvollen Zusammenhang, abgesehen von den letzten, uns glücklicherweise erhalten gebliebenen Zeilen, mit denen der Text abbricht und die wir an anderer Stelle in gekürzter Form bereits wiedergegeben haben. Sie lauten wörtlich:

>»Es gab einen Mann, der alt geworden war, bevor er starb.
>Und doch war sein Nachkomme erst ein Kind, das noch keinen Verstand hatte.

Es hatte gerade begonnen, die Brust zurückzuweisen.
Noch konnte es seinen Mund nicht öffnen, um zu euch zu reden.
Da nahmt ihr es hinweg zu einem Todesgeschick.
Weinen ...[55].«

Mit dieser dramatischen Schilderung der Ereignisse am Königshof während der Revolution hört die Handschrift des Leidener Papyrus auf, und da bisher leider keinerlei andere Abschriften der Rede Ipus gefunden wurden, müssen wir auf nähere Einzelheiten über diese Vorgänge wohl für immer verzichten.

Dennoch bleibt diese Rede bei aller Lückenhaftigkeit ihrer Erhaltung eines der bedeutendsten Dokumente der Menschheitsgeschichte, in dem zum ersten Male die Vorgänge bei einem revolutionären Umsturz mit großer Genauigkeit geschildert werden. Die psychologische Durchdringung der Motive aller Beteiligten verrät – ungeachtet der Parteinahme des Autors – ein tiefes Verständnis des Redners für die Beweggründe menschlichen Handelns. Es ist verblüffend, zu sehen, wie wenig sich der Mensch im Grunde während der vergangenen vier Jahrtausende verändert hat. Diese Erkenntnis aber vermag uns aus einer zu stark im Aktuellen verhafteten Sicht mancher Erscheinungen unserer Zeit herauszuhelfen und damit eine Lähmung durch Resignation oder Angst zu vermeiden. Schließlich ist diese Rede aber neben ihrer zeitgeschichtlichen und politisch-soziologischen Bedeutung auch ein Kunstwerk in Aufbau, Sprache und Stil. Jede Übersetzung aus einer fremden Sprache kann den eigentümlichen Duft eines Sprachkunstwerkes nur unvollkommen wiedergeben, und das gilt um so mehr für das Ägyptische, dessen Schrift wir ja erst seit etwa 150 Jahren lesen können und dessen genaue Aussprache wir bis heute nicht kennen. Die von mir verwendete Übersetzung Joachim Spiegels gibt uns wenigstens ein Gefühl für die Kunstfertigkeit des Autors im Umgang mit der Sprache. Ich habe versucht, durch eine Gliederung den kunstvollen Aufbau des Werkes noch deutlicher zu machen – sie findet sich so in der Handschrift nicht. Der deutsche Ägyptologe Gerhard Fecht hat erst in unseren Tagen die Gesetze der ägyptischen Dichtkunst, der Metrik, untersucht[56] und seine Ergebnisse gerade auch auf Teile unseres Werkes angewandt[57]. So gelang ihm der Nachweis, daß es in gehobener, dichterischer Sprache abgefaßt worden war, was wiederum für den hohen Bildungsstand unseres Autors spricht.

Die Rede Ipus, des Edlen, steht als zeitgeschichtliches und menschliches Dokument nicht allein, und auch als Kunstwerk findet sie in der altägyptischen Literatur manche Parallelen. Gerade die Periode des Umbruchs nach dem Ende des Alten Reiches hat viele literarische Werke entstehen lassen, von denen eine – bedenkt man den zeitlichen Abstand – verhältnismäßig große Anzahl auf uns gekommen ist. Aber ehe wir sie im einzelnen betrachten und damit einiges über die tiefgreifenden geistigen Auswirkungen dieser Zeit des Umbruchs in Ägypten erfahren, wollen wir versuchen, die von Ipu geschilderten Ereignisse historisch einzuordnen.

2
Heile Welt

Kaum eine Epoche in der altägyptischen Geschichte ist so wenig bekannt, so dunkel wie das Ende des Alten Reiches und die darauf folgenden Jahrzehnte[1], und so ist es nicht verwunderlich, daß die Ägyptologie diesen Zeitraum zwischen dem Alten und dem Mittleren Reich etwas verlegen ›Erste Zwischenzeit‹ benennt, eine Notbezeichnung[2], die nichts besagt und an der Bedeutung dieser Epoche für die geistige, religiöse, gesellschaftliche und politische Entwicklung Ägyptens[3] vorbeiführt. Hin und wieder findet sich, vor allem in älteren Werken, auch der Ausdruck ›Erste Wirre‹, der etwas mehr aussagt. Er hat sich aber nicht durchgesetzt, und so verwenden auch wir die heute international übliche Benennung ›Erste Zwischenzeit‹, um nicht noch mehr Verwirrung in einen ohnehin komplizierten Sachverhalt zu bringen.

Nichts vermag die Problematik dieser Epoche besser zu zeigen als die Tatsache, daß auch heute noch der Zeitpunkt ihres Beginns keineswegs unumstritten ist. Das gilt nicht nur für die Chronologie im engeren Sinne, sondern auch für die geschichtliche Einordnung: Für die meisten Ägyptologen bezeichnet das Ende der VI. Dynastie das Ende des Alten Reiches, während andere noch die VII. und VIII. Dynastie miteinbeziehen. Wenn es für diese Ansicht auch einige Stützen gibt, schließen wir uns doch der vorherrschenden Meinung an, daß das Alte Reich mit dem Zusammenbruch der VI. Dynastie endet, denn vor allem geistesgeschichtlich gesehen gehören die VII. und VIII. Dynastie schon völlig zur Zeit des Umbruchs und damit in die Erste Zwischenzeit.

Solche Unvollkommenheiten gibt es auch in anderen, uns näherliegenden Epochen – man vergleiche nur einmal die verschiedenen Angaben darüber, wann das Mittelalter beginnt. Diese Uneinigkeit rührt daher, daß die Einteilung der Geschichte in Perioden eine für unser logisches und rationales Denken sehr praktische, ja notwendige Methode ist, um den ungeheuren Stoff der Menschheitsgeschichte zu gliedern und uns überhaupt aneignen zu können; aber sie ist eben künstlich, im nachhinein dem lebendigen Fluß des Geschehens übergestülpt, und so müssen auch wir mit unserem Versuch, näheres über den großen Umbruch in Ägypten und seine Ursachen zu erfahren, auf die Zeit davor und danach übergreifen.

Eine zusätzliche Schwierigkeit, historische und chronologische Festlegungen für diesen Zeitraum zu treffen, ergibt sich aus der geringen Anzahl von Dokumenten, die eindeutige Aussagen möglich machen könnten. Um nur ein Beispiel für viele zu bringen: Die Königslisten aus altägyptischer Zeit, denen wir die wertvollsten Angaben für die Aufeinanderfolge der Pharaonen und über ihre Regierungsjahre verdanken, schweigen für diese Zeit entweder völlig oder sind an den in Frage kommenden Stellen so beschädigt, daß ihre Deutung eher zu neuen Problemen als zu einer allgemein befriedigenden Lösung geführt hat.

Ausgerechnet über das bedeutsamste Ereignis jener Epoche, nämlich die Revolution, gibt es nur ein einziges unmittelbares Zeugnis in den ›Klagen des Ipu‹, die wir im ersten Kapitel kennengelernt haben samt den Deutungsproblemen, die sich auch hieraus ergeben. Aber die Ägyptologen haben diese Herausforderung angenommen und mit großem Eifer und Scharfsinn Mosaiksteinchen zusammengetragen und sich bemüht, sie an den richtigen Stellen einzufügen, so daß wir uns heute doch wenigstens in Umrissen ein Bild von dem machen können, was da in Ägypten eigentlich passiert ist. Um das Wesen des Umbruchs, seine Hintergründe und seine ganze Tragweite zu erkennen, müssen wir in kurzen Zügen untersuchen, wie es eigentlich zu einer Revolution kommen konnte in einem Land, das doch im allgemeinen als die Verkörperung der Kontinuität und Stabilität über die Jahrtausende hinweg betrachtet wird.

Die großen Pyramidenbauer der IV. Dynastie, die Snofru und Cheops, die Chefren und Mykerinos, hatten einen festgefügten, streng zentralistischen Staat geschaffen, in dem – wie im Bauwerk der Pyramide – der ganze Staat auf die Spitze, den Pharao selbst ausgerichtet war. Denn der Pharao galt als Erscheinung des Weltengottes Horus, er allein war Mittler zwischen Göttern und Menschen. Er konnte – und mußte! – für die Fruchtbarkeit des Landes und alles Lebendigen in ihm sorgen, im Leben wie vor allem im Tode[4]. Beamte wie Priester handelten allein in seinem Auftrag und konnten jederzeit versetzt oder mit einer anderen Aufgabe betraut werden. Ihre Entlohnung erfolgte in Naturalien, ebenso wie die der Schreiber, Aufseher, Künstler, Handwerker und Arbeiter, denn Geld war in Altägypten unbekannt. Dies setzte voraus, daß die Überschüsse der Landwirtschaft in den königlichen Schatzhäusern gesammelt wurden und dort zur Verteilung bereitstanden[5]. Da die Ernteerträge Ägyptens weitgehend von der Höhe der jährlichen Nilschwellen abhingen, war diese Einlagerung der Überschüsse guter Ernten aber nicht nur für die Finanzierung der Staatsausgaben, sondern für das Wohlergehen des ganzen Volkes notwendig. Nur so war gewährleistet, daß die Menschen auch in Notjahren, wenn die Nilflut nicht die nötige Mindesthöhe erreicht hatte, nicht zu hungern brauchten und zudem genügend Saatgetreide zur Verfügung stand. Noch weit über tausend Jahre nach der Pyramidenzeit gibt uns die Josephsgeschichte der Bibel eine sehr anschauliche und durchaus zutreffende Beschreibung dieses altägyptischen Versorgungssystems.

Das großartige Funktionieren jenes Zentralstaates, wie ihn das Alte Reich geschaffen hatte, beruhte freilich auf einer weitgehenden Arbeitsverpflichtung der Bevölkerung. Insbesondere die Bauern, die ja den mit Abstand größten Bevölkerungsanteil ausmachten, waren kaum mehr als Hörige[6]. Sie waren gewissermaßen an den Boden, den sie bebauten, gebunden; bei Besitzwechsel des Grundes gingen sie an den neuen Grundherrn über. In der Zeit der Nilüberflutung, in der jede Feldarbeit ruhte, waren sie zwar verpflichtet, Arbeitsdienste bei Bauten jeder Art zu leisten; doch bedeutet dies keineswegs, daß sie etwa Sklaven oder auch nur Leibeigene gewesen wären[7]. Ob es zu Beginn der Pyramidenzeit noch freie Bauern

→ 7. Bauern waren kaum mehr als Hörige – Abgabepflichtiger Bauer wird geprügelt.

39

mit persönlichem Eigentum an Grund und Boden gegeben hat, sogenannte Königsbauern[8], ist umstritten. Auf jeden Fall gehörte seit der hohen IV. Dynastie alles Land in Ägypten dem König; dieser aber konnte es an Institutionen wie Tempel oder Pyramidenstädte zur Bestreitung des Kultes verleihen, aber auch an hohe Beamte, die so ihren Bedarf an Lebensmitteln unmittelbar aus den Erträgen dieses Bodens decken konnten, statt auf die Naturalzuweisungen aus den Staatsspeichern angewiesen zu sein[9].

Wenn uns auch aus heutiger Sicht das Los der Landarbeiter jener Zeit, die man kaum mehr als Bauern bezeichnen kann, besonders bedrückend erscheint, so darf man doch andererseits annehmen, daß die Betroffenen selbst ihr Schicksal keineswegs als so unerträglich empfunden haben – dies gilt zumindest für die Blütezeit des Alten Reiches. Zum einen war der Begriff der persönlichen Freiheit, wie wir ihn verstehen, zu jener Zeit noch völlig unbekannt; in der ägyptischen Sprache des Alten Reiches gibt es denn auch nicht einmal ein Wort dafür[10]. Vielmehr fühlte man sich im Diesseits wie im Jenseits gebunden, aber auch geborgen in der jeweiligen Gruppengemeinschaft, und man wäre sich als Individuum völlig isoliert und verloren vorgekommen.

Außerdem gab es für alle Schichten der Bevölkerung im Alten Reich nur wechselnde Grade der Unfreiheit – auch Handwerker und Künstler[11], Priester und Beamte waren ja Beauftragte des Königs und somit ganz und gar von ihm und seinem Wohlwollen abhängig[12]. Dieser Abhängigkeit stand freilich die Verpflichtung des Königs gegenüber, für die Gesamtheit des Volkes und für jeden Einzelnen zu sorgen, ihn zu ernähren und zu bekleiden, auch und gerade in Notzeiten. Die Macht des Gottkönigs wurde, das kann man gar nicht oft genug betonen, in der Pyramidenzeit keineswegs als Despotie ausgeübt oder empfunden, sondern beruhte auf der einst von den Göttern gestifteten Weltordnung, der *Maat*[13], in die sich alle Ägypter eingebettet fühlten und die zu erhalten, zu vervollkommnen und bei Verletzung wiederherzustellen höchste Pflicht und Würde des Königtums ausmachte[14].

Eine sehr große Rolle für das soziale Gleichgewicht im Alten Reich spielte schließlich die Durchlässigkeit der Stände. Wie wir aus vielen Biographien wissen, war der soziale Aufstieg über den Stand des Vaters hinaus eher die Regel als die Ausnahme[15]. Daher hat es, solange die ägyptische Kultur lebendig war, nie starre und in sich geschlossene, auf Geburt beruhende Kasten gegeben wie etwa in Indien, und nur in seltenen Epochen kam es zur Ausbildung eines Adels, der als Stand mit dem europäischen Feudaladel zu vergleichen wäre – mit einer Ausnahme, auf die wir später noch zu sprechen kommen werden. Zur Blütezeit des Alten Reiches jedenfalls gab es einen solchen Adel nicht. Diese Durchlässigkeit der Stände galt übrigens in beiden Richtungen: Die Königssöhne und -töchter, die in der ersten Generation noch während der III. und IV. Dynastie eine wichtige Rolle in Regierung und Verwaltung spielen, werden meist schon in der zweiten Generation gar nicht mehr als Königsabkömmlinge erwähnt, und in den nächstfolgenden Generationen schließlich sind sie völlig und unerkennbar unter den Beamten und Priestern aufgegangen.

Freilich war jeder Vater in Altägypten bemüht, sein Amt an seinen Sohn weiterzuvererben, was allerdings wegen der hohen Sterblichkeit in jenen Zeiten nicht allzuoft und kaum einmal über die Dauer zweier Generationen hinaus gelang. Eine solche Amtsübergabe an den Sohn entsprang zunächst einmal dem allgemein menschlichen Bestreben eines jeden Vaters, dem Sohn eine gute Stellung zu sichern. Hinzu kam, daß es im Alten Reich keinerlei Ausbildungsstätten gab, so daß naturgemäß der Vater die Ausbildung seines Sohnes in den Fertigkeiten des eigenen Amtes vornahm. Deshalb sind auch die Lebenslehren, die eine gerade für Ägypten besonders charakteristische Literaturgattung darstellen und von denen es einige berühmte schon aus dem Alten Reich gibt, mit all ihren Ratschlägen für richtiges Verhalten im Leben, gegenüber Familie, Mitmenschen und vor allem Vorgesetzten und Untergebenen, stets von einem Vater an seinen Sohn gerichtet oder geben dies zumindest als literarische Fiktion vor[16].

Das Bemühen jedes Ägypters, seine Kinder nicht unversorgt zurückzulassen, hatte aber in Altägypten noch einen anderen, wesentlich tieferliegenden Grund: die Sicherung der Existenz des Verstorbenen im Jenseits. Der ägyptische Jenseitsglaube reicht mit seinen Wurzeln tief in die Vorgeschichte zurück[17]; seine erste Ausprägung findet er bereits in der frühgeschichtlichen Zeit der I. Dynastie[18]. Kern der altägyptischen Jenseitsvorstellungen ist der tiefe Glaube der Ägypter an die Weiterexistenz des Menschen nach dem Tode; dieser wurde nämlich nicht etwa als das Ende des Lebens verstanden, sondern vielmehr als eine Krise, deren Überwindung freilich sorgsamer Maßnahmen der Überlebenden bedurfte. Neben der Grabausstattung und den feierlichen Totenritualen gehörte dazu auch die Versorgung des Toten mit Speise und Opfern ›an allen Festen des Himmels und der Erden‹, wie es König Ahmose I., der Besieger der Hyksos und Begründer des Neuen Reiches, noch fast tausend Jahre nach der Zeit, von der unser Buch handelt, in seiner rührenden Grabstiftung für seine Großmutter Tetischere ausdrückte[19]. Alle Vorsorge für das Jenseits betrifft in Ägypten übrigens beide Geschlechter in genau gleichem Maße – Väter ebenso wie Mütter und als Sorgeverpflichtung Söhne genauso wie Töchter.

Eine solche Verpflichtung aber konnten die Nachkommen nur erfüllen, wenn sie dazu materiell in der Lage waren, denn ›Brot, Bier, Braten und alles Gute und Reine‹, wie es in den Opferformeln heißt, mußten ja bezahlt werden, ebenso die Dienste eines kundigen Totenpriesters, und bei dem reinen Naturalsystem des Alten Reiches konnte das nur aus den Überschüssen dessen geschehen, was der zum Totendienst Verpflichtete selbst an Naturalien für seine Arbeit empfing, soweit der Verstorbene nicht schon bei Lebzeiten eine Totenstiftung aus seinem Besitz vorgenommen hatte.

Der zum Totendienst verpflichtete Nachkomme hieß seit der Frühzeit ›der geliebte Sohn‹ – auch wenn es sich um die Tochter handelte – und war deshalb der Haupterbe des Verstorbenen, dem dafür neben der Versorgung aller anderen Familienangehörigen vor allem der Totenkult oblag. Zum Erbe gehörte darum, wenn irgend möglich – und das heißt: wenn der Pharao zustimmte –, nicht nur der Besitz, sondern auch Amt und Stellung des Vaters oder der Mutter[20]. Daß die Weitergabe des Amtes an den Nachfolger der Zustimmung des Königs bedurfte, ist aber nur ein Aspekt unter vielen, denn die Rolle, die der König für das ersehnte

Ziel jedes Ägypters, ein ›Versorgter im Jenseits‹ zu werden, spielte, ging im Alten Reich noch weit über solche Amtsverleihungen hinaus.

Gemäß dem Glauben der Ägypter in der Zeit der ersten Dynastien konnte einzig und allein der König nach seinem Tode aufsteigen zum Himmel, um zu einem der ›nie vergehenden‹ Zirkumpolarsterne, zum Gott, zum Begleiter des Sonnengottes Rê auf seiner Himmelfahrt und zum Osiris, dem Herrscher des Jenseits, zu werden – Vorstellungen und Bilder vom Jenseits, die den Ägyptern nicht etwa als Widerspruch, sondern ganz im Gegenteil: als vielfältige Annäherungen an die unfaßbare Wirklichkeit erschienen[21].

Doch welche Rolle auch immer der verstorbene König im Jenseits spielte, er konnte dies nicht in gebotener Form und Würde ohne sein Gefolge. Um dessen ›Mitnahme‹ sicherzustellen, wurde das Königsgefolge während der ersten beiden Dynastien in eng um das Königsgrab gezogenen Gräberreihen, den sogenannten Nebengräbern, beigesetzt[22]; im Alten Reich der III.–V. Dynastie gehörte es aus demselben Grund zu den größten Gunstbeweisen des Königs, wenn er Familienangehörigen, hohen Beamten und Priestern, aber auch einfachen Dienern einen Grabplatz auf einem der ›Reichsfriedhöfe‹ nahe der Residenz und im unmittelbaren Umkreis seiner Pyramide zuwies. Noch heute kann man, trotz späterer Zwischenbauten, die geordneten Reihen der nach ihrer bankartigen Form arabisch ›Mastaba‹ genannten Gefolgsgräber um die Pyramiden von Giseh herum liegen sehen.

Dieser Gunstbeweis des Königs, verdienten Gefolgsleuten die Weiterexistenz im Jenseits an seiner Seite zu ermöglichen, läßt eine für ägyptisches Denken ganz typische Verknüpfung der verschiedensten Aspekte erkennen: zum einen die soziale Verpflichtung, zum anderen die Erfüllung religiöser Verantwortung und drittens die praktische Vorsorge für die eigene Rolle im Jenseits. Dies ging aber meist weit über die bloße Zuweisung eines Grabplatzes hinaus. Denn wiederum war es nur der König, der die für einen ordentlichen Grabbau nötigen steinernen Türumrahmungen, Scheintüren, Säulen, Stelen und Sarkophage in den dem Königsmonopol unterliegenden Steinbrüchen brechen und die zu ihrer Herstellung und Bearbeitung benötigten Handwerker, Künstler und Schreiber zuweisen lassen konnte[23]. Nur ein so von der Gunst des Königs ›ausgerüsteter Verklärter‹ konnte hoffen, in seinem jenseitigen Dasein im Königsgefolge an den Verwandlungen und an dem Leben des zum Gott gewordenen verstorbenen Königs teilzuhaben[24]. So bestand also nach dem Glauben der Ägypter jener Zeit die Hofrangordnung auch im Jenseits fort – insofern nämlich, als der Rang des Verstorbenen ausschließlich durch seinen irdischen Stand bestimmt war[25].

Es mag vielleicht manche Leser verwundern, daß in einem der geschichtlichen und sozialen Entwicklung des Alten Reiches gewidmeten Kapitel so ausgiebig von Jenseitsvorstellungen die Rede ist. Doch dazu wäre zu sagen, daß ein Verständnis für geistige, politische, wirtschaftliche und soziale Zusammenhänge im alten Ägypten ganz unmöglich ist, ohne die Jenseitsvorstellungen der Menschen jener Zeit gebührend zu berücksichtigen, die ja in einer für uns kaum mehr nachzuvollziehenden Art und Weise mit dem irdischen Dasein aufs engste verknüpft waren. Hiermit hat es auch zu tun, daß ein außerordentlich hoher Anteil aller auf uns gekommenen archäologischen Funde Ägyptens aus Gräbern und Grabtempeln stammt und schon daher keine Schilderung irgendeiner Seite ägyptischen Lebens möglich ist, ohne die Jenseitsvorstellungen miteinzubeziehen.

Ferner hat der Jenseitsglaube in der Pyramidenzeit und in den darauffolgenden Epochen ganz unmittelbare wirtschaftliche und soziale Folgen gehabt. Die Pyramide jedes verstorbenen Königs war ja nicht nur ein Grab- und Erinnerungsmal, etwa eine Art überdimensioniertes Mausoleum, sondern mit ihren Tal- und Verehrungstempeln ein Kultzentrum, an dessen Altären täglich Opfer an Rindern und Gänsen, an Wein, Bier und Milch, an Ölen und Räucherwerk für das Weiterleben des Königs gebracht wurden mit all den komplizierten Riten, die sicherstellen sollten, daß der zum Gott Verklärte segensreich auf das Leben seines Nachfolgers auf dem Thron wie aller Menschen, Tiere und Pflanzen in Ägypten, ja auf die Erhaltung des Kosmos schlechthin einwirken konnte.

Zugleich war jede Pyramide das Zentrum einer ganzen Gräbersiedlung, deren Verstorbene ihrerseits der Riten und Opfer bedurften, um die ihnen zukommende Rolle im Jenseits zu spielen. Um alle diese Dienste leisten zu können, war nicht nur eine erhebliche Zahl von Priestern notwendig, sondern es wurden Schlachter und Knechte der umfangreichen Schlachthöfe für die täglichen Opfer benötigt, Beamte für die Entgegennahme und Verwaltung der Lieferungen und schließlich Künstler, Handwerker und Arbeiter für den Bau oder die Ausbesserung von Pyramiden, Mastabas und Tempeln. Da aber die Friedhöfe in Ägypten außerhalb des für den Ackerbau so kostbaren Fruchtlandes, also in der Wüste angelegt waren – die Königsfriedhöfe des Alten Reiches auf einer 80 km langen Strecke von Abu Roasch im Norden bis Medum im Süden und somit ziemlich weit entfernt von der Residenz in Memphis –, siedelten sich im Laufe der Zeit die an den Königsgräbern und den umliegenden Friedhöfen Beschäftigten unmittelbar bei den Gräbern an. Es entstanden ganze Siedlungen von meist eng aneinandergedrängten Häusern, Höfen und Gassen, deren Reste bei Ausgrabungen zum Vorschein kamen und die man ›Pyramidenstädte‹ nennt.

Aus etwas späterer Zeit wissen wir, daß solche Pyramidenstädte bis zu zehntausend Einwohner zählten[26]. Eine derartige Menschenzusammenballung bedurfte natürlich ihrerseits einer gut geplanten Versorgung und damit im stark bürokratisierten Altägypten einer eigenen Verwaltung. Aus praktischen Gründen ging man bereits in der IV. Dynastie dazu über, die Versorgung der Pyramidenstädte dadurch sicherzustellen und gleichzeitig zu vereinfachen, daß man ihnen königliche Domänen zuwies mitsamt ihren Erträgen und den hier beschäftigten Arbeitskräften. So wurden die Pyramidenstädte schon bald zu umfangreichen Wirtschaftsbetrieben mit eigener Verwaltung[27].

Die ersten Anzeichen für eine Wandlung in dieser scheinbar so festgefügten Welt des Alten Reiches können wir bereits in der IV. Dynastie wahrnehmen, und zwar gerade beim Königtum. Seit Beginn des ägyptischen Einheitsreiches um die Wende vom 4. zum 3. vorchristlichen Jahrtausend galt der König als eine Verkörperung, eine Erscheinung des Weltengottes Horus[28]. Der älteste Königstitel, von dem wir dank der Erfindung der Hieroglyphenschrift Kenntnis haben, lautet ›Horus des Palastes‹. Allmählich kamen weitere Titel hinzu, wie ›die Beiden

Herrinnen‹ (nach den Kronengöttinnen der ober- und unterägyptischen Krone) und ›der von Biene und Binse‹, den wir mit ›König von Ober- und Unterägypten‹ übersetzen. Diese Titel hatten durchaus ihre Bedeutung im Königsdogma; doch drückt sich in ihnen keineswegs eine veränderte Auffassung vom Königtum aus, vielmehr waren sie eher Ergänzungen und Verdeutlichungen.

Nunmehr dagegen, und zwar zum ersten Mal bei dem Nachfolger des großen Cheops, Djedefrê, tritt als neuer Königstitel die Bezeichnung ›Sohn des Rê‹ auf[29], der nicht mehr, wie bisher üblich, bei der Krönung neu festgesetzte Namen folgen, sondern der Name, den die Eltern dem kleinen Prinzen gegeben hatten, der Geburtsname also. Dahinter steckte nun sehr viel mehr als eine bloß protokollarische Ergänzung der Königstitulatur. Wenn auch die bisherigen Titel und Namen weiterhin verwendet wurden und bis zum Ende ägyptischer Geschichte bestehen bleiben sollten, so spielte dieser ›Sohn des Rê‹-Name doch hinfort eine besondere Rolle.

Zunächst einmal war er Ausdruck der wachsenden Bedeutung, die der Sonnengott Rê in der ägyptischen Religion erhielt, und zwar sowohl im Glauben des Volkes wie in der Theologie wie auch im Königshaus, wobei diese drei Sphären natürlich nicht voneinander zu trennen sind, sondern einander bedingen und ineinander übergehen. Rê tritt – für uns mangels Quellen fast unmerklich – seit der III. Dynastie immer mehr an die Stelle von Horus als Welten- und Schöpfergott, so daß seine Aufnahme in die Königstitulatur nur logisch war.

Aber in seinem neuen Titel war der König nicht mehr ›Rê‹, wie er bisher ›Horus‹ gewesen war, sondern ›*Sohn* des Rê‹, und darin drückte sich eine gewandelte Vorstellung von der Rolle des Pharaos aus. Das diesem Titel zugrunde liegende Bild wird uns klar, wenn wir die Geburtslegenden der Könige der XVIII. Dynastie betrachten[30], die ja ihrerseits auf viel ältere Traditionen zurückgehen: Der Gott Rê zeugt mit der Königin den Thronfolger. So bleibt der König zwar immer noch ein auch der göttlichen Sphäre zugehöriges Wesen, aber er ist nun nicht mehr eine Verkörperung des höchsten Gottes selbst, sondern als Sohn seinem göttlichen Vater gegenüber verantwortlich[31].

Dieser Verlust der Identität zwischen Gott und König führt dann deutlich sichtbar in der V. Dynastie zu einer tiefergreifenden Wandlung des Königsdogmas. Wie stark dieser Wandel in der Stellung des Pharaos gegenüber den Göttern auch von den Künstlern jener Zeit empfunden wurde, zeigt die erstmalige Darstellung eines Pharaos, der in anbetender Haltung vor den Göttern kniet[32]; es handelt sich um König Phiops I. aus der beginnenden VI. Dynastie. Solch eine Art der Darstellung war selbstverständlich nur mit Genehmigung des Herrschers, ja auf dessen ausdrückliche Anweisung möglich, und so dokumentiert sich in ihr dieses völlig neue Verständnis von der Beziehung zwischen Gott und Pharao.

Dieser Wandel in den religiösen Vorstellungen und im Königsdogma kam natürlich auch im Jenseitsglauben zum Ausdruck. Am deutlichsten erkennen wir die Entwicklung bei den Grabmälern der Pharaonen selbst: Seit Mykerinos werden die Pyramiden wesentlich kleiner – wofür diese religiösen Wandlungen Hauptursache waren und nicht in erster Linie wirtschaftliche Überlegungen –, und seit der V. Dynastie bauen die Könige außer der immer bescheideneren, als

Grabmal dienenden Pyramide jeweils noch ein großes Heiligtum für den Sonnengott Rê. Diese Sonnenheiligtümer – wie die Pyramiden auf dem Wüstenplateau westlich von Memphis gelegen – bestehen aus Taltempel, Aufweg und der ummauerten Kultanlage, in deren Mittelpunkt sich auf einem mächtigen Sockel ein hoch aufragender Obelisk erhebt. Sogar ein gewaltiges, gemauertes Sonnenschiff an der Seite der Anlage fehlte nicht. Und was in unserem Zusammenhang von besonderer Bedeutung ist: Der Kult an diesen Sonnenheiligtümern erforderte natürlich dieselben Aufwendungen an Opfern und Ritualen, folglich auch an Priestern, Schreibern, Handwerkern und Arbeitern, wie die Begräbnisstätten der Pharaonen selbst. Sehr wahrscheinlich war bei den Königen der V. Dynastie die Versorgung der Pyramide eng mit der ihres Sonnenheiligtums verbunden, und aufgrund dieser Doppelfunktion dürften die Pyramidenstädte der V. Dynastie wohl kaum weniger umfangreich als die der IV. gewesen sein. Hinzu kam, daß auch Kult und Versorgung der früheren Könige – zumindest von denen der IV. Dynastie ist das durch Inschriften nachgewiesen – in vollem Umfang weitergeführt wurden. Dies hatte zur Folge, daß die durch die Jenseitsversorgung verursachte wirtschaftliche Belastung für die königlichen Domänen von Generation zu Generation weiter wuchs und so – angesichts der Bedeutung dieser Domänen für die Naturallieferungen an Beamte und Handwerker der Residenz – immer größere Teile der Bevölkerung davon betroffen waren.

Der Wandel in der Stellung des Königtums machte sich aber weit über Königsdogma und Jenseitsvorsorge hinaus bemerkbar. So bringt die Annäherung aus der göttlichen an die menschliche Sphäre einen deutlichen Zuwachs an Menschlichkeit für die Herrscher[33]. Wir sehen dies nicht zuletzt daran, daß hohe Beamte jetzt zunehmend in ihren Gräbern nicht nur von ihren Verdiensten für den nun mit Namen genannten König sprechen, sondern auch von dessen Anerkennung, ja schließlich gar Briefe wiedergeben, die Pharao dem Grabinhaber geschrieben hatte – »gesiegelt neben mir selbst, dem König«, wie es in einem davon heißt[34] – und in denen sogar ganz persönliche Gefühle des Königs geschildert werden, wie in dem des noch sehr jungen Isosi, des vorletzten Königs der V. Dynastie, an den Wesir Schepses-Rê: »Meine Majestät hat dieses sehr schöne Schreiben gesehen, das du aus dem Palast bringen ließest an diesem schönen Tage, an dem das Herz des Isosi wirklich, wirklich erfreut wurde durch das, was er wirklich, wirklich gern hat. Meine Majestät liebt es mehr als alle Dinge, dieses dein Schreiben zu sehen . . . Wahrlich, ich weiß, Rê liebt mich, weil er dich mir gegeben hat . . .[35].«

Aber dieser, hier und in ähnlichen Zeugnissen so sympathisch anrührende Zug von menschlicher Wärme und persönlicher Zuneigung, dessen öffentliche Äußerung unter den gottgleichen Pyramidenbauern der IV. Dynastie völlig undenkbar gewesen wäre, konnte unter schwachen Herrschern gefährlich für den Staat werden. Der König, der in der IV. Dynastie noch eine Verkörperung des Weltengottes und damit des ewigen Königtums gewesen war, ganz unabhängig von seinen persönlichen Fähigkeiten, tritt seit Beginn der V. Dynastie immer stärker aus diesem Hintergrund hervor als Person, mit unterscheidbaren Charakterzügen und persönlichem Schicksal, aber auch mit Schwächen und Fehlern, trotz allen Bemühens der Zeitgenossen um Diskretion. Es liegt eben keineswegs in erster

Linie an dem Zufall mangelnder Erhaltung der Dokumente, daß wir etwa über Leben und Person des Königs Cheops, der das gewaltigste Bauwerk in der Geschichte der Menschheit errichten ließ, so gut wie gar nichts wissen, aber über vergleichsweise unbedeutende Herrscher der V. und vor allem der VI. Dynastie recht genau informiert sind.

Parallel zur Entwicklung in der Stellung des Königtums vollzieht sich auch ein Wandel in Stellung und Selbstbewußtsein erst der hohen, schließlich aller Beamten. Noch in der IV. Dynastie erhält der Wesir, der höchste Beamte und Vertreter des Königs in der Rechtsprechung, seine Macht ausschließlich durch die Übertragung vom königlichen Vater und war folglich stets ein Prinz. Seit der V. Dynastie aber beruhen Macht und Ansehen des Wesirs dank der Gunst des Pharaos auf der Ansammlung von Ämtern und Titeln, deren Inhaber er ist[36], und wir finden nun auch keine königlichen Prinzen mehr unter diesen Würdenträgern. Sehr schnell setzt sich diese Entwicklung in der Beamtenhierarchie nach unten fort: Titel werden geradezu zu Talismanen[37], zu magischen Werkzeugen der Macht, die man sammelt wie heilbringende Amulette. Hierfür sind die Grabinschriften ein deutliches Zeichen: Die Titellisten der Grabherren werden immer länger. Das führte natürlich rasch zu einer wahren Titelinflation. Immer mehr Bezeichnungen, die ursprünglich über Tätigkeitsbereich und Funktion ihres Inhabers Aufschluß gaben, werden nunmehr zu reinen Hof- und Rangtiteln. Aber sie zeigen doch gleichzeitig eine sehr wichtige Entwicklung im geistigen und gesellschaftlichen Leben auf: Das gesteigerte Selbstbewußtsein basiert nicht mehr ausschließlich auf der Nähe zum König, sondern zugleich auch auf eigenem Tun, sei es nun im Vollbringen einer Leistung oder sei es durch erfolgreiche Titelsammlung, und dahinter steckt doch, wenn auch unausgesprochen, ein Gefühl von menschlicher Freiheit, von Persönlichkeit, die aus der ausschließlichen Standesbindung heraustritt[38].

Alle diese Entwicklungen zeigen freilich ihre bedenklichen Seiten deutlich erst in der VI. Dynastie. Es scheint so, als ob es in der V. Dynastie für einen kurzen, aber glücklichen historischen Augenblick gelungen wäre, die Balance zu halten zwischen Herrschermacht und Persönlichkeitsentfaltung, zwischen religiöser Bindung und Offenheit gegenüber der Welt, zwischen sauberer, wirkungsvoller Verwaltung und Karrierestreben der Beamten, zwischen Vorsorge durch den Staat und den Bedürfnissen des Volkes – und dieser kurze Augenblick dauerte immerhin fast 140 Jahre. Der Ägyptologe Helck spricht von einer Beruhigung und Annäherung an die ›Heile Welt‹[39], und Joachim Spiegel nennt das ›Reich der Sonne‹, die V. Dynastie, gar den ›Idealen Staat‹[40].

Unter dem letzten König der V. Dynastie, Unas, werden dann aber bereits wieder neue Spannungen in diesem scheinbar so festgefügten Bauwerk sichtbar – was nur bestätigt, daß ein Paradies auf Erden, eine Heile Welt auf Dauer unter Menschen nicht möglich ist, sondern daß es nur Annäherungen gibt, die im immerwährenden Wandel stets von neuem angestrebt und errungen werden müssen. Wiederum zeigen diese Wandlungen sich für uns am deutlichsten in der königlichen Jenseitsvorsorge: König Unas ließ als erster Pharao seit langem wieder nur eine Pyramide als Grabmal und kein Sonnenheiligtum zusätzlich errichten[41]. In dieser

Pyramide finden sich erstmals Inschriften, die berühmten ›Pyramidensprüche‹, die das Begräbnis- und Opferritual für den toten König an den Wänden der Grabkammern festhielten und damit für den Grabherrn magisch verfügbar machten, notfalls auch ohne Hilfe von Priestern und Angehörigen, und an dem vom Taltempel zu seiner Pyramide führenden Aufweg sind zum ersten Mal Szenen einer Hungersnot festgehalten[42]. Es gibt einige Ägyptologen, die von einer ersten Revolution bereits unter König Unas sprechen[43], doch reicht für eine solche Behauptung das überlieferte Material wohl kaum aus. Immerhin steht fest, daß mit Unas jener Zustand der Ausgewogenheit, wie er bis dahin bestanden hatte, erstmals durch eine Reihe tiefergreifender Veränderungen gefährdet ist, die in der folgenden VI. Dynastie schließlich immer stärkere Spannungen hervorrufen.

8. Spannungen unter König Unas – Hungernde Beduinen von seinem Pyramiden-Aufweg.

Eine dieser Erscheinungen ist das erstmalige Auftreten von Kampfszenen an den Grabwänden, die dann unter der VI. Dynastie an Häufigkeit zunehmen[44]. Dies läßt auf eine veränderte Situation in den Gebieten jenseits der ägyptischen Grenzen schließen, beziehungsweise darauf, wie man diese Situation in Ägypten bewertete. Seit der Gründung und Festigung des Einheitsreiches unter den ersten Pharaonen, etwa 700 Jahre vor der uns hier interessierenden Epoche, hatten die Nachbarn Ägyptens im Osten, also im Raum Syrien/Palästina, im von libyschen Stämmen bevölkerten Westen und im nubischen Süden kaum jemals größere Probleme aufgeworfen. Die Grenzen Ägyptens waren im wesentlichen gesichert. Gelegentlich einsickernde Beduinengruppen, vor allem im Bereich der Kupfer- und Türkisminen auf dem Sinai, konnten durch Unternehmungen der jeweils zuständigen grenznahen Verwaltungschefs, die kaum einmal über örtlich begrenzte Polizeiaktionen hinausgingen, schnell zurückgetrieben, unschädlich gemacht oder in den ägyptischen Volkskörper eingegliedert werden. Um so lebhaf-

49

ter war der Handelsaustausch, der vor allem bis weit nach Nubien hinein durch friedliche Handelsexpeditionen unter Leitung der Gauvorsteher von Elefantine und durch ägyptische Siedlungen bis zum zweiten Katarakt gesichert wurde[45]. Diese im ganzen ruhige Lage an den Grenzen scheint nun gegen Ende der V. Dynastie allmählich gespannter zu werden. Offenbar hatten größere Wanderungen neue, aktivere Bevölkerungselemente nach Libyen[46], Nubien[47] und mit den Akkadern auch nach Syrien[48] gebracht. Wenn damit auch die Zahl der bewaffneten Zusammenstöße zunimmt, so sind doch die Ägypter mit dieser Herausforderung offenbar zunächst ohne tiefgreifende Umstellung fertiggeworden. Jedenfalls sind bis zum Zusammenbruch des Alten Reiches keinerlei Anzeichen einer Minderung des ägyptischen Einflusses oder des Handels in und mit Syrien, Libyen oder Nubien feststellbar. Der Zusammenbruch selbst ist in keiner Form durch größere feindliche Einbrüche in ägyptisches Gebiet oder gar durch Unterwerfung unter eine fremde Dynastie erfolgt oder auch nur beschleunigt worden[49] – so wie etwa der Hyksos-Einfall das Ende des Mittleren Reiches besiegelte. Die Einfälle von Beduinen-Banden in das Delta-Gebiet Unterägyptens hingegen, die Ipu in seinen Ermahnungen so lebhaft beklagt, sind ja auch nach seinem Zeugnis nicht etwa Ursache, sondern erst Folge des Zusammenbruchs staatlicher Macht.

Mit dem Übergang von der V. zur VI. Dynastie kommen wir den dramatischen Ereignissen immer näher, wenn wir uns auch klarmachen müssen, daß Entwicklungen, die uns aus jahrtausendelangem Abstand als rapide und zwangsläufig erscheinen, für die Zeitgenossen so allmählich vor sich gingen, daß sie ihnen wohl meist kaum erkennbar waren – nicht anders als es auch uns ergeht, wenn es zu beurteilen gilt, was von den Geschehnissen und Entwicklungen unserer Zeit vorübergehende Erscheinungen, was bedeutsame Anfänge sind und was gar die Bezeichnung ›historisch‹ verdient. Wieviel mehr gilt dies für ein Volk, das noch nicht auf eine so genau dokumentierte und ständig reflektierte Geschichte zurückblicken konnte wie wir – was uns allerdings wohl auch nicht allzuviel nützt, denn Lehren daraus zu ziehen, ja sich auch nur dafür zu interessieren, sind nur Wenige in jeder Generation bereit.

Immerhin dauert die VI. Dynastie etwas mehr als 160 Jahre[50], und sie schien keineswegs auf einen Zusammenbruch hin angelegt, ja sie bringt gerade an ihrem Beginn eine Vielzahl von starken und fähigen Persönlichkeiten unter den Herrschern und vor allem auch unter den hohen Beamten hervor. Aber gerade bei diesen Beamten zeigt sich immer stärker das Bestreben, sich auf sich selbst, auf die eigene Tüchtigkeit zu verlassen, die eigene Bedeutung vor jedermann hervorzuheben und den eigenen Zuständigkeitsbereich immer mehr als unantastbar, ja wenn möglich als Erbhof zu betrachten, in dem selbst der König nur noch eine bestätigende Rolle spielt und nicht länger die Quelle aller Macht ist.

Man braucht nur einmal das riesige Mastaba-Grab des Wesirs Kagemni in Saqqara zu betrachten, der Beamter unter Unas wie unter dem ersten Herrscher der VI. Dynastie, Teti, war – was zugleich darauf hindeutet, daß der Übergang von der einen Dynastie zur anderen vermutlich ohne Erschütterung erfolgte. Insgesamt zehn Räume umfaßt das Grabmonument dieses hohen Herrn, während sich Personen seines Ranges aus der vorherigen Dynastie mit drei Innenräumen

← 9. König Phiops I. regierte noch eine heile Welt – Seine Kupferstatue.

51

begnügen mußten, wie es etwa bei der Mastaba des Ti der Fall ist. Hier wird, wenn auch an einer Äußerlichkeit, die Zunahme des Selbstbewußtseins deutlich sichtbar, bis schließlich bald nach Kagemni einer seiner Nachfolger, Mereruka mit Namen, mit 32 Innenräumen seiner Mastaba den Höhepunkt erreicht.

Und abermals geht dieses wachsende Selbstbewußtsein der hohen Beamten mit einer Schwächung des Königtums einher. König Phiops I., der nach einer kurzen Zwischenherrschaft eines Userkarê dem Dynastiegründer Teti auf dem Thron folgte, heiratete zwei Töchter eines hohen Beamten im thinitischen Gau, in dem bei Abydos die uralten Gräber der ersten Könige Ägyptens lagen. Dies wäre unter früheren Herrschern undenkbar gewesen, zumal Phiops die beiden Schönen nicht nur in seinen Harem aufnahm, sondern sie zur ›Großen Königlichen Gemahlin‹ erhob, womit er ihnen nicht nur einen hohen Rang gab, sondern auch ihren Söhnen die Legitimation für die Thronfolge sicherte. Beide Königinnen hießen, für uns etwas verwirrend, Merirêankhnes – ein offenbar erst bei der Ernennung zur ›Großen Königlichen Gemahlin‹ angenommener Name, der aus dem Thronnamen Phiops' I., Merirê, gebildet ist. Der Sohn der einen wurde dann tatsächlich als Merenrê I. Nachfolger seines Vaters, und ihm wiederum folgte der Sohn der anderen Merirêankhnes als Phiops II. Diese Doppelhochzeit des Pharaos mit einem Schwesternpaar, das keinen Tropfen des ›heiligen‹ königlichen Blutes in seinen Adern hatte, ist offenbar erfolgt, um dem Königshaus die Unterstützung jener mächtigen Provinzfamilie, der die beiden Schwestern entstammten, zu sichern[51]. Daß der König glaubte, dieser Unterstützung ohne eine solche familiäre Bindung nicht gewiß sein zu können, ist ein weiteres Anzeichen für den Verlust des Königtums an realer Macht seit der Höhe des Alten Reiches!

Überall in Oberägypten lassen sich Anzeichen dieses kräftig gestiegenen Selbstbewußtseins der obersten Gaubeamten entdecken. Welcher geschichtlichen Entwicklung die Gaueinteilung Ägyptens eigentlich ihr Dasein verdankte – ob es Kleinkönigreiche der Vorzeit waren, deren Zusammenschluß schließlich die ›Vereinigung der Beiden Länder‹ und damit das historische Ägypten entstehen ließ, wie manche Ägyptologen meinen, oder ob es sich um künstlich geschaffene Verwaltungseinheiten handelte, die mit der Ausbildung des Zentralstaates unter den ersten beiden Dynastien einhergingen, wie andere glauben –, soll uns hier nicht interessieren. Auf jeden Fall sind unter- und oberägyptische Gaue vom Beginn des Alten Reiches an nachweisbar, wenn auch in zunächst noch wechselnder Zahl und Bezeichnung, was eher für ein allmähliches Entstehen spricht. Die Bildung solcher Gaue erfolgte meist um ein oft schon recht altes städtisches Zentrum und dessen Heiligtum, wobei die ursprüngliche Schutzgottheit der Stadt jeweils zur vornehmsten Gaugottheit wurde.

Die Verwaltung der Gaue war eng an die zentrale Regierung des Königshofes gebunden. In der IV. Dynastie werden Königsbeamte, fast ausschließlich Verwandte des Königs, mit der Verwaltung von Gauen beauftragt, und zwar häufig von mehreren Gauen gleichzeitig[52] sowie abwechselnd mit der Gauverwaltung und Ämtern in der Residenz, um eine allzu enge Bindung des jeweiligen Gauverwalters an seinen Gau zu verhindern. Sein Titel war denn auch recht farblos: ›Aufseher vom Bergviperngau‹ nannte sich etwa solch ein Königsbeamter, und sein Ansehen bei Hofe und in der Gesellschaft gründete, wie bei allen Beamten bis hinauf zum Wesir, auf der Aufzählung all seiner Titel[53]. Oft waren allerdings gerade die angesehensten Titel solche, die schon längst keine reale Verwaltungstätigkeit mehr ausdrückten, sondern reine Hofrangtitel darstellten. Sie galten aber als bedeutsamer Hinweis auf die Nähe des Trägers zum König, der einzigen Quelle aller Macht, und werden in den Grabinschriften weit vor Titeln wie ›Aufseher dieses oder jenes Gaues‹ aufgezählt. Ein ›Wedelträger zur Rechten‹ des Königs, ein ›wirklicher Freund‹ oder etwa gar ein ›Sohn des Königs aus seinen Lenden‹ war eben etwas ganz anderes als ein simpler Beamter. Und während der IV. und weitgehend auch während der V. Dynastie war es ganz selbstverständlich, daß Beamte sich auf einem der Residenzfriedhöfe um Memphis herum begraben ließen – auch dann, wenn sie als letztes in der Gauverwaltung tätig gewesen waren. Aber schon im Verlauf der V. Dynastie scheint das – wohl ursprünglich eher als Verbannung empfundene – Dasein in der Provinz für ehrgeizige Beamte immer mehr an Attraktivität gewonnen zu haben, zumal ja, wie bereits erwähnt, seit dem Ende der IV. Dynastie die höchsten Beamtenränge nicht mehr von Königssöhnen besetzt wurden. Dies galt für den Wesir ebenso wie für die Gauverwalter und andere leitende Funktionen.

Dieses anfangs noch mehr oder minder unbewußte Bestreben der Beamten, sich lieber durch eigene Initiativen und Leistungen hervorzutun als bloß ein Gefäß zu sein, das der König jeweils mit Teilen seiner Macht füllte, dieser ganz allmählich auch für uns in Inschriften seit der ausgehenden V. Dynastie faßbare Stolz auf das eigene Tun, hatte zunächst keineswegs negative Auswirkungen auf den Staatsapparat. Er ging vielmehr, wie jede Emanzipation, mit einer Bewußtseinsaufhellung einher und bildete so den Ansatz für ein neues Persönlichkeitsbewußtsein[54], wenn dieses auch zunächst wohl auf den Kreis der hohen Beamten beschränkt blieb. Diese ihres Wertes und ihrer Bedeutung immer stärker bewußten Persönlichkeiten schenkten der V. und der beginnenden VI. Dynastie eine durchweg fähige und unbestechliche Beamtenschaft, welche die für das ganze Land unverzichtbare Versorgung und den Ausgleich zwischen den Gauen wie zwischen reichen und kärglichen Erntejahren mit einem Höchstmaß an Effizienz durchführte.

Die Gefahren aber, die sich aus dieser Entwicklung für das Königtum und den gesamten Staat ergeben konnten, scheinen anfangs gerade in der Gauverwaltung spürbar geworden zu sein; jedenfalls werden sie hier für uns zuerst faßbar. Offenbar hatte der Reiz des relativ hohen Maßes an Selbständigkeit in den Provinzhauptstädten, verbunden mit dem Bestreben nach Vererbung des eigenen Amtes auf den Sohn zur Sicherung der Grabversorgung, schon seit Mitte der V. Dynastie dazu geführt, daß einzelne Gauverwalter sich fest in ihren Gauhauptstädten installierten, sich dort begraben ließen und ihr Amt an den eigenen Sohn zu übertragen suchten, wenn dies auch natürlich erst der ausdrücklichen Genehmigung des Königs bedurfte. Ebenso wie die erstarkenden Gauverwalter gerade für diese Stärkung ihrer Position bis hin zu einer möglichst vererbbaren Hausmacht die Unterstützung des Königs benötigten, war auch dieser mehr und mehr auf die Hilfe derjenigen unter ihnen angewiesen, die die Schlüsselpositionen in den wichtigsten Gauen innehatten.

Schon vor der Heirat Phiops' I. in die Familie des Gauverwalters von Thinis finden wir für die zunehmende Selbständigkeit und Bedeutung der Gauverwalter Beispiele. Da ist etwa ein gewisser Isi, der unter dem letzten Pharao der V. Dynastie, Unas, und unter dem ersten der VI., Teti, Verwalter des wichtigen oberägyptischen Gaues von Edfu war. Diesem, übrigens seinen Herrschern durchaus ergebenen, tüchtigen, aber ehrgeizigen Beamten reichte der alte Titel ›Aufseher des Gaues‹ nicht mehr aus, und so bezeichnete er sich – natürlich mit voller Billigung des Königs – als ›Großes Oberhaupt des Gaues‹ und ›Graf‹. Er verwaltete seinen Gau nicht mehr, sondern er beherrschte ihn[55]. Er ließ sich im Gau begraben, wie auch alle seine Nachfolger dies taten, und sein Gedenken war unter der Bevölkerung des Gaues so lebendig geblieben, daß er nach seinem Tode vergöttlicht wurde und mehrere Generationen hindurch in seinem Gau einen eigenen Kult erhielt[56].

Diese hohen Herren können wir mit Recht bereits als ›Gaufürsten‹ bezeichnen, wenn auch strenggenommen der entsprechende ägyptische Titel ›Iripat‹ (›Fürst‹ oder ›Regent‹) erst seit Ende der VI. Dynastie auf sie angewandt wird[57]. Aus Gründen, die mit der historischen Entwicklung wie mit der verkehrstechnischen und geographischen Lage der einzelnen Gaue zusammenhängen, blieb dieser Aufstieg der Gauverwalter zu Gaufürsten auf das eigentliche Oberägypten beschränkt, also auf den Raum zwischen der nubischen Grenze bei Elefantine weit im Süden bis zu dem 20. oberägyptischen Gau am Eingang des Fayum mit der Hauptstadt Herakleopolis[58]. Das Gebiet von Memphis gehörte zu den unterägyptischen Gauen. Bereits die unmittelbar südlich davon gelegenen oberägyptischen Gaue 21 und 22 nahmen, wohl auch wegen ihrer verwaltungsmäßigen Nähe zur Residenz, nicht an der Bildung von Gaufürstentümern teil[59], ebensowenig wie die Gaue Unterägyptens, deren Verwalter auch während der ganzen VI. Dynastie sich weiterhin mit dem Titel ›Aufseher des Gaues‹ beschieden[60].

Offenbar erkannten auch die ägyptischen Könige recht frühzeitig die Gefahren, die eine zu große Unabhängigkeit der Gauverwalter mit sich bringen könnte. So treffen wir unter Isosi, dem vorletzten König der V. Dynastie, erstmals auf die Amtsbezeichnung eines ›Vorstehers von Oberägypten‹[61], die meist mit ›Gouverneur von Oberägypten‹ wiedergegeben wird, woran auch wir uns wegen der größeren Klarheit halten wollen. Denn die Aufgabe, die zunächst ein gewisser Schepseskaf in Personalunion mit dem Amt des Wesirs, also des höchsten Beamten des Königs, erhielt, diente eindeutig der besseren Kontrolle Oberägyptens und seiner engeren Bindung an die Zentralverwaltung der Residenz[62].

Wie es in Ägypten mit neu eingeführten Ämtern, Titeln und Institutionen des öfteren geschah, verschwand der Titel ›Gouverneur von Oberägypten‹ unter Unas zunächst, um erst zu Beginn der VI. Dynastie wieder aufzutauchen, nun allerdings mit rasch zunehmender Bedeutung. Diese lag ganz konkret darin, die Eintreibung der Steuern aus den südlichen Gauen sicherzustellen[63] und damit ein reibungsloses Funktionieren des gesamten Verteilungsapparats zu gewährleisten. Um das Amt hierfür noch effektiver zu machen, wurde sein Sitz in der VI. Dynastie nach Thinis, der Hauptstadt des 8. oberägyptischen Gaues von Abydos, verlegt[64]. Freilich war damit die Gefahr einer weiteren Aufsplitterung und

Minderung der königlichen Macht verbunden. Aber noch unter Phiops I. scheint die Aufrechterhaltung des Gleichgewichts zwischen Selbständigkeit und Kontrolle recht gut gelungen zu sein. Wir müssen uns ohnehin hüten, in die Geschichte aufgrund unserer im nachhinein gewonnenen Erkenntnisse eine unumkehrbare Entwicklung hineinzuinterpretieren.

Unter Teti, dem ersten König der VI. Dynastie, begann die Karriere eines Mannes, die ihren Höhepunkt unter Phiops I. erreichte und der ihm und seinem Nachfolger Merenrê hervorragende Dienste leistete. Sein Name war Uni. Er stellt ein Beispiel für die noch voll funktionierende, durchorganisierte und mit fähigen Beamten besetzte Verwaltung dieser Zeit der mittleren VI. Dynastie dar. Nach allmählichem Aufstieg war er unter Phiops I. zunächst Richter geworden und muß das besondere, persönliche Vertrauen seines Königs errungen haben, denn dieser beauftragte ihn mit der Untersuchung gegen seine eigene Große Königliche Gemahlin, übrigens eine andere als Merirêankhnes. Diese recht heikle Aufgabe scheint Uni zur vollen Zufriedenheit des Pharaos erfüllt zu haben, denn er wurde nun mit der Leitung von Kriegszügen gegen Palästina betraut, die uns in anderem Zusammenhang noch beschäftigen werden. Hieran ist zunächst einmal interessant, festzustellen, wie wenig Zuständigkeiten und Laufbahnen in dieser Zeit noch festgelegt sind und wie weitgehend Ernennungen auf wichtige Posten allein vom Wohlwollen des Pharaos und damit seiner Menschenkenntnis abhängig waren. Und die Menschenkenntnis Phiops' I. war offenbar groß, denn er beauftragte nicht etwa einen seiner Wesire und auch nicht einen militärischen Truppenführer mit diesen Kriegszügen, sondern den sich dabei als hervorragender Organisator erweisenden Justiz- und Verwaltungsbeamten Uni. Unter Merenrê I. wurde dann Uni als Gouverneur von Oberägypten eingesetzt und erhielt besondere Vollmachten für die Verwaltung aller 22 oberägyptischen Gaue[65].

Dies war keineswegs eine Selbstverständlichkeit. Wir haben schon wiederholt auf die wechselnde Abgrenzung von Zuständigkeiten bei Ämtern in der ägyptischen Verwaltung hingewiesen. Außerdem wurden alle Ränge und Titel schon sehr bald nach ihrer Einführung von mehreren Personen beansprucht, und dies war auch beim Titel des ›Gouverneurs von Oberägypten‹ der Fall. Nicht selten trugen mehrere Personen diesen Titel gleichzeitig; dennoch wäre es falsch, schon in der Zeit der VI. Dynastie in ihm nichts anderes mehr als einen reinen Hofrang ohne Aufgaben zu sehen. Wir wissen, daß der König des öfteren Aufgabengebiete aufteilte, sei es geographisch, so daß bisweilen gleichzeitig ›Gouverneure von Oberägypten‹ unterschiedliche Gruppen von Gauen überwachten, sei es nach verschiedenen Sachbereichen[66]. Uni jedoch hat offenbar nicht nur geographisch, sondern auch inhaltlich die Vollmachten eines ›Gouverneurs von Oberägypten‹ voll ausgeschöpft. Bei aller erprobten Treue zum Herrscherhaus aber sieht man gerade bei ihm sehr deutlich, wie auch er sich dem Zeitgeist nicht entziehen kann: Alles, was wir von seinem Leben wissen, stammt nämlich aus der sehr ausführlichen Biographie, die sein Grab enthält, das nicht etwa bei Memphis liegt, sondern in Abydos in der Provinz[67]! Seine Bedeutung im Leben wie im Tode wurde von ihm bereits nicht mehr als reiner Widerschein königlicher Macht, sondern als Folge seiner eigenen Tüchtigkeit empfunden.

10. Handwerker
waren gut ver-
sorgt – Boots-
bauer bei der
Arbeit.

Bis zur Herrschaft Merenrês also, so konnten wir feststellen, hat in Ägypten offensichtlich noch alles funktioniert. Weder eine äußere noch eine innere ernsthafte Bedrohung dokumentiert sich in Funden und Inschriften. Auch die Versorgung der Bevölkerung scheint noch voll gesichert zu sein. Dies gilt nicht nur für die Beamtenschaft, sondern auch für die Handwerker[68]. Ebensowenig hören wir von Versorgungsschwierigkeiten der in der Landwirtschaft tätigen Bevölkerung; vielmehr scheint sich in der V. und zu Beginn der VI. Dynastie die Lage auf dem Land sozial eher noch gebessert zu haben: Oft ist davon die Rede, daß durch künstliche Bewässerung für landwirtschaftliche Nutzung verbessertes oder ganz neu erschlossenes Land mit Schenkungen und Privilegien ausgestattet wurde und bisherige Hörige bei solchen Neugründungen durch die Könige eine bessere soziale Stellung und gewiß auch ein höheres Einkommen erreichten[69].

Von einer Hungersnot erfahren wir in dem hier behandelten Zeitraum nur einmal: Auf den Reliefs des Aufweges zur Pyramide des Unas sind Hungernde abgebildet. Ansonsten gibt es keinerlei Anhaltspunkte für irgendwelche Hungersnöte in der Zeit des Alten Reiches[70]. Vielmehr deuten gerade in der beginnenden VI. Dynastie sämtliche Quellen übereinstimmend auf intakte Verwaltung und funktionierende Versorgung der Bevölkerung hin.

Die Bezeichnung ›Arbeiter‹ war im Alten Reich ebenso unbekannt wie eine entsprechende Klasse[71]. ›Abhängige Werktätige‹, um diese Begriffsbestimmung der modernen Soziologie hier einmal zu verwenden, waren alle Ägypter, wenn wir von der Königsfamilie und den höchsten Beamten absehen. Alle waren zur Leistung von Handarbeit verpflichtet, soweit sie nicht durch Königsdekret ausdrücklich davon ausgenommen wurden[72]. Aber auch diese Ausnahmen hoben nicht etwa die Arbeitspflicht für Hörige und Bauern, Handwerker und Priester auf, sondern beschränkten sie nur auf besondere Institutionen, denen jeweils das Dekret galt, also meist Tempel oder Pyramidenstädte. Alle Arbeitsverpflichteten aber wurden vom ›Staat‹, also vom König direkt beziehungsweise in dessen Auftrag oder aus dessen Stiftung, mit Nahrung und Kleidung versorgt. Dabei wissen wir, wenn auch leider erst aus der Zeit des Neuen Reiches, daß etwa ein einfacher Schreiber, also nach unseren Begriffen ein unterer Beamter, eine geringere Löhnung an Naturalien erhielt als ein Handwerker, der mit dem Bau und der Ausschmückung der Gräber im ›Tal der Könige‹ betraut war, obwohl er für dieselbe Institution arbeitete. Als ›arm‹ wird weder im Alten noch im Mittleren Reich ein Stand bezeichnet. Die seit dem Mittleren Reich sehr beliebten und oft von Schülern abgeschriebenen ›Berufslehren‹ schildern zwar die Plackereien im Leben von Bauern und Handwerkern, Soldaten, Fischern und Hirten, erwähnen aber kein einziges Mal irgend etwas von Armut bei einem dieser Berufe, was doch zur Erfüllung des Zweckes dieser Lehren, der Motivierung von Schreibschülern nämlich, nahegelegen hätte[73].

Allerdings müssen wir uns dabei immer klarmachen, daß wir von Altägypten reden und somit Begriffe wie ›arm‹ und ›reich‹ nur dann sinnvoll sind, wenn wir sie nach den Maßstäben der damaligen Zeit verwenden. Verglichen mit dem heutigen Lebensstandard in den Industriestaaten des Westens war zweifellos die überwiegende Mehrzahl aller Ägypter arm. Aber sie hatten, zumindest in dem hier behandelten Zeitraum, doch mehr als viele Menschen heute in den Ländern der Dritten Welt: »Brot und Bier, Öl und Kleidung jeden Tag«, wie es manche Inschrift ausdrückt.

Wenn auch das Ägypten jener Zeit keine ›Heile Welt‹ war, so ist doch die gesamte Epoche des Alten Reiches ein Ringen um eine Weltvorstellung, die die ›Heile Welt‹ garantieren kann[74], wofür in Ägypten der Begriff ›Maat‹, Weltordnung, steht. So hat es denn auch um die Frage, wie und durch wen die *Maat* gesichert und bei Verletzungen wiederhergestellt werden könnte, lebhafte Auseinandersetzungen gegeben. Wir hatten von Dynastiewechseln gehört und von religiösen Neuerungen, die ihren Ausdruck etwa im Königsdogma oder in Veränderungen bei den Begräbnisstätten für die Könige fanden. Dahinter standen gewiß heftige Debatten, die wohl auch nicht immer gewaltlos ausgetragen wurden: Die Auslöschung der Namen mancher Herrscher oder beispielsweise auch die Haremsintrige, deren Untersuchungsrichter Uni war, sprechen da eine für altägyptische Verhältnisse deutliche Sprache.

Und doch hat gewiß in dieser ganzen Periode des Alten Reiches für den einzelnen Ägypter ein Lebensgefühl bestanden, das in mancher Beziehung unserer Vorstellung von einer ›Heilen Welt‹ nahekommt: Es gab keine ernsthafte Bedrohung von außen, es gab keine Naturkatastrophen; die sich vergrößernde Bevölkerung fand in einer inneren Kolonisation noch reichlich neue Böden, die der Bebauung erschlossen oder deren Erträge durch Bewässerung gesteigert werden konnten. Der König war, ganz unabhängig von persönlicher Qualifikation, Garant der *Maat* – und zwar im großen als Wahrer und Beweger der göttlichen Mächte, ja des gesamten Kosmos, im kleinen durch Bestellung guter und tüchtiger Beamter, die für Nahrung und Kleidung sorgten, für Gerechtigkeit und Ordnung. Und wenn die Dinge für den einzelnen, für Gruppen oder für die Gesamtheit einmal nicht so liefen, wie es dieser Idealvorstellung entsprach, dann stellte sich doch immer wieder bald ein Ausgleich ein. In allen nur irgend erreichbaren Quellen des Alten Reiches, ganz gleich von wem sie stammen, drückt sich das Lebensgefühl von Menschen aus, die sich in einer geordneten Welt sicher und geborgen fühlen; umgekehrt gibt es nirgendwo Anzeichen für irgendwelche Gefühle von Angst und existentieller Bedrohung. Angesichts des nach altägyptischer Anschauung so engen und unauflöslichen Bandes zwischen Diesseits und Jenseits war dieses Lebensgefühl notwendigerweise getragen von einem tiefen Vertrauen in die Götter, von einem Sich-Geborgen-Wissen in der göttlichen Ordnung.

Um so furchtbarer mußte der Zusammenbruch empfunden werden, der sich am Ende der VI. Dynastie vorbereitete und in der Revolution schließlich seinen Höhepunkt fand.

3
Der alte Mann und die Revolution

Ungefähr zwischen 2280 und 2250 v. Chr. besteigt nach den vierzehn Regierungsjahren seines Halbbruders Merenrê I. König Phiops II. den Thron Ägyptens und nimmt, wie dies seit der V. Dynastie für Könige üblich war, die nicht den Namen des Sonnengottes Rê als Bestandteil ihres Geburtsnamens trugen, einen mit -Rê gebildeten Thronnamen an[1]: »König von Ober- und Unterägypten Neferkarê (›Vollkommen ist das Wesen des Rê‹), Sohn des Rê Pepi« heißt er fortan auf seinen Monumenten, wobei Neferkarê derjenige Name ist, unter dem er am häufigsten erscheint. Sein Geburtsname wird meist in der griechischen Umformung ›Phiops‹ wiedergegeben, woran wir uns halten werden, um die Namensprobleme nicht noch weiter zu komplizieren.

Er soll bereits im Alter von sechs Jahren den Thron bestiegen haben, wie der Priester Manetho in seiner Geschichte Ägyptens berichtet. Offenbar hat zunächst seine Mutter Merirêankhnes II. die Regentschaft für ihn geführt; dafür spricht eine Alabasterstatue der sitzenden Königin mit Phiops II. auf ihrem Schoß. Allein die Tatsache, daß der junge König wesentlich kleiner als seine Mutter dargestellt ist, gilt als Zeichen für sein kindliches Alter, während er doch andererseits schon das Königskopftuch und die Uräusschlange als Diadem trägt, was beides nur dem bereits gekrönten König zukommt. Sollte sich Manethos Angabe auf diese Weise tatsächlich bestätigen (wie es übrigens überraschend oft der Fall ist, obwohl doch zwischen diesen Ereignissen und Manetho beinahe zweitausend Jahre liegen!), so stoßen wir damit allerdings zugleich auf eines der vielen chronologischen Probleme, die uns jede genaue Datierung, was die jeweilige Herrschaftszeit der Könige des Alten Reiches betrifft, so unendlich erschweren. Daher wollen wir diese Schwierigkeiten hier einmal kurz zusammenfassen:

Der altägyptische Kalender, obwohl der genaueste der Alten Welt, hat für uns zwei wesentliche Nachteile: Einmal kennt er kein Schaltjahr und geht daher in jedem Jahr rund sechs Stunden nach. Vor allem aber kennt er keinen Fixpunkt, von dem ab gerechnet wird, wie Christi Geburt bei unserem oder Mohammeds Flucht aus Mekka im islamischen Kalender. Da nach dem Glauben der Frühzeit mit jedem Königstod die Schöpfung eine Pause macht und erst mit der Thronbesteigung des Nachfolgers – die darum auch sofort am Tag darauf erfolgen mußte – wieder voll in Gang gesetzt wurde, zählte man nach den einzelnen Königen. Im Alten Reich, gerade bis zur Zeit Menrenrês I., datierte man die Ereignisse nach den alle zwei Jahre erfolgenden ›Zählungen‹, nämlich den Steuerterminen; von Merenrê an legte man im allgemeinen die Regierungsjahre der jeweiligen Pharaonen zugrunde. Natürlich sind im Laufe der Jahrtausende viele solcher Aufzeich-

← 11. Mit sechs Jahren bestieg er den Thron: Phiops II. auf dem Schoß seiner Mutter Herirêankhnes II.

nungen verlorengegangen, so daß wir gar nicht wissen, ob ein Jahr x eines Königs y sein letztes war oder ob für spätere Jahre nur die Dokumente fehlen. Die wenigen erhaltenen altägyptischen Königslisten besitzen für uns zwar einen unschätzbaren Wert, doch sind sie leider an vielen Stellen zerstört.

Eine gewisse Hilfe erwächst uns allerdings aus einer erstaunlichen Erkenntnis der Ägypter: Sie hatten schon früh die mangelnde Übereinstimmung ihres Kalenders mit der tatsächlichen Jahreslänge bemerkt, was angesichts der Bedeutung des jährlichen Eintretens der Nilschwelle und ihrer genauen Voraussage ein großes Ärgernis war. So pflegten sie für Daten wie dieses, die ein Höchstmaß an Genauigkeit erforderten, den Frühaufgang des Sirius, der ›Sothis‹, zugrunde zu legen, jenes Gestirns, das genau zur Zeit der beginnenden Nilschwelle am Morgenhimmel wieder erscheint. Nach solchen Sothis-Daten kann jeder Astronom genau das entsprechende Regierungsjahr eines Pharaos festlegen und damit auch das Todesjahr seines Vorgängers. Nur leider: Von diesen Sothis-Daten haben sich insgesamt nur sehr wenige erhalten, darunter kein einziges aus dem Alten Reich oder der Ersten Zwischenzeit. Das älteste auf uns gekommene Sothis-Datum stammt aus der XII. Dynastie. Da die Regierungszeiten von deren Königen und von denen der XI. Dynastie recht genau bekannt sind, konnten die Ägyptologen damit den Beginn des Mittleren Reiches innerhalb eines Fehlerbereiches von ganz wenigen Jahren auf das Jahr 1991 v. Chr. festlegen.

Die Jahrhunderte ägyptischer Geschichte vor diesem Zeitpunkt sind aber leider noch nicht genügend erhellt. Zwar kennen wir heute Namen und Reihenfolge der Könige vom Beginn der III. Dynastie bis hinab zu Phiops II., nicht aber deren jeweilige genaue Regierungsjahre. Für die Erste Zwischenzeit bis zum Beginn des Mittleren Reiches, also für die ausgehende VI. wie für die VII.–X. Dynastie, sind uns aber nicht einmal die Namen aller Herrscher oder ihre Reihenfolge, geschweige denn die genaue Regierungszeit bekannt. Somit haben wir, selbst in ganz modernen ägyptologischen Werken, in diesen Epochen mit Differenzen von mehreren Jahrzehnten zu rechnen und müssen uns daher bei jeder Zeitangabe mit einem ›ungefähr um . . .‹ begnügen.

Ebenso schwierig wie absolute Zeitangaben sind die Einzelheiten in der Regierungsgeschichte dieses oder jenes Pharaos zu deuten. Wir müssen uns einmal vorstellen, es gäbe etwa über das zweite deutsche Kaiserreich nur einige datierte Bauinschriften an Kirchen und Gräbern, einige wenige Herrscherdekrete und dazu noch ein paar Traueranzeigen hoher Beamter mit Lebensläufen, dann können wir einigermaßen erahnen, welchen Schwierigkeiten sich eine Geschichtsschreibung über Altägypten gegenübersieht – über eine Zeit also, die zudem noch viele Jahrtausende zurückliegt!

Das von Manetho überlieferte Thronbesteigungsjahr Phiops’ II., dem wir uns nun wieder zuwenden, führt uns mitten in die eben aufgezeigte Problematik. Sein Vorgänger, Merenrê I., hatte ja, den Zeugnissen nach zu urteilen, mindestens vierzehn Jahre lang regiert. Wir wissen auch aus Inschriften ganz genau, daß beide – Merenrê I. und Phiops II. – Söhne Phiops’ I. waren. Wenn aber Manethos Angabe über das Alter Phiops’ II. bei seiner Thronbesteigung richtig ist und auch die Aussagen der Dokumente über die Regierungszeit Merenrês I. stimmen, dann wäre Phiops II. erst im achten Regierungsjahr seines Halbbruders und entsprechend lange Zeit nach dem Tod seines Vaters Phiops I. geboren worden. Da nun aber die Mutter Phiops' II., Merirêankhnes II., nicht aus königlichem Geblüt stammte, konnte ihr Sohn nur dann ein Anrecht auf den Thron haben, wenn er ›Sohn des Königs aus seinen Lenden‹ und als solcher anerkannt war. Es besteht jedoch nicht der geringste Zweifel darüber, daß es niemals irgendwelche Schwierigkeiten für eine Anerkennung von Phiops II. als rechtmäßigem König gegeben hat, während von manchen anderen Thronfolgern solche Legitimierungsschwierigkeiten durchaus bekannt sind. Wenn wir nun andererseits von einem höheren Alter Phiops' II. ausgehen und einmal annehmen, daß er zum Zeitpunkt seiner Thronbesteigung die mindestens rechnerisch nötigen vierzehn Jahre bereits erreicht hatte, so hilft uns das auch nicht weiter, da seine kindhafte Darstellung auf den Knien Merirêankhnes' II. dem widerspricht, und außerdem werden wir gleich noch einen weiteren Beweis für sein kindliches Alter in den ersten Regierungsjahren erhalten.

Schließlich haben zwei Funde eine Lösung dieser komplizierten Frage zumindest nahegelegt. Das ist einmal ein goldener Anhänger, der Namen und Titel der Könige Phiops I. und Merenrê nebeneinander trägt[2]. Solche gemeinsame Namensnennung mit voller Titulatur ist aber fast immer ein Hinweis auf eine gemeinsame Regierung der beiden Herrscher. Derartige Mitregentschaften, meist zwischen älterem und jüngerem Herrscher, sind nun in der ägyptischen Geschichte gar nicht selten; in der XII. Dynastie werden sie geradezu die übliche Methode zur Sicherung der Thronfolge. Da Phiops I. gegen Ende seiner Regierung gewiß recht betagt war – er regierte über fünfzig Jahre und kam nicht als Jugendlicher auf den Thron –, liegt eine Mitregentschaft seines Erstgeborenen Merenrê I. durchaus nahe. Diese Vermutung wird weiter gestützt durch einen Fund im Horustempel von Hierakonpolis, dem schon in der Vor- und Frühgeschichte hochbedeutenden Heiligtum. Dort kamen zwei Kupferstatuen – die einzigen erhaltenen Darstellungen von Menschen in diesem Material aus dem Alten Reich! – zum Vorschein: Phiops I. in Lebensgröße und, etwas kleiner und deutlich jugendlicher, Merenrê I. Daß diese beiden zusammengehörenden Statuen dem Heiligtum des Königsgottes Horus geweiht waren, spricht jedenfalls für eine Mitregentschaft Merenrês I. mit seinem Vater Phiops I.[3]

Angesichts dieser Mitregentschaft und der damit verbundenen Überschneidung der Regierungszeiten beider Könige wäre also das jugendliche Alter Phiops' II. bei seiner Thronbesteigung kein Problem mehr. Aus seinem zweiten Regierungsjahr – Phiops war damals also höchstwahrscheinlich sieben Jahre alt – besitzen wir ein besonders hübsches Zeugnis seiner Interessen und seines Charakters in Form eines Briefes, durch den sein Empfänger sich so hoch geehrt fühlte, daß er den Wortlaut in die Wand seines Felsgrabes bei der heutigen Stadt Assuan meißeln ließ und ihn so über viertausend Jahre erhielt:

»Gesiegelt neben mir selbst, dem König. Jahr 2, Monat 3 der Überschwemmungszeit, Tag 15.

Befehl des Königs an den Einzigen Freund, Vorlesepriester, Vorsteher der Dolmetscher Herkhuf.

Ich habe Kenntnis erhalten von deinem Brief, den du zu Händen des Königs an die Kammer geschrieben hast, um uns wissen zu lassen, daß du glücklich aus dem Land Jam (in Nubien) herabgestiegen bist mit dem Heer, das bei dir ist. Du hast in deinem Briefe gesagt, daß du alle großen und guten Gaben mitgebracht hast, die Hathor, die Herrin von Imaau (wichtiges Hathor-Heiligtum), dem Ka (Seelenkraft) des Königs von Ober-˙ und Unterägypten Neferkarê (Thronname Phiops' II.) – der bis in alle Ewigkeit leben möge! – geschenkt hat. Du hast in deinem Brief von dir gesagt, daß du einen Zwerg der Gottestänze aus dem Land der Horizontbewohner mitgebracht hast . . . Fürwahr, du verstehst wirklich zu tun, was dein Herr wünscht und lobt . . . Komm also sogleich stromab zum Hof. Laß alles stehen und liegen und bringe diesen Zwerg mit dir, den du aus dem Land der Horizontbewohner lebend, heil und gesund geholt hast für die Gottestänze, um zu erfreuen und zu erheitern das Herz des Königs von Ober- und Unterägypten Neferkarê, der ewig leben möge.

Wenn er mit dir in das Schiff herabsteigt, beauftrage zuverlässige Leute, die hinter ihm sind zu beiden Seiten des Schiffes und die aufpassen, daß er nicht ins Wasser fällt. Wenn er schläft in der Nacht, beauftrage zuverlässige Leute, die bei ihm schlafen in seinem Zelt. Kontrolliere zehnmal in der Nacht. Meine Majestät wünscht diesen Zwerg mehr zu sehen als die Gaben des Sinai und Punts. Wenn du zum Hofe gelangst, indem dieser Zwerg lebend, heil und gesund bei dir ist, dann wird Meine Majestät dir Größeres erweisen als das, was dem Siegler des Gottes (Titel für Expeditionsleiter) Bawerdjed zur Zeit des Königs Isosi erwiesen worden ist, wegen des Herzenswunsches Meiner Majestät, diesen Zwerg zu sehen.

Es wurden Befehle gebracht für den jeweiligen Bürgermeister einer Neuen Stadt, Freund und Vorsteher der Priester, um anzuordnen, daß Verpflegung bei ihm empfangen wird in jedem Provianthaus und jedem Tempel. Nicht soll dabei eine Abgabenbefreiung in Frage kommen[4]!«

Man sieht ihn beim Diktat dieses lebendigen Schreibens direkt vor sich, den kleinen König, wie er selbst herumhopst in Vorfreude und es gar nicht erwarten kann, daß der Tanzzwerg ihn mit seinen Künsten unterhält und zugleich damit die Augen der Götter wohlgefällig auf ihn lenkt. Aus diesen Zeilen, die nichts von dem sonst so steifen und im traditionellen Kanzleistil erstarrten Duktus anderer Königsbriefe an sich haben, spricht die gespannte, freudige Erwartung des jungen Königs so spontan, so unmittelbar, daß wir in ihnen förmlich noch das kindliche Alter des Herrschers spüren, der zweifellos gerade diese Passagen selbst diktiert hat, wie denn auch das ganze Schreiben ›neben‹ ihm, also in seiner Gegenwart, gesiegelt wurde.

Die Tanzzwerge waren wohl Pygmäen aus dem innerafrikanischen Bereich, und mag sich auch ihr Lebensraum damals viel weiter nach Norden erstreckt haben als heute, so lagen sie dennoch für die Ägypter am äußersten Rande der ihnen bekannten Welt, waren für sie also ›Horizontbewohner‹. Auf einer Handelsexpedition bis tief nach Nubien hinein hatte der Adressat dieses Schreibens, Herkhuf, diesen Zwerg erworben. Die afrikanischen Länder im Süden waren der Himmelsgöttin Hathor heilig, und somit auch ihre Bewohner; folglich konnten die kultischen Tänze der Zwergstämme nach ägyptischem Verständnis nur dieser

Göttin geweiht sein. Das Außergewöhnliche eines solchen Erwerbes betont der König selbst, indem er erwähnt, daß der letzte dieser Tanzzwerge zur Zeit des Königs Isosi, also fünf Generationen zuvor, an den Hof gelangt sei.

Der Expeditionsleiter Herkhuf ist uns auch sonst kein Unbekannter. Er hat uns in seinem Felsengrab auf der Westseite des Nils recht genaue Schilderungen seiner Laufbahn hinterlassen. Schon unter König Merenrê I. hatte er seinen Vater Iri, der wie er den Titel eines ›Vorstehers der Dolmetscher‹ trug, auf einer Expedition nach Nubien begleitet und nach dem Tode des Vaters dessen Posten erhalten[5]. Wir haben hier einen der Fälle, in denen wir die Ausbildung des Sohnes durch den Vater in seinem Amt und das Antreten seiner Nachfolge genau verfolgen können. Der simpel erscheinende Titel ›Vorsteher der Dolmetscher‹ bedeutet in jener Zeit in Wirklichkeit eine Art Hochkommissar für Nubien, wo es damals sowohl ägyptische Handelsniederlassungen als auch regelmäßige ägyptische Handelskarawanen gab. Daß solche Karawanen zur Zeit Phiops' II. nach dem Zeugnis des Briefes von Truppen begleitet werden mußten, wird uns später noch eingehender beschäftigen.

Die ›Vorsteher der Dolmetscher‹ hatten ihren Sitz auf Elefantine, jener Nilinsel beim heutigen Assuan, deren befestigte Stadt mit ihren Häusern und Tempeln der Leiter des Deutschen Archäologischen Instituts Kairo, Werner Kaiser, in den letzten Jahren ausgegraben hat[6]. Dieses Elefantine war im Alten Reich der ›südlichste Punkt der oberägyptischen Gaue‹, wie es auch noch im Mittleren Reich hieß[7], und deshalb als befestigte Grenzstadt Sitz der Beamten, die den Verkehr mit den südlich anschließenden nubischen Gebieten zu organisieren und über die Sicherheit der Grenze und der ägyptischen Niederlassungen jenseits davon zu wachen hatten. Doch waren die ›Vorsteher der Dolmetscher‹ keineswegs zugleich Gaufürsten des 1. oberägyptischen Gaues; ihre Aufgaben lagen vielmehr außerhalb des Gaugebietes[8]. Einer der Vorgänger Herkhufs aus der V. Dynastie, Khufu-ankh mit Namen, hat zwar Inschriften auf Elefantine, aber kein Grab hinterlassen, ebenso wie Herkhufs Vater Iri. Jetzt aber, gegen Ende der VI. Dynastie, war es selbstverständlich für einen hohen Provinzialbeamten geworden, sich an seinem Amtssitz und nicht in der Nähe seines Königs begraben zu lassen. Die Nachfolger Herkhufs in der langen Regierungszeit Phiops' II. ließen sich ebenfalls in den Felsen unterhalb von Elefantine bestatten und sind uns daher allesamt bekannt: Mekhu Antef, dessen Sohn Sabeni und schließlich Pepinakht, der später unter seinem Beinamen Heqa-ib so berühmt wurde, daß er ein eigenes Heiligtum auf Elefantine erhielt und einen vollen, wenn auch auf die Grenzregion beschränkten Götterkult, der bis in die XIII. Dynastie hinein, also etwa fünf Jahrhunderte hindurch, bestehen bleiben sollte[9]! Die Vergöttlichung von Provinzialbeamten nach ihrem Tode, wie wir sie schon am Beispiel des Gaufürsten von Edfu zu Beginn der VI. Dynastie, Isi, kennengelernt haben, ist eine weitere Bestätigung für jenen Wandel, den die Vorstellung vom Königtum in jener Zeit durchmachte.

Wenn wir noch einmal den Brief des kleinen Phiops' II. an Herkhuf durchlesen, so finden wir auch hier eine ganze Reihe von Anhaltspunkten für jene völlig neue Auffassung von der Natur des Verhältnisses zwischen König und Untertan, und zwar ganz abgesehen von den Formulierungen, die sich aus dem kindlichen Alter des Königs erklären lassen. Allein die Tatsache, daß sich der König unmittelbar mit einem Schreiben an eine Person wendet, die nicht aus königlichem Geblüt stammt, wäre für einen Pharao der IV. Dynastie völlig undenkbar gewesen! Daß noch dazu ein solches, im Kern doch sehr persönliches Schreiben vom Adressaten gar veröffentlicht werden durfte, und sei es auch nur an seiner Grabwand, all dies spricht für eine sehr starke Vermenschlichung des Königs, wenn wir uns vor Augen halten, daß bis weit in die V. Dynastie hinein in Gräbern von Privatleuten weder Namen von Göttern noch von Königen erwähnt werden durften. Phiops II. hingegen tritt nun plötzlich als individuelle Persönlichkeit heraus aus seinem streng festgelegten institutionellen Rahmen des Königtums, nimmt mit einzelnen Menschen eine ganz persönliche Verbindung auf und dokumentiert diese sogar in aller Öffentlichkeit. Dieser Gewinn des Königtums an Menschlichkeit – und als solchen haben ihn die Zeitgenossen zweifellos gewertet – mußte freilich unter schwachen Herrschern zum Verhängnis werden[10].

Auch was die Entwicklung des Königdogmas betrifft, können wir wenigstens in Umrissen die Reaktionen der Könige beobachten. Die Pharaonen der VI. Dynastie versuchten, ihre irdische Stellung gegenüber den mächtigen Gaufürsten durch eine Überhöhung dieser Stellung ins Geistige zu verstärken. Es finden sich häufiger Bezeichnungen für ›König‹, welche die göttliche Natur des Königtums unterstreichen und also eine Brücke zwischen dem göttlichen Amt und seinem menschlichen Träger schlagen. Aber die hinter diesen Benennungsvarianten erkennbaren Versuche, den lebenden König in seinem Amt zu vergöttlichen, kamen mit dem Umsturz der Ersten Zwischenzeit wieder zum Erliegen; erst viel später sollten sie erneut aufgegriffen werden und zur Vergöttlichung lebender Pharaonen mit eigenen Tempeln und Kult führen[11].

Jetzt aber, seit Beginn der VI. Dynastie und verstärkt unter Phiops II., läßt sich – viel deutlicher als die Gegenreaktion der Könige – der Machtzuwachs in der Stellung und damit auch in den Privilegien der Gaufürsten mit Händen greifen. Neben den vielen von uns bereits beobachteten Anzeichen wie Grafen-, dann Fürstentitel, Vererbbarkeit und Begräbnis im eigenen Gau zeigt uns wiederum gerade Herkhuf einen weiteren Schritt in dieser Entwicklung: Ausdruck dafür ist sein kompliziert gebautes, großes Felsengrab, das zugleich auch eine qualitative Überschreitung der bisher für Privatpersonen üblichen Begräbnisse darstellt. Da die Grabbauten in Ägypten stets genauestens den rituellen Erfordernissen gerecht werden mußten, lassen sich aus ihrer Architektur auch Rückschlüsse auf die jeweiligen Bestattungsriten gewinnen. So können wir denn anhand dieser mächtigen Felsengräber auch auf eine allmähliche Übernahme bisher königlicher Begräbnisriten schließen. Dies hängt mit dem Vordringen des Osirisglaubens seit Mitte der V. Dynastie zusammen. Während in den ersten Dynastien des Alten Reiches allein der König nach seinem Tode zum Osiris, zum Herrscher des Totenreiches wurde, usurpieren seit Ende der V. Dynastie auch die hohen Beamten dieses Anrecht[12], bis in der Ersten Zwischenzeit schließlich nach und nach alle Verstorbenen mit Osiris gleichgesetzt werden.

Und noch in einem anderen Brauch, der nach unserem Gefühl zwar rein religiöser, für Ägypten aber zugleich hochpolitischer Natur war, wird die Erstarkung der Gaufürsten greifbar: Während ursprünglich der König allein Vorsteher aller Priester ist, die nur in seinem Namen den Kult vollziehen durften, erhalten jetzt immer mehr Gaufürsten auch den Titel eines Priestervorstehers beim Gott ihrer Gauhauptstadt[13]. Von dort war es nur noch ein kleiner Schritt, bis sich die Gaufürsten als Sohn ihres Gottes bezeichneten und eine eigene Zeitrechnung nach ihren Regierungsjahren einführten. Dazu kam es freilich erst nach dem Zusammenbruch des Alten Reiches, und wir werden auf diese Entwicklung später noch eingehen.

Immer deutlicher zeichnet sich aber bereits gegen Ende der VI. Dynastie die Bildung eines Feudaladels in den Gauen ab. Bei allen Parallelen mit entsprechenden Entwicklungen im europäischen Mittelalter in der Herausbildung von Territorialherrschaften aus ehemaligen Verwaltungsämtern im Auftrag des Königs sollten wir jedoch nie die gewaltigen Unterschiede aus den Augen verlieren, die zwischen der Gesellschaft des europäischen Mittelalters und derjenigen des alten Ägypten bestehen. Denn abgesehen von vielem anderen unterscheidet sich das ägyptische Gaufürstensystem der VI.–XII. Dynastie schon darin, daß es nicht auf einer Kriegerschicht basiert und daß ein entsprechender Unterbau an Kleinadel völlig fehlt.

Dieses System einer Machtteilung zwischen königlicher Zentralgewalt und dezentralisierter Gauverwaltung war offenbar unter Phiops II. noch ausgewogen. Auch Herkhuf nennt ja bei der Aufzählung all seiner Titel noch den eines ›Einzigen Freundes‹ des Königs an allererster Stelle, und dies, obwohl es sich hierbei um einen reinen Hofrang handelt, den mehrere Beamte gleichzeitig trugen, der ihm aber wichtiger als sein eigentlicher Amtstitel war, weil er seine Nähe zum König bewies, als dessen Gefolgsmann er sich zweifellos verstand. Er leitete ja auch alle anderen Handels- und Tributgüter aus seiner Expedition an den Hof weiter, nicht etwa nur den vom König erwarteten Tanzzwerg.

Diese Entwicklung zur Selbständigkeit der Gaufürsten wird in vielen ihrer Biographien faßbar; eine von ihnen wollen wir noch stellvertretend für alle anderen herausgreifen: Unter Merenrê I. wurde ein Beamter namens Kar Gaufürst von Edfu – möglicherweise war er der Sohn des vergöttlichten Isi[14]. Seine Titel beweisen, daß die Entwicklung in den Gauen schon vor Phiops II. weit fortgeschritten war, denn sie lauten: »Großes Oberhaupt des Gaues«, »Vorsteher der oberägyptischen Gerste« (also Steuereinnehmer in einem Teil Oberägyptens), »Vorsteher der Gottesväter« (der höheren Priester). Schließlich wurde er auch noch zum »Gouverneur von Oberägypten« ernannt, einer der Fälle, in denen es gleichzeitig mehrere Träger dieses Titels gab.

Dieser Fürst nun rühmt sich in seiner Biographie vor allem solcher Taten und Leistungen, die er für seinen eigenen Gau vollbracht hat und nicht etwa für den König oder auf besondere Weisung von ihm: Den Hungrigen seines Gaues maß er Gerste zu, dem Bedürftigen erließ er Saatgutdarlehen – und zwar, wie es heißt, »aus meiner Totenstiftung«, aus dem Privatvermögen also und nicht aus der Amtskasse[15]. Diese Betonung sozialer Fürsorge läßt uns aufhorchen. Zwar gehörte es schon immer zur Idealbiographie von Ägyptern, »dem Armen Brot gegeben, den Nackten bekleidet und den Schifflosen übergesetzt« zu haben, aber hier wird diese Formel sehr konkretisiert, und die ausdrückliche Erwähnung, diese Leistungen aus dem Privatvermögen erbracht zu haben, läßt deutlich erkennen, daß es hier um einen ganz bewußten Akt sozialen Handelns geht. Wir erfahren damit zugleich auch einiges über die Gründe, warum später die Revolution nicht auf Oberägypten übergegriffen hat. Die einschränkende Bemerkung »soweit sie (die Armen nämlich) in meinem Gau gefunden werden . . .« ist allerdings erneut ein Hinweis darauf, wie früh die Gaufürsten bereits damit begannen, sich immer stärker auf ihr Wirken im eigenen Gau zu konzentrieren – mit allen Gefahren, die solches Verhalten für eine gleichmäßige Versorgung sämtlicher Landesteile mit Lebensmitteln in sich barg.

Aber auch Kar wird vom König ernannt (und legt Wert darauf, dies in seiner Biographie zu erwähnen), hat seine Beamtenkarriere in der Residenz und als Beauftragter des Königs gemacht, und es liegen keinerlei Hinweise dafür vor, daß er irgendwann gegen den König gehandelt habe. Das Vertrauen auf die eigene Leistung weckt neue Kräfte[16], und diese wiederum kommen der Entwicklung der Gaue zugute, die bisher wohl etwas im Windschatten der Residenz lagen.

Die weiterhin bestehende Macht des Königs über das ganze Land wird auch durch die Inschrift eines der Nachfolger Herkhufs als ›Vorsteher der Dolmetscher‹ mit Namen Sabeni belegt. Dieser Sabeni schreibt in seiner Grab-Biographie unter anderem: »Es sandte mich die Majestät meines Herrn, um zwei große Schiffe zu bauen in Wawat (Unternubien) und um zwei große Obelisken nach Heliopolis zu transportieren[17].« Obelisken, diese mächtigen, aus einem einzigen Block Rosengranit geschlagenen Vierkantpfeiler mit Spitze, waren – und dies spätestens seit Beginn der VI. Dynastie – geheiligte Abbilder der unauflöslichen Bindung des Königs, der sie errichten ließ, an den Sonnengott Rê, den Garanten allen Lebens[18]. Das mühsame Brechen dieser Riesenmonolithe in den Steinbrüchen bei Assuan, ihr Transport auf gewaltigen Lastkähnen, für deren Bau das benötigte Holz erst eigens aus Nubien herbeigeschafft werden mußte, die gefahrvolle Fahrt im Schlepp vieler Ruderboote über tausend Kilometer nilabwärts und schließlich der Landtransport bis zum Tempel von Heliopolis – ohne Wagen und Zugtiere, die es im Alten Reich nicht gab! – und zuletzt die Aufstellung dieser steinernen Nadeln, das alles bedeutete für jeden Pharao, der Obelisken errichten ließ, die absolute Kontrolle über Ägyptens Arbeitskraft und Ausrüstung[19], zumindest während des Zeitraums, den solch ein Unternehmen erforderte. Leider können wir diesen Zeitraum während der Regierung Phiops' II. nicht genau angeben, denn die nur lückenhaft erhaltene Biographie des Sabeni enthält keine Datierung. Es muß aber in der zweiten Regierungshälfte gewesen sein, denn Sabenis Grab ist an das seines Vaters Heqa-ib angebaut[20], und dieser starb in der zweiten Hälfte der Regierung Phiops' II.[21]

Haben wir bisher einen im ganzen positiven Eindruck von den Verhältnissen im Ägypten Phiops' II. gewonnen, so gibt es andererseits doch Anzeichen einer sich verschlechternden wirtschaftlichen Situation. Kommen wir dazu ein letztes Mal auf den Königsbrief an den ›Vorsteher der Dolmetscher‹ Herkhuf zurück. Seine äußere Form ist die eines Königsbefehls, eines Dekrets. Erst im letzten Abschnitt jedoch erfahren wir, was denn eigentlich der kleine König angeordnet hatte: Herkhuf und seine Begleitung sollten auf der Fahrt von Assuan nach Memphis in den ›Neuen Städten‹, wie man die neu angelegten königlichen Domänen nannte, und in allen Tempeln Verpflegung und sonstigen Bedarf fassen können, und zwar ausdrücklich unter Aufhebung jeder ›Abgabenbefreiung‹.

Worum ging es hier? Wir hatten schon im vorigen Kapitel geschildert, wie die umfangreichen königlichen Pyramidenstädte ebenso wie die großen Tempel im Lande zu mächtigen Wirtschaftszentren mit eigener Verwaltung, eigenen Handwerksbetrieben und ganzen Dörfern zur Versorgung der Tausende von darin Beschäftigten geworden waren. Alle aber, angefangen von den privaten Landbesitzern bis hin zu den Domänen des Königshauses, mußten Steuern leisten, und zwar in Form von genau festgelegten Natural- und Arbeitsleistungen sowie der Verpflichtung, durchreisende Königsboten oder -beauftragte zu versorgen.

Um die Versorgung der Gräber besonders verehrter Vorgänger nicht mit drückenden Steuern zu belasten, gewährte hier der König in gewissen Fällen Abgabenbefreiung für die dafür zuständige Institution. Solche Abgabenbefreiungen wurden in den sogenannten ›Königsdekreten‹ festgelegt, abgefaßt in einer ganz bestimmten Kanzleiform, wie es bei Gesetzen oder Verordnungen ja auch heute noch der Fall ist. Das ›Bürokratendeutsch‹ ist also keineswegs etwa eine Erfindung unserer Zeit – das ›Bürokratenägyptisch‹ konnte an Steifheit und Umständlichkeit der Sprache bis hin zur praktischen Unverständlichkeit für den einfachen Bürger durchaus mithalten. Für die Empfänger aber war ein solches Dekret von höchstem Wert, und deshalb pflegte man die Königsdekrete an die Eingangswand der begünstigten Einrichtung – Tempel, Grab oder Stiftung – zu meißeln oder auf einer Stele davor aufzustellen. So haben sich einige davon bis auf unsere Tage bewahrt, insgesamt natürlich nur ein kleiner Teil des einstmals Vorhandenen.

Das älteste erhaltene derartige Dokument stammt aus der Zeit des Königs Schepseskaf, des letzten Herrschers der IV. Dynastie, und zeigt die äußere Form solcher Dekrete bereits voll entwickelt[22], so daß wir es hier auf keinen Fall mit einem der ersten seiner Art zu tun haben. In dem besagten Schriftstück heißt es: »Horus Schepseshêt (Horusname König Schepseskafs), Jahr nach der ersten Zählung von allen Rindern und allem Kleinvieh . . . Gemacht in der persönlichen Gegenwart des Königs.« Wie eine moderne Akte trägt das Dekret also Briefkopf (Königsname) und Datum sowie den Vermerk über die Anwesenheit des Königs bei der Fertigung der Urschrift, der zur Gültigkeit nötig war. Der Text geht weiter mit der Stiftung eines dauernden Opfers des Königs für seinen Vorfahren Mykerinos an dessen Pyramide. Und schließlich wird bestimmt, daß dieses Opfer und die Priester, die es darbringen, von allen Lasten frei sein sollen und insbesondere die Priester nicht »weggenommen werden von ihrem Dienst ewiglich« – eine Befreiung also von jeglicher Art der Besteuerung wie auch der Arbeitsverpflichtung[23].

Aus der V. Dynastie ist, abgesehen von einem Fragment des Königs Sahurê, nur ein Edikt von Neferirkarê für den Tempel in Abydos erhalten, in dem alle Priester des Gaues von jeder Pflichtarbeit außerhalb der Tempel ausgenommen werden, ebenso die Hörigen auf dem ›Gottesäcker‹ genannten Landbesitz der Tempel. Wer dagegen verstößt, soll vor Gericht gestellt und zu Steinbrucharbeit und Einziehung seines gesamten Vermögens verurteilt werden. Ausdrücklich werden in diese Strafandrohung auch alle Behörden oder Beamten, die dem Königsedikt zuwiderhandeln, einbezogen[24].

Vom Beginn der VI. Dynastie an nimmt die Zahl der erhaltenen Dekrete erheblich zu, und zweifellos war auch die Häufigkeit solcher Ausnahmeregelungen in dieser Zeit wesentlich größer als vorher. Zum einen wuchs mit jeder Generation die Zahl an Pyramidenstädten und Totenstiftungen, und zum anderen dürfte gewiß jeder Gaufürst Wert darauf gelegt haben, baldmöglichst auch für seinen Gautempel und dessen Priester dieselben Vorteile zu erhalten, wie sie seinem Kollegen zugesprochen wurden. Einmal erlassen, wurden solche Ausnahmegesetze sehr schnell zu Dauereinrichtungen.

Da gibt es unter den erhaltenen Königsdekreten eines von Teti für den Khontamenti-Tempel in Abydos, eines von Phiops I. für die Kapelle seiner Mutter in Koptos und ein weiteres für die Pyramidenstadt des Gründers der IV. Dynastie, Snofru, in Dahschur bei Memphis. Das letztere Edikt ist für uns nicht nur deshalb besonders interessant, weil ja die Errichtung dieser Anlage damals schon über 350 Jahre zurücklag und wir damit einen weiteren Beweis für das Andauern der Verehrung der toten Könige über viele Generationen hinweg besitzen, sondern auch wegen der hier aufgezählten vielfältigen Steuern, Abgaben und Leistungen, die zu Phiops' I. Zeiten bereits auf jedem Besitz lagen. Da werden in insgesamt neunzehn Paragraphen unter anderem aufgeführt: Arbeiten für das Königshaus, Steuern für die Residenz-Verwaltung, allgemeine Arbeitsverpflichtung, Botendienste, Nutzung des Landbesitzes durch Angehörige des Königshauses oder der Verwaltungen, Requisitionen durch ›freundliche Nubier‹ (Polizeieinheiten), Wegführen von im Dienste der Pyramidenstadt stehenden Ausländern, Übergabe von abhängigen Personen zur Bezahlung von Schulden (eine sehr soziale Vorsorge für Schuldner!), gewaltsame Requirierung von Personen für Graben von Kanälen, Besteuerung der Bewässerungskanäle, Teiche, Brunnen, Wasserschläuche und Bäume in der Pyramidenstadt[25].

Ein derartig verfeinertes Steuersystem, das bis hin zur Besteuerung von Lederschläuchen für die Bewässerung geht, läßt zweifellos auf eine bis zum äußersten durchorganisierte Verwaltung schließen, mit gewaltigen Aktenregistraturen, von deren Existenz wir auch aus anderen Quellen Kenntnis haben. So unterstanden schon in der IV. Dynastie dem höchsten Verwaltungsbeamten, dem Wesir, neben zwei für den ›Außendienst‹ zuständigen Abteilungen eine solche für Akten und eine weitere für ›versiegelte Akten‹, also Geheimsachen[26].

Ebenso zeigt sich hier aber auch der gewaltige Finanzbedarf des Staates, der schon in dieser Zeit gewisse soziale Schutzmaßnahmen gegen die völlige Verelendung ganzer Bevölkerungsschichten erforderlich machte. Man erschrickt, wenn man sich plötzlich bewußt wird, wie die Probleme menschlichen Zusammenlebens über viertausend Jahre hinweg die gleichen geblieben sind und wie wenig der Mensch aus der Geschichte lernt – der schlechte Ausgang dieser altägyptischen Steuerpolitik jedenfalls ist bestens bekannt ...

Aus der verhältnismäßig kurzen Regierungszeit Merenrês I. gibt es nur ein

Fragment, während von Phiops II. allein acht derartige Dekrete erhalten sind, und man darf damit rechnen, daß es ursprünglich noch wesentlich mehr davon gegeben hat. Unter denjenigen, die sich erhalten haben, sind Stiftungen für Opfer vor den Statuen des Königs und seiner Verwandten im Tempel von Abydos[27] und ebenso im Min-Heiligtum von Koptos[28], aber auch wieder Ausnahmeverfügungen im engeren Sinn – zwei davon für Priester und Tempel des Min und eine für die Pyramidenstadt des Mykerinos. Letztere Verfügung ist zusätzlich noch deshalb interessant, weil ihr Datum – »Jahr der 31. Zählung« – erhalten ist, demzufolge der Erlaß aus der späteren Regierungszeit des Königs stammt[29]. Zum erstenmal ist in diesem Dekret auch die Rede von »Soldaten, die herausgehen ...«, um irgend etwas zu nehmen in dieser Pyramidenstadt[30].

Ein weiteres Edikt des Königs, das allerdings nur in Bruchstücken erhalten ist, verdient unser Interesse aus zweierlei Gründen: zum einen, weil es wiederum eine Jahresangabe enthält, nämlich »Jahr der 33. Zählung«, die zudem die späteste ist, die wir von irgendeinem Dekret Phiops' II. kennen, und zum anderen, weil es den Totenkult für eine der Gemahlinnen des Königs betraf, die Udscheben hieß[31]. Unter den Trümmern ihres Totentempels kamen auch die Reste des Edikts zum

12. Sternendecke und Pyramidensprüche im Grab Phiops' II.

71

Vorschein. Es ist für uns sehr aufschlußreich, zu erfahren, daß zur damaligen Zeit nicht nur Königinnen ebenfalls Grabanlagen mit Totentempeln erhielten, sondern daß für deren Versorgung auch die gleichen Vergünstigungen und Steuererlasse gewährt wurden. Ein letztes, gleichfalls nur in Resten auf uns gekommenes Edikt Phiops' II. war für die Totenstiftung eines Privatmannes bestimmt, vermutlich für die des Wesirs Teti, in dessen Grab die Inschrift gefunden wurde[32]. Hier haben wir zugleich wiederum ein Beispiel für die Tendenz zur ›Vermenschlichung‹ des Königtums im Zeitalter der ausgehenden VI. Dynastie.

Der wichtigste Einblick, den uns die Dekrete in das Wirtschaftsleben der damaligen Zeit gewähren, ist der, daß sie uns mit den zahlreichen Ausnahmeregelungen innerhalb des hochkomplizierten und allumfassenden Steuersystems dieser Epoche bekanntmachen. Die hierbei begünstigten Institutionen sind ja meist nicht irgendwelche unbedeutenden kleinen Gruppen, sondern die Pyramidenstädte und die großen Tempel, also gerade die mächtigsten wirtschaftlichen Ballungszentren jener Zeit im Lande, und deren Begünstigung hatte zwangsläufig zur Folge, daß die restlichen Steuerzahler immer drückendere Lasten an Abgaben wie an Arbeitsleistungen zu tragen hatten.

Dieser Trend wurde noch verstärkt durch bestimmte Entwicklungen in den an Ägypten angrenzenden Ländern und Gebieten – Entwicklungen, die zur Folge hatten, daß nunmehr in Ägypten selbst das Militär stärker in den Vordergrund trat. Schon von Herkhufs Expedition nach Nubien wissen wir, daß sie von einem Heer begleitet werden mußte; im Mykerinos-Dekret von Phiops II. wurde Soldaten jede Requirierung in der Pyramidenstadt verboten, und Uni berichtet über Kriegszüge gegen Syrien von erheblichem Umfang. Diese plötzlich stärkere Präsenz des Militärischen zeigt sich auch in der bildenden Kunst: Während man in der IV. und V. Dynastie vergeblich nach Darstellungen militärischer Unternehmungen sucht, kommen in der VI. solche gar nicht selten vor. So zeigt ein Grab in Deschascheh die Erstürmung einer feindlichen Stadt mit wildbewegten Schreckensszenen[33]. Gewiß drückt sich in solchen Bildern zunächst einmal ein neues Stilempfinden aus; es entspringt dem gewandelten Lebensgefühl jener Zeit, das nach neuen Motiven und nach lebendigerer, realistischerer Art der Gestaltung verlangt. Unverkennbar steht aber hinter allem der ungeheure Eindruck, den die Ereignisse von damals auf den Schöpfer solcher Schlachtenszenen gemacht haben müssen.

Die Ursache all dieser Erscheinungen lag nicht etwa in einer inneren Militarisierung Ägyptens: Nach wie vor war der Weise, nicht der Held Vorbild in allen Lebenslehren; die Anführer in Kriegszügen waren Verwaltungsbeamte, nicht Berufsoffiziere, und es gab kein stehendes Heer, sondern die Truppe bestand aus für den jeweiligen Zug ausgehobenen Mannschaften mit ihren zivilen Vorgesetzten an der Spitze, also einem Milizaufgebot, verstärkt durch nubische Söldner. Was jedoch überhaupt zu erhöhten Verteidigungsanstrengungen führte, war die Bedrohung durch neue, gefährliche Stämme, die seit Ende der V. Dynastie im Zuge der bereits erwähnten Völkerschübe an die Grenzen Ägyptens gelangt waren.

In Syrien waren es vor allem die Akkader, deren Vordringen schon zur Unterjochung Sumers und der Bildung des Reiches von König Sargon geführt hatte, die nun in Richtung auf das Mittelmeer drängten und dabei auf die ansässigen Stämme Druck ausübten, die ihn an Ägypten weitergaben. Die Lage an der ägyptischen Grenze muß zeitweise als ziemlich bedrohlich empfunden worden sein, denn Uni sah eine recht massive Aushebung von Milizen als notwendig an: Wie seiner Biographie zu entnehmen ist, bestand sein Heer aus Bogenschützen- und Keulenträgerverbänden, die sich aus Leuten von Oberägypten und von beiden Deltahälften, aus Festungsbesatzungen sowie aus nubischen Polizei- und Hilfstruppen rekrutierten, die sämtlich unter Führung ihrer Gutsverwalter, Priestervorsteher oder ›Vorsteher der Fremden‹ in den Krieg zogen[34]. Trotz seiner Erfolge brauchte Uni fünf Feldzüge, bis an der syrischen Grenze wieder Ruhe herrschte, und den endgültigen Sieg brachte schließlich erst ein Flottenunternehmen mit Landung im Rücken der Feinde, wahrscheinlich am Vorgebirge von Karmel[35]. Unis Heer war zwar keine Berufsarmee, doch allein die Mittel, die für den Unterhalt wie für die Bewaffnung der Truppen bereitgestellt werden mußten, ganz zu schweigen von dem Ausfall so vieler Arbeitskräfte in Landwirtschaft, Handwerk und Verwaltung, stellten eine erhebliche Belastung für die ganze ägyptische Wirtschaft dar.

Nicht wesentlich anders als in Syrien sah die Situation in Nubien aus. Der Handelsaustausch durch ägyptische Karawanen und die ägyptischen Niederlassungen, wie sie in dieser Zeit nachweislich in Kerma und Buhen bestanden haben, mußte zunehmend militärisch gesichert werden. Durch Funde nachzuweisen ist seit Ende der V. Dynastie das Vordringen einer Gruppe kriegerischer Stämme, der sogenannten ›C-Gruppe‹, vom Gebiet des heutigen Sudan bis an die ägyptische Grenze[36]. In Herkhufs Expeditionsbericht hören wir überdies vom Eindringen kriegerischer Libyerstämme von Nordwesten her in das unternubische Gebiet. Dieselben, von den Ägyptern ›Temehu‹ genannten libyschen Stämme hatten auch unmittelbar an der Westgrenze des Deltas für zunehmende Spannungen gesorgt. Die ursprüngliche Bevölkerung westlich des Niltals bestand aus Hirtenstämmen, die von den Ägyptern ›Tschehennu‹ genannt wurden und ihnen im körperlichen Aussehen weitgehend glichen. Seit den Einigungskriegen der Frühzeit hatten sie in den Oasen der westlichen Wüste und im Ostteil Libyens friedlich ihr Kleinvieh geweidet, gerieten aber seit der V. Dynastie zunehmend unter den Druck der kriegerischen Temehu, die mit heller Haut, blonden Haaren und blauen Augen dargestellt werden, also Verwandte der heutigen hellhäutigen Berber Nordafrikas waren. Schon unter König Sahurê drangen vertriebene Stammesteile der Tschehennu im Westdelta ein und wurden von ägyptischen Truppen angegriffen. Diesem doppelten Druck aus Ost und West konnten sie nicht lange standhalten: Sie wurden schließlich völlig aufgerieben und hörten mit Ende des Alten Reiches auf, als Nation zu existieren[37]. Die Temehu hingegen sollten nach und nach zu einer immer größeren Bedrohung für Ägypten werden.

Keine dieser Völkerbewegungen ringsum war aber für die VI. Dynastie schon wirklich gefährlich. Sie bewirkten nicht einmal eine nachhaltige Unterbrechung im Handelsverkehr, auf den die Ägypter in dem engen und rohstoffarmen Niltal angewiesen waren: In Byblos, dem Hafen am Libanon, woher das begehrte

Zedernholz für Großschiffe, Särge und Bauten kam, finden sich auf Geschenken die Namen Phiops' I., Merenrês I. und Phiops' II., ebenso im nubischen Kerma, das Ägypten mit Edelhölzern, Schlachtvieh, Straußenfedern und Gold belieferte. Auch an libyschem und palästinensischem Olivenöl fehlte es nicht, und der kostbare Lapislazuli aus Afghanistan kam unter Phiops II. ebenso ins Land wie die beliebte Malachit-Augenschminke und die Türkise vom Sinai. Aber all diese teils lebenswichtigen Importe verteuerten sich doch erheblich angesichts der gewaltig gestiegenen Aufwendungen für ihre militärische Sicherung.

Auch noch auf anderem Gebiet bemerken wir jetzt deutlich gewisse Niedergangserscheinungen: Die Regierung, die das hochkomplizierte ägyptische Staatsgefüge bisher reibungslos zu verwalten vermocht hatte – vom Einsatz großer Menschenmassen beim Bau von Bewässerungssystemen oder königlichen Grabanlagen bis hin zur Einziehung der Steuern und der Verteilung von Überschüssen –, läßt unter Phiops II. erste Anzeichen eines Versagens erkennen. Direkte Quellen darüber sind kaum zu erwarten, weil ja kein Beamter in seiner Biographie etwa Mißerfolge berichtet. Um so bemerkenswerter ist ein loses Papyrusblatt, das mit anderen zerschlissenen Aktenresten der späten VI. Dynastie im Djoser-Tempel in Saqqara gefunden wurde und mit ›11. Jahr der Zählung‹ datiert ist. Obwohl der Königsname leider fehlt, läßt der ganze Fundzusammenhang darauf schließen, daß es sich hierbei aller Wahrscheinlichkeit nach um ein Dokument aus der Regierungszeit Phiops' II. handelt. Der Leiter einer Arbeitstruppe mit dem Titel eines Generals beschwert sich darin über üble Schlamperei der Verwaltung: »Der General sagt: Diesem Diener wurde ein Schreiben des Wesirs gebracht zwecks Bringen des Trupps (man beachte das schöne ›Amtsägyptisch‹!) der Facharbeiter von Tura (berühmte Brüche für den feinsten Kalkstein), um in seiner Gegenwart eingekleidet zu werden am sehr schönen Palasttor (also wohl auf einer Art Exerzierplatz vor dem Amtssitz des Wesirs). Jetzt spricht dieser dein Diener (der General) von dem entlegensten Winkel aus, als der Briefmeister nach Tura zusammen mit dem Lastschiff kam. Nun verbrachte dieser Diener sechs Tage in der Residenz zusammen mit dieser Abteilung, ohne daß sie eingekleidet wurde. Das ist eine Beeinträchtigung der Arbeit dieses Dieners, da *ein* Tag für diese Abteilung sie einzukleiden berechnet war. Dieser Diener sagt: Laß den Briefmeister unterrichten[38]!«

Genau wie heute ein Ministerium, um seiner Beschwerde bei einem anderen noch mehr Nachdruck zu verleihen, dieses wissen läßt, daß durch dessen Versäumnis etwa ein Kabinettsbeschluß nicht rechtzeitig durchgeführt werden könne, so hält auch unser General (der ganz typisch für diese Zeit einen Trupp von Arbeitern mit zivilen Aufgaben befehligt) den Knüppel einer Beschwerde höheren Orts, beim Pharao nämlich, kaum versteckt hinter dem Rücken. Steinbrucharbeit war ja königliches Monopol (daher die vielen erhaltenen Vermerke in Gräbern über vom Pharao gnädig gestiftete Scheintüren, Torleibungen, Sarkophage und andere Steinteile), und durch Schlamperei herbeigeführter Arbeitsausfall von fast einer Woche konnte für den Schuldigen ganz erhebliche Bestrafung durch den Herrscher zur Folge haben – unter der Voraussetzung, daß der Pharao erfuhr, was im Land und besonders mit seinen Aufträgen und Befehlen geschah, und daß seine

Weisungen strikt beachtet wurden. Offenbar ist dies aber jetzt, im Jahr der 11. Zählung Phiops' II., also seinem 22. Regierungsjahr, nicht mehr durchgehend der Fall.

Der Grund hierfür ist wohl weniger in einem Verfall oder in zunehmender Korrumpierung der Beamtenschaft zu suchen – es hat vielmehr den Anschein, als habe sich die Wirtschaftslage insgesamt derart rapide verschlechtert, daß sich die Verwaltung immer höheren und unerfüllbareren Anforderungen ausgesetzt sah. Hinzu kam, daß die Arbeitsverteilung und der Ausgleich zwischen Zentralregierung und Gauverwaltungen durch das Streben der Gaufürsten nach immer größerer Selbständigkeit mehr und mehr aus der Balance gerieten. Und drittens schließlich sprechen viele Anzeichen dafür, daß Phiops II. zwar als Mensch von besonderer Liebenswürdigkeit war, seine Fähigkeiten als Herrscher aber stark bezweifelt werden müssen.

Bezeichnend für die Verschlechterung der Wirtschaftslage in Ägypten unter Phiops II. ist eine Tatsache, die gerade angesichts der ungeheuren Bedeutung, die man dem Totenkult beimaß, besondere Aufmerksamkeit verdient: Gegen Ende von Phiops' Regierungszeit werden die königlichen Spenden für Gräber und Begräbnisse verdienter Beamter und Priester immer kärglicher. Es war eben in den Zentralmagazinen der Residenz nicht mehr viel zum Spenden und Verteilen übrig nach der Verarmung der öffentlichen Hand durch immer neue Ausnahmedekrete bei drastisch erhöhten Ausgaben. Doch auch die Gräber der Privatleute werden immer ärmlicher[39].

Das veränderte Kräfteverhältnis zwischen Zentrale und Provinz zeigt sich deutlich in der Stellung eines Gaufürsten namens Dschau – kein anderer als der Sohn jenes thinitischen Notabeln Khui, dessen Töchter als Königinnen Phiops' I. dessen Nachfolger Merenrê I. und Phiops II. geboren hatten. Dieser Onkel des Königs war unter ihm nicht nur Gaufürst des thinitischen Gaues, sondern der mächtigste Mann im Land geworden und für einen Teil der Regierungszeit dieses Königs geblieben[40]. Wahrscheinlich während der Regentschaft seiner Schwester Merirê-ankhnes für den kleinen Phiops II. wurde er Wesir und übte dieses höchste Amt viele Jahre hindurch aus[41]. Nach seinem Tode, wie meist angenommen wird, aber vielleicht sogar noch zu seinen Lebzeiten, wurde vom König mit einem förmlichen Dekret ein dauerndes Opfer für Dschaus Statue, zugleich mit solchen für den König selbst, im Khontamenti-Tempel von Abydos gestiftet: »Die Majestät befahl das Opfer von dem Achtel eines Rindes und einem Krug Milch für jedes Fest hier für die Statue des Wesirs Dschau . . .[42].«

Dieses Dekret enthält in versteckter Form einige für uns sehr aufschlußreiche Angaben: Einmal geht daraus hervor, daß Phiops II. noch zu seinen Lebzeiten den Kult seiner Statue im Khontamenti-Tempel stiftete. Zwar wurden schon in frühester Zeit in den Seitennischen des damals noch sehr kleinen Khontamenti-Tempels die beiden rituellen Königsstatuen aufgestellt, die Pharaos fortwirkende Seelenkräfte *Ba* und *Ka* vorstellten[43]. Aber eben nur Statuen des *toten* Königs wurden dort verehrt, und zwar erst nach seinem Begräbnis auf dem Königsfriedhof von Abydos. Da aber Phiops bei Erlaß des Dekrets selbstverständlich am Leben war, wird also jetzt einer Statue des noch lebenden Pharaos kultische Verehrung wie dem Götterbild selbst erwiesen. Diese Neuerung unter Phiops II., die noch durch eine Stiftung für seine Statue im Tempel des Min von Koptos bestätigt wird[44], paßt genau in jenes von uns schon erwähnte Konzept des Königs, gegenüber den zu mächtig gewordenen Gauherren das Königtum durch eine Betonung seiner göttlichen Bedeutung hervorzuheben.

Für den unentschlossenen Charakter Phiops' II. spricht, daß er zugleich mit einer Dokumentation der Göttlichkeit des lebenden Königs im Amt diese Hervorhebung in ihrer Wirkung wieder abschwächt, indem er einem Privatmann die gleichen Rechte zugesteht: nicht nur Aufstellung seiner Statue im Tempel, sondern auch noch deren regelmäßige rituelle Verehrung mit einem Opfer, das genauso groß war wie das für die Königsstatue – beides klare und eindeutige Beweise für die Machtstellung Dschaus wie für die Schwäche des Königs. Sollte Dschau gar der Initiator dieses Dekrets gewesen sein, wofür manches spricht, und er folglich gar noch zu Lebzeiten eine Tempelstatue erhalten haben, vor der von den Priestern des Gottes geopfert wurde, so erführen damit unsere Rückschlüsse auf seine ganz außergewöhnliche Macht und die Schwäche Phiops' II. noch zusätzliche Stützung.

Phiops II. hat mindestens zweimal das Sedfest gefeiert, ein Regierungsjubiläum, das durch umfangreiche Kulthandlungen im ganzen Land eine Wiedergeburt des Königs, eine Erneuerung seiner Macht als Mittler zwischen Göttern und Menschen, bewirken sollte. Dieses Fest wurde im allgemeinen zum ersten Mal nach dreißig Regierungsjahren und danach in unregelmäßigen Abständen begangen. Von den unter Phiops amtierenden Wesiren kennen wir allein zehn namentlich, dazu seine Königinnen Neith, Iput, Udschebten und Pepiankhnes. Schon daraus ergibt sich, daß der König eine lange Regierungszeit gehabt haben muß. Manetho spricht davon, daß er 100 Jahre alt geworden sei und demnach 94 Jahre lang regiert habe. Diese Zahl wird heute oft bezweifelt, denn das älteste bisher urkundlich belegte Regierungsjahr des Pharao ist das 65.; zudem, so heißt es, sei die Altersangabe schon im Hinblick auf die Lebenserwartung in Ägypten unwahrscheinlich und klinge recht schematisch. Andere Ägyptologen wiederum weisen darauf hin, daß Manethos Angaben oftmals überraschend genau mit den Tatsachen übereinstimmen[45] und daß außerdem ein Zeitgenosse des Königs, ein Priestervorsteher aus Meir namens Pepiankh, seiner Biographie zufolge ebenfalls ein Alter von 100 Jahren erreicht habe. Manethos Angabe wird zudem durch den Turiner Königspapyrus gestützt, der die Länge der Regierungszeit Phiops' II. mit einer zweistelligen Zahl angibt, von der aber nur noch die erste Ziffer, eine ›Neun‹, zu erkennen ist[46]. Fest steht auf jeden Fall, daß Phiops II. sehr lange regiert hat und daß er hochbetagt gestorben ist. Obwohl alle Hinweise auf eine Verschlechterung der innenpolitischen und wirtschaftlichen Situation aus der ersten Hälfte der Regierungszeit des Königs stammen, darf man annehmen, daß sich diese Entwicklung mit fortschreitendem Alter des Herrschers noch beschleunigt hat.

Dennoch lassen sich aus seinem Grabmal keinerlei Rückschlüsse auf eine Krise oder gar einen bevorstehenden Zusammenbruch ziehen. Talbezirk mit unterem Verehrungstempel, Aufweg, oberer Totentempel mit Magazinen, Pyramide sowie die Nebenpyramiden für seine Königinnen: all dies entspricht – so haben es die Ausgrabungen auf dem riesigen Gräberfeld von Saqqara ergeben – in Größe, Ausstattung und Anlage weitgehend den Grabmälern seiner Vorgänger[47]. Die Errichtung einer kompletten Grabanlage ist freilich bei einer so langen Regierungszeit nichts Erstaunliches und sagt über deren Verlauf kaum etwas aus. Jedenfalls sind sich alle Ägyptologen einig darüber, daß Phiops' II. Regierung zu einer Schwächung von Königtum, Wirtschaft und Ägyptens Stellung geführt habe, wenn sie auch über Ausmaß und Folgen dieser Schwächung nicht völlig übereinstimmen.

Nachfolger Phiops' II. wurde nach der Königsliste von Abydos Merenrê II. mit dem Thronnamen Nemtiemsaf II.[48] Er war Sohn der Königsgemahlin Neith und wird auf einer Stele vor der Pyramide seiner Mutter als ›Ältester Königssohn‹ bezeichnet. Das einzige erhaltene Zeugnis aus seiner Regierungszeit ist wiederum ein Ausnahmedekret, in dem es heißt:

»Die Majestät befahl die Ausnehmung und den Schutz der Priester und Totenpriester, der Häuser und Güter, Felder und Speicher sowie der Hörigen der Königsmutter Merirêankhnes der Älteren und der Königsmutter Neith von der Ausführung irgendwelcher Pflichtarbeiten und Steuern, damit sie ausführen werden den Priesterdienst, die Monatsfeste und die Durchführung der Gottesopfer in dem Gotteshaus dieser beiden Königsmütter in alle Ewigkeit . . .[49].«

Merenrê II. hat also mit seinem Dekret dafür Vorsorge getragen, eine von allen äußeren Belastungen freie Ausübung des Kults seiner Großmutter Merirêankhnes und seiner Mutter Neith, die eine Tochter Phiops' I. und der Merirêankhnes und Gattin Phiops' II. war, dauerhaft zu gewährleisten. Die Anhänglichkeit der Pharaonen nicht nur an ihre Mütter, sondern auch an ihre Großmütter ist gar nicht selten bezeugt, wie das besonders rührende Beispiel König Ahmoses I., des Begründers des Neuen Reiches, in seiner Stiftung für seine Großmutter Tetischêre zeigt[50].

Das vorhin erwähnte Edikt ist aber auch schon alles, was wir von Merenrê II. aus zeitgenössischen Quellen wissen. Nach dem Turiner Königspapyrus hat er nur ein Jahr und einen Monat regiert. Ein Grabmal von ihm ist bis heute nicht entdeckt worden, so daß die Vermutung von Historikern naheliegt, daß »mit ihm die verworrene Periode der Ersten Zwischenzeit erreicht« worden sei[51], wenn auch noch einige ephemere Nachfolger in freilich nie ganz klaren Quellen genannt werden.

Auch wenn Merenrê II. eines natürlichen Todes gestorben sein sollte, hätten die Folgen einer so kurzen Regierungszeit und die unausweichlichen Thronfolgeprobleme Ägypten in eine erhebliche Krise gestürzt. Aber ist Merenrê II. nicht vielleicht, wie dies Joachim Spiegel annimmt, jener Sohn des ›alten Mannes‹ Phiops II., auf dessen Ermordung der weise Ipu in seinen Klagen anzuspielen scheint? Andere Ägyptologen bezweifeln das, und eindeutige Beweise hierfür sind nicht zu finden – kein Wunder, wenn man bedenkt, daß ein Königsmord zutiefst allem widerspricht, was die Idee der göttlichen Weltordnung, der *Maat*, ausmacht, so daß ein solches Ereignis in der offiziellen Überlieferung verschwiegen wird, obwohl einzelne derartige Fälle bekannt sind, andere vermutet werden[52]. Abgesehen davon, daß ein Grabmal für Merenrê offenbar nicht existiert, gibt es immerhin noch zwei weitere Hinweise, die Spiegels Deutung der besagten Stelle bei Ipu stützen. Zum einen nämlich berichtet Herodot, der griechische Geschichtsschreiber aus dem 5. vorchristlichen Jahrhundert, der selbst in Ägypten umhergereist war und sich langer Gespräche mit ägyptischen Priestern rühmt, von einer Königin Nitokris, deren Brudergatte ermordet worden sei, worauf sie als sein Nachfolger auf dem Thron die Mörder zu einem Festmahl einlud, sie dabei ertränkte und nach der Rache sich selbst das Leben nahm[53]. Im Turiner Königspapyrus taucht in der Tat eine Nitokris (griechische Form von *Neit iqert* = ›treffliche Neith‹) für den im dunkeln liegenden Zeitpunkt auf, und noch im 3. Jahrhundert spricht der Priester Manetho von Nitokris als der »edelsten und lieblichsten Frau ihrer Zeit«. Nun wird zwar von manchen Ägyptologen bezweifelt, daß mit der im Turiner Königspapyrus genannten Nitokris überhaupt eine regierende Königin gemeint sei. Man argumentiert hierbei allerdings mit Sicherheit falsch, wenn man unterstellt, daß der im Königspapyrus neben ihrem Namen angegebene Titel *nesubit*, ›König von Ober- und Unterägypten‹, eine »grundsätzlich männliche Qualifikation« sei[54]. Eine solche Behauptung sagt nämlich mehr über ein gewisses antifeminines Vorurteil des Verfassers als über die altägyptische Wirklichkeit aus, denn wir kennen mehrere Königinnen, von denen es absolut feststeht, daß sie auf dem Pharaonenthron saßen und mit der vollen Königstitulatur auch diesen Titel trugen. Wenn wir auch in Anbetracht des Fehlens jeder zeitgenössischen Erwähnung einer Königin Nitokris mit unseren Schlußfolgerungen recht vorsichtig sein müssen, so sieht es doch ganz danach aus, als ob sich über die Jahrtausende ägyptischer Geschichte hinweg eine Erinnerung an das gewaltsame Ende der VI. Dynastie gehalten habe und daran, daß eine Königin dabei möglicherweise eine bedeutende Rolle gespielt hat.

Und damit kommen wir zu jenem Zeitraum, in dem sich die Ereignisse abgespielt haben, die wir ›die Revolution in Altägypten‹ nannten und deren Darstellung im einzelnen mit allergrößten Schwierigkeiten verbunden ist. Auf die Schwierigkeiten, über vier Jahrtausende hinweg genaue Auskünfte zu erhalten, haben wir schon wiederholt hingewiesen. Dies gilt zwar allgemein und für sämtliche so weit zurückliegenden Geschichtsepochen, doch für keine so sehr wie für diese. Denn außer den Schilderungen bei Ipu und einigen eher indirekten Hinweisen gibt es keine unmittelbaren Schriftquellen, vor allem keine zeitgenössischen. Hinzu kommen: ein nicht ganz klarer archäologischer Befund, altägyptische Königslisten mit erheblichen Lücken oder mit ganz unterschiedlichen Angaben über den betreffenden Zeitraum und zu alledem schließlich höchst widersprüchliche Aussagen und Deutungen der Ägyptologen.

Vergegenwärtigen wir uns zunächst noch einmal, wie denn Ipu die Vorgänge darstellt. Er spricht davon, daß das Königtum zerstört, Grabmäler erbrochen und Königsleichname geschändet worden seien. In der Residenz seien Gerichts- und Amtsakten auf die Straßen geworfen, die Einlagerung und Verteilung der Lebensmittel unterbrochen, die Vornehmen enteignet, ja getötet worden. Überhaupt habe Unsicherheit und Terror im Land geherrscht, in Unterägypten seien Beduinen eingedrungen, die Bauern hätten nicht mehr auf ihren Feldern gearbeitet, und

→ 13. Getreidespeicher wurden geplündert – Zentralspeicher von Ramses II.

78

die Nilflut sei nicht mehr genutzt worden, da niemand die Regulierungsarbeiten am Strom verrichtet habe. Urheber der Unruhen seien ›Arme‹ gewesen, und immer wieder ist von Ereignissen in der Residenz, in Memphis, seinen Nekropolen und Pyramidenstädten die Rede, bisweilen von Unterägypten, nie aber von Oberägypten. Versuchen wir, die einzelnen Tatsachen aus Ausgrabungen und Dokumenten zusammenzutragen, sie mit diesen Schilderungen zu vergleichen und uns so trotz aller Schwierigkeiten der Quellenlage doch ein Bild der wirklichen Vorgänge zu machen.

Am Anfang stehen wieder einmal die Überlieferungen des Priesters Manetho aus der frühen Ptolemäerzeit, die wir ja bisweilen bereits als recht zutreffend befunden haben. Bedauerlicherweise ist das von Manetho verfaßte Geschichtswerk uns nur indirekt durch einige spätantike Bearbeiter erhalten, so daß wir es lediglich in Auszügen kennen. Für den uns interessierenden Zeitraum gibt Manetho an, daß nach der VI. Dynastie eine VII. regiert habe, »70 Könige in 70 Tagen«. Die Königslisten schweigen entweder über diese Zeit, wie die von Saqqara, die auf die VI. Dynastie unmittelbar die XI. folgen läßt, oder sie trennen VII. und VIII. nicht voneinander und sind zudem noch an den entscheidenden Stellen zerstört. Immerhin ergeben sich so wenigstens einige Namen für die VII. und VIII. Dynastie, die aber kaum zeitlich einzuordnen sind[55].

Durch Bauwerke nachweisbar ist nur einer dieser Könige namens Ibi, der eine kleine Pyramide in der Nähe jener von Phiops II. in Saqqara baute[56]. Sie enthält zwar auf den Innenwänden Pyramidensprüche, wie die Pyramiden aller Könige der VI. Dynastie, ist aber sehr ärmlich, denn sie hat weder eine Steinverkleidung noch einen Totentempel[57]. Leider sind auch die Ausgrabungen bisher nur unvollständig durchgeführt worden, und so sind wir weder imstande, König Ibi zeitlich genau einzuordnen, noch sonst irgend etwas über seine Herrschaft zu erfahren. Das gleiche gilt für einen König namens Neferkarê, der auf einem Stelenfragment in der Totenkapelle der Königin Pepiankhnes, Gemahlin Phiops' II., erwähnt wird[58]. Zwei weitere Königsnamen, die auf Dekreten zu finden sind, gehören in die späte VIII. Dynastie, also mit Sicherheit nicht mehr zur eigentlichen Revolutionszeit.

Wenn wir diese historisch belegbaren Tatsachen zusammenfassen, so entspricht das Bild ganz dem, das sich aus der Schilderung Ipus ergibt: Das Königtum hat aufgehört, effektiv zu bestehen, wenn vielleicht auch Schattenkönige irgendwo ein kümmerliches Dasein fristen. Dies erklärt das Durcheinander in den Königslisten. Das völlige Schweigen der Saqqaraliste ist hierbei von besonderer Aussagekraft, denn diese Liste bringt nur die Könige, die über ganz Ägypten geherrscht haben und auch von ihren Nachfolgern als ›Könige auf dem Thron des Horus‹ anerkannt worden sind. Unter diesen Voraussetzungen erscheint auch Manethos Angabe von den ›70 Königen in 70 Tagen‹, die lange Zeit von der Wissenschaft nicht ernstgenommen worden ist, in einem neuen Licht. Nach der Auslöschung des Königtums – sei es durch Mord, sei es, daß Merenrê II. starb, ohne einen Erben zu hinterlassen – dürfte es gerade in einem Land, das seit unvordenklichen Zeiten von Horuskönigen regiert wurde und dessen gesamtes religiöses, staatliches und kulturelles Leben auf dem Königtum beruhte, sehr bald Prätendenten aus der weiteren Königsfamilie gegeben haben, die versuchten, zumindest einige persönliche Macht zu erhalten. Dafür spricht auch, daß unter den überlieferten Namen der VII. und VIII. Dynastie auffallend häufig Thronnamen der ausgehenden VI. wiederkehren. Manethos Angabe kann sich also auf eine Schar von mehr oder minder gleichzeitigen Thronprätendenten beziehen. Sie kann sehr wohl aber auch eine Gruppenherrschaft, eine Oligarchie, bezeichnen[59], mit anderen Worten das, was Spiegel ein ›Revolutionskomitee‹ genannt hat. Auch der deutsche Ägyptologe Hanns Stock, der sich besonders mit der Erforschung der Ersten Zwischenzeit befaßt hat, sieht in Manethos Darstellung »ein Bild des Chaos in der Revolutionszeit[60]«.

Dieses Bild wird, soweit es den völligen Verfall der Königsmacht betrifft, durch Funde in Oberägypten gestützt. Gerade in den südlichsten Gauen, dem schon in der VI. Dynastie so genannten ›Kopf von Oberägypten‹, zeigen manche Friedhöfe ein Durchhalten örtlicher Notabeln und Gaufürsten, so zum Beispiel in Denderah. Auf anderen ist zwar eine Unterbrechung der bisherigen Fürstenfamilie festzustellen, der aber sofort neue Fürstengeschlechter folgen. Diese neuen Fürsten nehmen nun allesamt die Titel des erblichen Fürsten und Vorstehers der lokalen Priesterschaft an, werden Hoherpriester und ›Sohn‹ des Gaugottes, lassen sich mit bisher dem König vorbehaltenen Ritualen beisetzen, zählen nach eigenen Regierungsjahren – kurz, sie haben in dieser unmittelbar auf das Ende der VI. Dynastie folgenden Zeit keinen nachweisbaren Zusammenhang mehr mit dem Hof in Memphis (falls ein solcher überhaupt existiert haben sollte). Der Feudalismus setzt sich voll durch[61]. Freilich, gewisse alte Titel werden weiter getragen, wie etwa ›Wesir‹ oder ›Gouverneur von Oberägypten‹, sind aber zu reinen Rangtiteln herabgesunken.

Ein Beispiel für diese Entwicklung liefert uns ein Gaufürst namens Henqau, der kurz nach der VI. Dynastie im 12. oberägyptischen Gau regiert hat und den Titel ›Großes Oberhaupt des Bergviperngaues‹ trug[62]. Seiner Biographie lassen sich einige sehr interessante Tatsachen entnehmen:

».. . Ich habe jedem Hungernden des Bergviperngaues Brot gegeben und habe den Nackten in ihm bekleidet. Weiter habe ich seine Ufer mit Rindern gefüllt und seine Weiden mit Kleinvieh ... Weiter habe ich die verstummten Städte in diesem Gau mit Arbeitern aus anderen Siedlungen wieder eingerichtet . . .[63].«

Neben dem unüberhörbaren sozialen Ton, auf den diese Biographie gestimmt ist, kommt hier klar zum Ausdruck, daß eine Unterbrechung des Gewohnten stattgefunden hat und man gezwungen war, neu anzufangen: Es hat Hungersnöte gegeben, und verlassene Ortschaften mußten neu besiedelt werden. Das paßt genau zu dem archäologischen Befund der Gau-Friedhöfe, aus dem sich gleichfalls eine Unterbrechung nach der VI. Dynastie ergab. Offenbar stimmt also die häufig vertretene Meinung nicht, daß der Umsturz sich ausschließlich auf Memphis beschränkt habe. Er mag dort besonders heftig und lange getobt haben, was schon wegen der gewaltigen Menschenmassen in der Residenz und den benachbarten Pyramidenstädten wahrscheinlich ist. Aber die Auswirkungen der Revolution haben auch vor Oberägypten nicht haltgemacht. Wir wissen freilich nicht, ob es auch hier an einzelnen Orten revolutionsartige Unruhen gegeben hat, durch die dann vielleicht die Absetzung königstreuer Fürstengeschlechter zu erklären wäre. Mit Sicherheit hat aber der völlige Zusammenbruch des zentralen Planungs- und Verteilungsapparates im ganzen Land Hungersnöte zur Folge gehabt und im Zuge damit auch zu einer Entvölkerung der Landgebiete geführt, da nur in den größeren Zentren noch auf Nahrung aus den Magazinen zu hoffen war.

Dabei hat die offenbar schnell einsetzende Isolierung Oberägyptens vom Rest des Landes die Wirkung dieses Zusammenbruchs noch verstärkt. Denn auch dies geht ganz deutlich aus der Biographie des Fürsten Henqau hervor: Es gibt im gesamten Text kein einziges Mal auch nur irgendeinen Bezug auf einen König, und die Heilung der eingetretenen Schäden wird ausschließlich als eigene Leistung verzeichnet. Nirgends finden wir einen Hinweis auf irgendwelche Hilfsaktionen von außerhalb – sei es von seiten einer Zentralregierung, sei es von benachbarten Gauen. Da sich nun Biographien mit ganz ähnlichen Inhalten in sämtlichen südlichen oberägyptischen Gauen häufen, dürfen wir daraus folgenden Schluß ziehen: Die Gaue schließen sich nicht nur gegen ein offensichtlich völlig machtloses, wenn überhaupt existentes Königtum, sondern auch gegeneinander ab. Im weiteren Verlauf dieser Entwicklung kommt es sogar zu einer Erscheinung, die für den Feudalismus besonders typisch ist, nämlich zu Kriegshandlungen zwischen den einzelnen Gauen.

Die Lage in Unterägypten ist unklar. Wegen des hohen Grundwasserstandes und der viel höheren Luftfeuchtigkeit als in Mittel- und Oberägypten haben sich hier wesentlich weniger Überreste aus altägyptischer Zeit bergen lassen, zumal das Delta ja auch keine Möglichkeiten zur Anlage von Felsengräbern bot. Erst recht gilt dieser Mangel für einen insgesamt so fundarmen Zeitraum wie den der Revolution. Wir wissen aus einigen wenigen Quellen, daß die Gauverwalter Unterägyptens nicht die Fürsten- und Hohepriestertitel ihrer Kollegen in Oberägypten annahmen, daß der Feudalismus sich hier nicht so durchsetzte[64], daß aber andererseits die Unruhen aus der Residenz sich sehr viel rascher und gründlicher ausbreiteten als in Oberägypten. Grabschändungen und Friedhofszerstörungen lassen sich hier ebenso feststellen wie in der Umgebung von Memphis[65], und dazu kommt noch, daß die Einfälle von Beduinengruppen hier nirgends auf eine zentrale Gegenwehr stießen und daher unverhältnismäßig hohen Schaden anrichteten.

Der Bruch, den die Revolution bewirkte, läßt sich auch noch auf einem ganz anderen Gebiet nachweisen, nämlich dem der Kunst. Hier finden wir zudem für die Umwälzungen, die sich damals vollzogen, eine noch weit tiefer reichende Erklärung als die der ›sozialen Unruhe‹. Bei einer genauen Untersuchung der Zerstörungen auf den Friedhöfen in der Nähe von Memphis ergaben sich nämlich für die Zeit nach der VI. Dynastie einige Besonderheiten. Wir müssen ja davon ausgehen, daß im Alten Reich zwar die königlichen Grabmäler, soweit es sich um anerkannte Pharaonen handelte, von ihren Nachkommen auf dem Thron durch Stiftungen und Ausnahmedekrete sorgfältig erhalten wurden, daß man andererseits jedoch die Pyramidenanlagen verfemter Herrscher (wie zum Beispiel die des Radjedef aus der IV. Dynastie bei Abu Roasch) ebenso wie die Privatgräber, letztere spätestens nach Aussterben der Familie, häufig als ›Privatsteinbrüche‹

benutzte. Die wertvollen Sandsteinblöcke und Kalksteinabdeckungen wurden ohne große Skrupel in Neubauten mitverwendet; die vom König gespendeten Scheintüren, Türleibungen und Opfertische versah man einfach mit dem Namen des neuen Besitzers und führte sie ihrer alten Bestimmung in einem neuen Grab zu. Dabei wurde sorgsam darauf geachtet, daß die Reliefs und Rundbilder unversehrt blieben, und beim Auswechseln des Namens bediente man sich häufig sogar höchst kunstvoller Methoden, um das Gesamtwerk nicht in Mitleidenschaft zu ziehen. Dies freilich geschah nicht in erster Linie aus künstlerischen Erwägungen, sondern deswegen, weil ja die Stele oder der Opfertisch, die Scheintür und die Statue unter dem neuen Namen weiterhin ihre alte rituell-magische Aufgabe für das Weiterleben des Toten zu erfüllen hatten.

Vom Ende der VI. Dynastie an aber nehmen diese Grabzerstörungen plötzlich überhand. In Gizeh konnte Prof. Junker, der in jahrelangen Kampagnen die riesigen Gräberfelder um die Pyramiden ausgegraben hatte und wohl ihr bester Kenner war, ebenso wie in Saqqara feststellen, daß die Grabanlagen vom Ende des Alten Reiches oft vollständig abgetragen und Statuen wie Reliefs zerhackt oder zerschlagen worden waren[66]. Diese völlige Zerstörung ist nun nicht allein aus den

14. Die Grabreliefs werden ärmlich und provinziell – Stele aus der 1. Zwischenzeit.

83

politischen Stürmen der Zeit zu erklären. Ägypten hat auch später immer wieder
Phasen politischer Unruhen durchlebt und Perioden der Schwächung oder des
Verfalls zentraler Königsmacht; doch auch aus solchen Epochen sind zahlreiche
Kunstwerke unversehrt auf uns gekommen.

Joachim Spiegel hat in einer exakten Untersuchung der Kunstentwicklung am
Ende des Alten Reiches[67] feststellen können, daß auch die zufällig erhaltenen
Werke der bildenden Kunst aus der Zeit nach der VI. Dynastie aufhören, Kunst-
werke im eigentlichen Sinne dieses Wortes zu sein, und daß dieser Niedergang der
Kunst damit begonnen hatte, daß Reliefs etwa mit einer Überfülle möglichst
naturalistischer Details ausgestattet worden und so zu ›Modellen‹ des praktischen
Lebens herabgesunken waren. Dieser plötzliche Verfall der Kunst gilt nicht nur
für die Residenz und ihre Umgebung, sondern zeigt sich ebenso in Oberägypten.
Hätte es sich nur um eine örtlich begrenzte und durch lokale Ereignisse bedingte
Erscheinung gehandelt, so hätten ja gerade die vielen kleinen Fürstenhöfe zu
Zentren einer um so reicheren Kunstentwicklung werden können, wie dies etwa
später in Deutschland und Italien der Fall war. Der förmliche Bildersturm aber,

84

der nach dem Ende der VI. Dynastie einsetzte, und die folgende Entwicklung plumper, provinzieller und uns ihrem ganzen Wesen nach eigenartig unägyptisch anmutender Werke der bildenden Kunst lassen nur den Schluß zu, daß die Ägypter jener Zeit gar keine bildende Kunst im strengen Rahmen der alten ägyptischen Stilgesetze mehr wollten. Die Bindung der Form, die mit dem unvertilgbaren Wesenskern allen ägyptischen Kunstschaffens verbunden ist, wurde von den Ägyptern jetzt offenbar als Hemmnis für ihre Bestrebungen empfunden[68]. Denn die Ursache der ägyptischen Revolution ist eben keineswegs nur oder auch nur in erster Linie im sozialen Protest zu suchen[69]. So sehr die wirtschaftliche Not, die gesteigerte Steuerlast, die Unterbrechung der Zentralverwaltung, der dramatische Rückgang von Produktion und Überschußleistung das gesamte Volk zum Darben brachten und besonders hart das in der Residenz angesammelte Proletariat trafen, so ist dieser Umsturz, diese Umwertung aller Werte, letztlich auf weit tiefergreifende Entwicklungen zurückzuführen – genauso wie ja auch die europäischen Revolutionen der Neuzeit entgegen vielen Geschichtslegenden keineswegs vorwiegend aus sozialer Not entstanden oder

16. Plumpe, unägyptisch wirkende Werke: Stele der 1. Zwischenzeit.

85

17. Bindung
der Form als
Hindernis emp-
funden: Stele
der 1. Zwi-
schenzeit.

etwa vom Proletariat hervorgerufen worden sind, sondern ihre eigentliche Ursache in geistigen Bewegungen haben, die in den ›herrschenden Klassen‹ selbst
angelegt und ausgebildet wurden.

Die geistige Grundlage der Revolution in Altägypten lag vielmehr in einem
immer stärker und allgemeiner werdenden Bewußtsein der eigenen Persönlichkeit, einem Herauslösen aus den überkommenen Bindungen sozialer, staatlicher
und nicht zuletzt religiöser Art. Diese an den Wesenskern des ägyptischen

Menschen rührende Entwicklung ist Grundlage eines neuen geistigen Schöpfertums geworden, wie wir es schon bei Ipu bewundern konnten und noch in einer ganzen Reihe weiterer Literaturwerke kennenlernen werden. Aber solche Lösung aus Bindungen geht immer und überall mit Wehen einher, und hier setzt die Wirkung der sozialen Komponente ein, die ja keineswegs geleugnet werden soll. Sie war vielmehr der auslösende Funke, der die neuen Ideen soweit entzündete, daß sie schließlich jenen gewaltigen und gewaltsamen Umsturz entfachen konnten, der in kürzester Zeit die Grundlagen des ägyptischen Staates vernichtete. Womöglich ist es auch nur eine Scheinfrage, ob die Entwicklung neuer Ideen, die Durchschlagskraft sozial bedrängter, aufbegehrender Massen, die Schwächung von Staat und Wirtschaft oder die Unfähigkeit des greisen Phiops' II. die Ursache der Revolution gewesen sei – gewiß führte erst das tragische Zusammenwirken all jener Momente zu dem Drama, in dem das Alte Reich seinen Untergang fand.

Unsere bisherigen Untersuchungen erbrachten eine ganze Anzahl von Tatsachen, die die Klagen des weisen Ipu eindeutig bestätigen. Das Verschwinden des Königtums läßt einen Königsmord am letzten legitimen Pharao der VI. Dynastie wahrscheinlich werden, dem dann eine Reihe von Schattenkönigen folgte. Die Zerstörung der königlichen Grabmäler bestätigt sich durch die Funde ebenso wie die wilde und weitgehende Vernichtung der Friedhöfe einschließlich der Privatgräber oder wie das Verlangen der Massen nach Teilhabe an der Herrschaft. Dieses Verlangen fand indessen seinen Ausdruck nicht etwa in Forderungen nach mehr ›Demokratie‹ oder ›persönlicher Freiheit‹, sondern, für Ägypten ganz typisch, in der Übernahme königlicher Begräbnissitten und der Jenseitsprivilegien des Königs durch immer breitere Schichten der Bevölkerung. Sogar die Warnungen Ipus vor der ›Magie‹ in ungeübten Händen erhalten damit, wie wir später noch im einzelnen sehen werden, ihre Bestätigung. Und wenn wir auch keine handgreiflichen Belege für die von Ipu beklagten Übergriffe gegen die bisher Herrschenden besitzen, so darf man doch wohl davon ausgehen, daß sich die über Generationen hinweg immer weiter verschärfenden Spannungen zwischen Arm und Reich bei solch einem Umsturz in Gewalttätigkeiten von seiten der breiten Volksmassen entluden.

So geht denn das Alte Reich, die vollkommenste staatliche Schöpfung, die der ägyptische Genius hervorgebracht hatte, in einer für alle Beteiligten gleichermaßen schrecklichen Revolution zugrunde – ein Drama, das nach übereinstimmenden Schätzungen etwa vier Jahrzehnte währende Unruhen nach sich zog[70]. Für die Ägypter brach damit eine ganze Welt zusammen – jene Welt, in der sie sich geborgen gefühlt hatten. Zutiefst verstört machen sich die besten Geister Ägyptens daran, den Ursachen dieses tragischen Geschehens auf die Spur zu kommen. Die Literatur der Revolutionszeit und der Periode danach setzt sich mit diesem Drama auseinander und hofft dabei Antworten zu finden – Antworten auf die tiefsten Fragen nicht nur ägyptischer, sondern menschlicher Existenz schlechthin. Einem dieser Werke wollen wir uns nun zuwenden.

4
Gespräch mit der eigenen Seele

»Da tat ich meinen Mund auf zu meiner Seele, damit ich ihr antwortete auf das, was sie gesagt hatte: Das ist heute zu viel für mich, daß meine Seele nicht mit mir reden will ... Meine Seele geht fort, da sie doch für mich dastehen soll ... Sie flieht am Tage des Unglücks[1]!«

So beginnt eines der merkwürdigsten Literaturwerke Altägyptens, ja der Menschheit überhaupt. Es ist, wie die Klagen Ipus, nur in einem einzigen Exemplar auf uns gekommen und gehört zu den Schätzen des Ägyptischen Museums in Ostberlin. Der Text ist auf Papyrus geschrieben, und zwar in der ›hieratisch‹ genannten Schreibschrift des Mittleren Reiches. Die vorliegende Handschrift stammt aus der Mitte der XII. Dynastie, ist also älter als das einzige uns erhaltene Exemplar der ›Klagen des weisen Ipu‹, das Werk selbst aber geht nach Sprache, Form und Inhalt auf die gleiche Zeit zurück wie diese, nämlich auf die Periode nach dem Ende des Alten Reiches. Eine enge stilistische und sprachliche Verwandtschaft dieser beiden Literaturwerke ist wiederholt festgestellt worden[2], und auch Zitate aus dem einen in das andere sind nachgewiesen[3].

Der Anfang des Berliner Papyrus ist aufgrund seiner starken Beschädigungen für uns praktisch verloren – wie dies angesichts der ägyptischen Art, ›Bücher‹ durch Rollen aneinandergeklebter Papyrusblätter herzustellen, durch häufiges Auf- und Zurollen leider bei sehr vielen ägyptischen Papyri der Fall ist; gleiches gilt für den Schluß. Diese Beschädigungen greifen auch noch auf die ersten Sätze des lesbaren Textes über, so daß nur eine lückenhafte Übersetzung möglich ist. Immerhin können wir aus diesem Anfang ersehen, daß es sich um die Zwiesprache eines Menschen mit seiner Seele handelt. ›Seele‹ ist dabei die Übersetzung des ägyptischen Wortes ›Ba‹ und insofern nicht ganz korrekt, als unser Begriff ›Seele‹ von verschiedenen ägyptischen Wörtern recht unterschiedlicher Bedeutung gedeckt wird. Die ägyptische Sprache ist hier also genauer, differenzierter als unsere – vermutlich deswegen, weil den Ägyptern die Sache, um die es hier geht, wichtiger war als uns.

Die Bedeutung von ›Ba‹ ist nicht ganz eindeutig festzulegen; sie hängt vielmehr davon ab, ob das Wort auf Götter, Könige oder einfache Menschen bezogen wird. Für letztere, die uns ja hier allein interessieren, ist der Ba nach der Deutung eines Fachmannes »die Personifizierung der physischen wie psychischen Lebenskräfte, des Menschen ›anderes Ich‹ und eine der Existenzformen für das Leben nach dem Tode. Er ist körperlicher Natur und erfüllt alle Lebensfunktionen, wie Essen, Trinken und Begattung, wenn Begräbnisritual und Opfer richtig durchgeführt werden[4].« Auch in anderen Existenzarten, wie *Ka, Akh, Schatten* oder *Mumie*, lebt

88

der Tote voll weiter – jede ist nach dem ägyptischen Menschenbild eine leib-seelische Einheit mit der ganzen Fülle des Seins.

Diese Erklärung erschwert uns zunächst das Verständnis des Werkes, mit dem wir uns hier beschäftigen. Nach den Gesetzen unserer Logik als Europäer wäre ein Zwiegespräch zwischen Körper und Seele kein Widerspruch, da beide ja nach unserem philosophischen Verständnis zwei wesentlich verschiedene Teile des Menschen sind. Nach ägyptischem Denken hingegen sind sie beide jeweils das Ganze, und das heißt also: Der ganze Mensch spricht hier mit sich selbst. Wir können erst heute, in Kenntnis der modernen Psychologie und Philosophie vom Menschen, seit Psychoanalyse und Ganzheitsdenken, einigermaßen erahnen, wie hervorragend auch die psychologischen Kenntnisse des Autors gewesen sein müssen – und das vor über viertausend Jahren!

In jedem philosophischen Lexikon kann man nachlesen, daß der Dialog, das Zwiegespräch, »in der Philosophie seit Sokrates und Platon die Entwicklung eines philosophischen Gedankens in Rede und Gegenrede und die ihr entsprechende Grundform« sei[5], und dasselbe steht in jeder Philosophiegeschichte[6]. Kein Wort also über Ägypten, dessen Philosophie im günstigsten Fall als »wenig bedeutend« bezeichnet[7], meist aber völlig verschwiegen oder als gar nicht bestehend erklärt wird. Schon nach unserer Beschäftigung mit den ›Klagen‹ wird deutlich, daß sich ein solches Urteil nur durch Unkenntnis erklären läßt. Eines jedenfalls steht fest: Der Dialog als literarische Kunstform zur Entwicklung eines Gedankens ist eindeutig ägyptischen Ursprungs und war bereits mindestens 1500 Jahre vor Sokrates und Platon entwickelt worden. Aber lassen wir nun zunächst das ›Zwiegespräch mit der Seele‹ weiter auf uns wirken:

»Seht, meine Seele vergeht sich gegen mich, da ich nicht auf sie gehört habe und mich zum Sterben schleppe, ehe ich zu ihr komme (nach dem ägyptischen Ausdruck für ›sterben‹: ›zu seinem *Ba* gehen‹, also hier im Sinne von: ›vor der mir bestimmten Zeit‹, also durch Selbstmord), und mich aufs Feuer werfe, um mich zu verbrennen . . .[8]«

Der Unglückliche will also durch Selbstverbrennung aus dem Leben scheiden – eine in neuester Zeit nicht selten praktizierte Form gerade des politischen Protestes, für Ägypten aber etwas ganz Unerhörtes: Da das jenseitige Leben ja an die Erhaltung des Körpers gebunden ist, bedingt der Verbrennungstod eine völlige, ewige Auslöschung, und so gilt denn das Verbrennen auch nur des Leichnams in Ägypten als schwerste Form der Bestrafung überhaupt. Hören wir, wie der Selbstmörder fortfährt, seiner Seele zuzureden:

»Meine Seele, es ist töricht, einen wegen des Lebens Traurigen zurückzuhalten; geleite mich zum Sterben, ehe ich zu ihm komme, und mache mir den Westen (das Jenseits) angenehm. Ist denn der etwas Schlimmes?«

Diese Formulierungen zeigen die Meisterschaft unseres Autors, philosophische Probleme zu durchdenken und auszudrücken. Er ist der von uns oben erschlossenen ägyptischen Bedeutung von *Ba*-Seele auf den Grund gegangen und kommt zu dem Schluß, daß die Verbrennung des Körpers, das Nicht-Vorhandensein einer Mumie, keineswegs zur ewigen Nicht-Existenz führen muß, weil ja auch der *Ba* den *ganzen* Menschen im Jenseits vertreten kann. Auch er ist ja die Ganzheit, wenn er sich nur nicht von seinem Menschen trennt, ihn also verleugnet und sich in ein anderes Reich zurückzieht, womit ja offenbar die Seele in einer vorhergehenden, uns nicht erhaltenen Rede gedroht hatte. Aus den folgenden, allerdings nur noch sehr bruchstückhaft erhaltenen Sätzen geht hervor, daß für den Ägypter ein philosophisches Nachdenken die Existenz der Götter voraussetzt und daß der Lebensmüde auf ihre Hilfe vertraut:

»Der Unglückliche wird bestehen: Thot wird mich richten, er, der die Götter zufriedenstellt; Chons wird mich verteidigen, er, der Schreiber des Rechtes; Rê wird auf meine Rede hören, er, der das Sonnenschiff lenkt[9].«

»Das ist es, was meine Seele mir darauf antwortete: Du bist doch kein (vornehmer) Mann . . . und doch sorgst du dich um das Gute, wie einer, der Schätze besitzt . . .«

Dieser, gleichfalls nur in Bruchstücken erhaltenen Antwort der Seele kann man entnehmen, daß unser Autor kein reicher Mann, kein Vertreter der Beamten- und Priesterschicht, geschweige denn des Feudaladels gewesen ist. Sollte er sich selbst als ›Huru‹ gefühlt haben? – ein Ausdruck, von dem wir bei Ipu erfuhren, daß er ursprünglich ›Plebs‹, ›Pöbel‹ bedeutete, dann aber einen Bedeutungswandel erfuhr, weil ihn die Revolutionäre benutzten, um sich selbst damit zu bezeichnen.

Wir wollen uns an dieser Stelle gleich die Frage stellen, wer denn wohl der Autor gewesen sein mag oder der Unglückliche, über den er berichtet, damit wir später den Fluß des auch rein literarisch so schönen Werkes nicht zu oft für längere Erklärungen unterbrechen müssen. Einen Autorennamen, wie etwa ›Ipu den Alten‹ in den Klagen, finden wir leider in unserem Papyrus nicht. Sollte er jemals überhaupt einen solchen Hinweis enthalten haben, was bei einem ägyptischen Kunstwerk keineswegs vorauszusetzen ist, so dürfte er wohl in dem zerstörten Anfangsteil der Rolle zu finden gewesen sein. Auch der Name Ipus ist uns ja nur durch den Zufall erhalten, daß er einmal an einer Stelle in der Mitte des Textes erwähnt wird.

Für das Zwiegespräch hingegen sind wir völlig auf unsere Schlußfolgerungen angewiesen. Daß der Autor der ursprünglichen Vorlage ein gelehrter, hochintelligenter und – wie Zitate aus älteren Werken zeigen – gebildeter Mann war, ließ sich bereits aus den ersten Sätzen entnehmen. Sollte sich nun aber der Verdacht verstärken, daß er sich selbst als ›Huru‹ bezeichnet hat, dann liegt hierin eine erregende Möglichkeit: Handelt es sich womöglich gar um den Revolutionsführer selbst – denselben Mann also, den Ipu klagend anspricht und der nun, nach dem Scheitern der Revolution, seinem Leben ein Ende machen will, wie Joachim Spiegel dies vermutet[10]?

Hat etwa einer seiner Schüler oder jemand aus seiner engsten Umgebung, einer, der des Schreibens kundig war, die Gedanken seines Meisters in gehobener Sprache niedergeschrieben – nicht anders, als es 1500 Jahre später Platon über den Tod des Sokrates und dessen Gedanken dabei in dem berühmten Dialog ›Phaidon‹ getan hat?

Bei unseren Überlegungen sollten wir immer im Auge behalten, daß die ägyptische Art des Denkens grundsätzlich eine Vielzahl von Deutungsmöglichkeiten zuläßt. Dieser Art des Denkens sind wir ja bereits begegnet, als von den Seelen-

und Jenseitsformen des Menschen die Rede war, und überall in der ägyptischen Religion werden wir immer wieder damit konfrontiert – so etwa, wenn es um die Wesensmerkmale oder Eigenschaften von Göttern geht, wie auch bei Beschreibungen des Himmels oder des Jenseits. Auch bei den ›Klagen des weisen Ipu‹ sind wir ja zu dem Schluß gekommen, daß es sich sowohl um einen Protest an den Revolutionsführer, einen Aufruf zur Konterrevolution als auch um einen Vorwurf an Gott handeln könne.

Nicht anders dürfte es sich bei unserem ›Zwiegespräch‹ verhalten; auch hier sind sicherlich mehrere Deutungen zulässig, und eine davon wäre die, daß es sich um eine Weitergabe persönlicher Erinnerungen eines Anhängers des Revolutionsführers an dessen Selbstmord handelt.

Lassen wir nun aber den Lebensmüden selbst wieder zu Wort kommen! Nach dem Einwand der Seele, daß er ja keine Güter besitze und also nicht für ein rituell vorschriftsmäßiges Begräbnis sorgen könne, versucht der Lebensmüde, seiner Seele gut zuzureden:

»Ich sagte: Ich gehe nicht fort, solange jene (die Seele) auf Erden bleibt . . . Ich werde dich fortführen . . . Wenn meine Seele auf mich hört . . . und ihr Herz mit mir übereinstimmt, so wird sie glücklich sein. Ich lasse sie ebenso zum Westen (Jenseits) gelangen wie die Seele eines, der in seiner Pyramide bestattet ist und bei dessen Begräbnis ein Hinterbliebener gestanden hat . . . Sei so freundlich, du meine Seele und mein Bruder, und werde du mein Erbe (anstelle eines Angehörigen, der das Erbe erhält, um für das Begräbnis zu sorgen), der da opfern wird und am Grabe stehen wird am Tage des Begräbnisses, damit er das Bett im Totenreich bereite . . .[11]«

Wie für ägyptische Philosophie, zumal für die der Umbruchzeit, nicht anders zu erwarten, kreisen die Gedanken immer wieder um Sinn oder Unsinn der Begräbnisriten. Dabei wird in der Skepsis, die sich hier ausdrückt, und dem Versuch, die ursprünglich materiellen Vorschriften und Riten zu vergeistigen, besonders deutlich, daß dies Zwiegespräch in der Zeit nach der Revolution entstand, als die Wüste westlich der Residenzstadt Memphis buchstäblich voll lag mit zertrümmerten Grabstätten und verstreuten Mumienteilen, womit die Vergeblichkeit der materiellen Jenseitsvorsorge vor aller Augen lag.

Interessant ist auch, daß für ›Grab‹ hier das ägyptische Wort für ›Pyramide‹ steht. Damit klingt zum einen das Schicksal der toten Könige in der Revolution an, wie es ja Ipu in so dramatischen Worten beschrieben hatte, zum anderen wird aber auch die Selbsteinschätzung des Lebensmüden deutlich: Er muß eine sehr hohe Stellung eingenommen haben, wenn er seiner Seele eine Pyramide verspricht, und das kann nur die eines Regenten gewesen sein. Da aber hier ganz sicher kein Pharao zu seiner Seele spricht, denken wir sogleich wieder an den Revolutionsführer, zumal dieser ja sogar von seinem erbitterten Feind Ipu als ›Regent‹, ›König‹ und ›Allherr‹ tituliert wird.

Nach einer besonders stark zerstörten Stelle folgt nun die Antwort der Seele:
»Da öffnete die Seele mir gegenüber den Mund, damit sie beantwortete, was ich ihr gesagt hatte: Wenn du an das Begräbnis denkst, so ist das sinnloser Kummer. Es ist das Hervorlocken der Träne beim Traurigmachen eines Menschen. Es ist das

Fortholen eines Menschen aus seinem Haus, indem er auf den (Wüsten-)Hügel (im Friedhof) geworfen wird. Du wirst niemals emporsteigen nach oben, damit du die Sonne siehst. Die in Granit formten, die an schönen Pyramiden bauten in schöner Arbeit – sobald die Bauherren zu Göttern geworden sind (mit den vorgeschriebenen Riten begraben), bleiben ihre Opfersteine leer wie die der Müden, die auf dem Uferdamm gestorben sind aus Mangel an einem Hinterbliebenen. Das Wasser hat sich seinen Teil genommen, die Sonnenglut desgleichen. Es reden mit ihnen die Fische des Uferrandes. Höre auf mich! Siehe, es ist gut für die Menschen, zu hören! Folge dem schönen Tag; vergiß die Sorge[12]!«

Es ist also gerade die Seele, die in diesem Zwiegespräch die Beschäftigung mit der Jenseitsvorsorge für sinnlos erklärt – verblüffend freilich nur für unseren, vom ägyptischen so sehr verschiedenen Seelenbegriff. Die Seele ruft statt dessen den Menschen auf, hier und heute zu handeln und ein tätiges Leben zu führen. Es wäre wiederum eine gefährliche Verkennung ägyptischen Denkens, wenn wir den ›schönen Tag‹ im Sinne unseres ›sich einen guten Tag machen‹, also ›nichts tun und genießen‹ verstehen wollten. Das ägyptische Wort für ›schön‹ bedeutet nämlich zugleich auch ›gut‹ im moralischen Sinne sowie ›vollkommen‹. Die Seele warnt also hier vielmehr davor, ins Jenseits zu flüchten – sei es im direkten Sinne, also durch Selbstmord, sei es indirekt durch Herabwürdigung des Diesseits und Versinken in tatenlosem Warten auf das Jenseits. Dies war aber nie ägyptische Art – alle Bemühungen um das Jenseits galten ja gerade dem Versuch, es dem Diesseits so ähnlich wie möglich zu gestalten, weil die Ägypter eben dieses Leben, so wie es war, liebten und sehr bewußt allen seinen guten Seiten zugeneigt waren. Erst aus der Vergegenwärtigung dieser allgemeinen Daseinsfreude bezieht ja das Zwiegespräch seine Tiefe und Tragik, daß nämlich hier ein Mensch als letztes nur noch die Möglichkeit sieht, so zu handeln, wie es jeder ägyptischen Tradition, Religion und Moral widersprach.

Dann spricht wieder der Mensch, und er begründet seine Vorwürfe an das Leben, seine Verlorenheit in der Welt, den Lobpreis des Todes als einzigem Ausweg und seine feste Zuversicht in das Jenseits in vier Gedichten, die zum Schönsten und Tiefsinnigsten gehören, was es an ägyptischer Poesie überhaupt gibt:

>»Ich öffnete meinen Mund gegenüber meiner Seele,
>damit ich beantwortete, was sie gesagt hatte:

Siehe, anrüchig ist mein Name durch dich,
mehr als der Gestank von Aasgeiern
an Sommertagen, wenn der Himmel glüht.

Siehe, anrüchig ist mein Name durch dich,
mehr als Gestank beim Fischempfang
am Tage des Fischfangs, wenn der Himmel glüht.

Siehe, anrüchig ist mein Name durch dich,
mehr als Gestank von Vögeln,
als ein Sumpfdickicht mit Wasservögeln.

Siehe, anrüchig ist mein Name durch dich,
mehr als der Gestank der Fischer
und der Lagunen, in denen sie fischen.

Siehe, anrüchig ist mein Name durch dich,
mehr als der Gestank von Krokodilen,
als ein ganzer Wohnplatz von Krokodilen.

Siehe, anrüchig ist mein Name durch dich,
mehr als eine Ehefrau,
über die man Lügen verbreitet wegen eines Mannes.

Siehe, anrüchig ist mein Name durch dich,
mehr als das Kind eines Angesehenen,
von dem gesagt wird, es gehöre dem, den er haßt.

Siehe, anrüchig ist mein Name durch dich,
mehr als eine Siedlung des Königs,
die auf Empörung sinnt, wenn sein Rücken gesehen wird[13].«

Trotz einer gewissen Schwerfälligkeit, die angesichts der Probleme einer Übersetzung aus dem Altägyptischen ins Deutsche gar nicht zu vermeiden ist, spürt man die Kunstfertigkeit eines Dichters von hohen Graden. Ägyptische Dichtung beruhte nicht, wie die europäische seit ihrer Befruchtung durch die Araber[14], auf dem Endreim oder wie die der klassischen Antike auf Hebungen und Senkungen von Silben, unabhängig von ihrem Sinn, sondern sie war akzentuierend. Sie berücksichtigte den Satzakzent und zählte seine Hebungen[15], in deren Zahl pro Verszeile sich übrigens der ägyptische ›Reim‹ des Alten Reiches und der Ersten Zwischenzeit von dem des Mittleren und Neuen Reiches unterscheidet. Nur selten werden Gedichtzeilen in ägyptischen Handschriften von den Prosateilen abgesetzt. Dies hat die Erforschung der altägyptischen Versgesetze lange behindert. Es ist das Verdienst des deutschen Ägyptologen Gerhard Fecht, ihre Wiedergewinnung ermöglicht und vorangetrieben zu haben.
Die poetische Gestaltung der Gedichte im ›Lebensmüden‹ ist freilich so kunstvoll und ins Auge fallend, daß schon der erste deutsche Bearbeiter, Adolf Erman, im Jahre 1896 die Gedichte aus dem umgebenden Text herausheben konnte[16]. Vor allem der Kunstgriff, die Anfangszeilen zu wiederholen, und der parallele Aufbau der Versglieder, aber auch die verschiedenen Bedeutungsebenen der verwendeten, zunächst so simpel erscheinenden Bilder machen aus den Gedichten des ›Lebensmüden‹ »Gebilde von einer Kompliziertheit und Vielschichtigkeit des Aufbaues, die in der Weltliteratur ihresgleichen sucht«, wie Gerhard Fecht urteilt[17].
Doch bei all dem Entzücken über die kunstvolle Form, deren Reiz sich uns erst nach und nach voll erschließt, bleibt wieder die Frage nach dem Sinn dieses Gedichtes. Auf den ersten Blick erscheint die Antwort einfach: Der Lebensmüde klagt heftig seine Seele an, durch sie sein Ansehen verloren zu haben[18]. Aber aus dem Inhalt der vorhergehenden Rede der Seele ergibt sich eigentlich nichts, was einen so barschen Angriff rechtfertigen könnte, zumal der Mensch sich noch

gerade zuvor erst um eine Entspannung seines Verhältnisses zu seiner Seele und um einen besonders freundlichen Ton bemüht hatte. Freilich mögen die Dinge für einen Ägypter anders ausgesehen haben, mag die Skepsis gegenüber der Jenseits-vorsorge verbunden mit der Aufforderung zum tätigen Leben etwas ganz Uner-hörtes gewesen sein. Dem widerspricht allerdings die Tatsache, daß sich seit dem Ende des Alten Reiches in der ägyptischen Literatur allgemein eine gewisse Skepsis gegenüber dem Sinn von Kult und Opfer breitmacht und daß der Lebensmüde selbst ja auch gerade die materielle Jenseitsvorsorge als sinnlos und nicht notwendig ansieht.

Was also kann der Autor hier gemeint oder – wohl ägyptischer gefragt – was kann er über diesen ersten, auf der Hand liegenden Sinn hinaus noch gemeint haben? Von modernen Forschern wird die Meinung vertreten, daß auch hier der ›Vorwurf an Gott‹ ausgesprochen wird, wie wir ihn bereits in den ›Klagen‹ kennengelernt haben: ein nur auf den ersten Blick blasphemisch erscheinender Aufschrei des Menschen an Gott, wie er die Schöpfung habe so fehlerhaft machen können und weshalb er den Menschen so unvollkommen erschaffen habe, um ihn dann dem Unglück zu überlassen[19].

Auch hier könnte es noch eine andere Lösung geben – eine Lösung, die allerdings nicht so offen zutage liegt. Ausgangspunkt ist die letzte Dreierstrophe. Wir hatten sie nach einer der neuesten Übersetzungen von Eric Hornung folgendermaßen wiedergegeben (die Eingangszeile lassen wir aus):

»... (mehr als) eine Siedlung des Königs,
die auf Empörung sinnt, wenn sein Rücken gesehen wird.«

Das ›mehr als‹ steht aber im Original nicht. Die meisten Übersetzer gingen davon aus, daß der Schreiber der XII. Dynastie es einfach abzuschreiben vergessen hatte, was ja bei Handschriften gar nicht so selten vorkomme. Eine andere Übersetzung gibt Walther Wolf mit »... eine Stadt eines Herrschers ...[20]«, was schon genauer ist, denn im Text wird nicht das übliche ägyptische Wort für ›König‹ gebraucht.

Joachim Spiegel macht nun einen ganz anderen Übersetzungsvorschlag dieser etwas dunklen Stelle: Gerade das Fehlen des vergleichenden ›mehr als‹ sei Absicht des Autors, der jetzt in dieser letzten Strophe des Gedichts den Grund nenne, weshalb sein Name so anrüchig geworden sei, und er übersetzt:

»... siehe, die Stadt der Revolution,
der Empörung ersann, sein Rücken wird gesehen[21]«,

wobei er die Möglichkeit offenläßt, statt ›Stadt‹ auch ›Bund‹ zu lesen. Nach dieser Übersetzung wäre es aber einwandfrei der Revolutionsführer, der hier spricht und der als Grund für seinen Freitod angibt, daß die Revolution gescheitert sei und er selbst fliehen mußte (»sein Rücken wird gesehen«). Diese Übersetzung ist sowohl grammatikalisch möglich als auch von ihrer Aussage her logisch, und sie gibt dem ganzen Gedicht einen neuen, auch für uns nachvollziehbaren Sinn. Es wäre ja nicht überraschend, wenn ein Mensch, der Großes versucht hat und kläglich gescheitert ist, sich entehrt fühlt und den Tod sucht. Wir müssen überdies damit rechnen, daß der oder die Abschreiber (denn wir wissen ja nicht, ob unsere Handschrift vom ursprünglichen Original oder schon von einer Kopie stammt; letzteres ist sogar wahrscheinlicher) voller Entsetzen über diese so gar nicht mehr

← 18. Die Jen-seitsfürsorge wird als sinnlos empfunden: Opfer an Bier und Fischen, Altes Reich.

zeitgemäße Erinnerung an einen Revolutionsführer eher bemüht waren, den genauen Ablauf der damaligen Ereignisse noch weiter zu verdunkeln, als es der gewiß vieldeutige Text ohnehin schon tat.

Einen von unseren bisherigen Überlegungen völlig abweichenden Deutungsversuch unternimmt die vorzügliche Kennerin der altägyptischen Dichtung Emma Brunner-Traut in ihrer altägyptischen Literaturgeschichte: Der Verfechter der alten Lehre sei – so lautet ihre These – durch den politisch-sozialen Umsturz in Unehre geraten und bei kultischen Handlungen nach Art des Alten Reiches verhöhnt worden[22].

So verschieden die genannten Deutungsversuche auch sein mögen – aus allen läßt sich das nun folgende Gedicht verstehen, das als längstes die Klage über die völlige Vereinsamung des Menschen erhebt, der verlassen von seiner Seele, seinem guten Ruf, seinen Angehörigen und Freunden, verlassen von seinen Anhängern und – verlassen von Gott ist[23]. Auch uns noch rührt dieser Jammer über die Jahrtausende hinweg an:

> »Zu wem soll ich heute sprechen?
> Die Angehörigen sind schlecht,
> die Freunde von heute kann man nicht lieben.
>
> Zu wem soll ich heute sprechen?
> Habgierig sind die Herzen,
> ein jeder beraubt seinen Nächsten.
>
> Zu wem soll ich heute sprechen?
> Die Milde ist zugrunde gegangen,
> Gewalttätigkeit ergreift Besitz von jedermann.«

Klingt dies nicht wie ein Hinweis auf jene Stellen in den ›Klagen‹, in denen Ipu dem Revolutionsführer vorwirft, seine Anhänger hätten Gewalttaten jeder Art begangen, obgleich er selbst doch ursprünglich für Gewaltlosigkeit eingetreten sei[24]? Aber ist hier nicht ebenso stark auch der ›Vorwurf an Gott‹ zu spüren, er, der doch gut sei, habe den Menschen so unvollkommen geschaffen, daß der Gewalttätige über den Friedfertigen obsiege? Dasselbe gilt auch für die nächsten Verse, in denen außerdem noch an das gewaltsame Ende erinnert wird, das die Revolution, für ihren Führer natürlich ›das Gute‹, gefunden hatte:

> »Zu wem soll ich heute sprechen?
> Das Antlitz des Schlechten glänzt zufrieden,
> das Gute ist zu Boden geworfen überall.
>
> Zu wem soll ich heute sprechen?
> Wer einen Mann wegen seiner schlechten Tat zur Rede stellt,
> bringt alle Bösewichter zum Lachen.
>
> Zu wem soll ich heute sprechen?
> Man plündert.
> Jeder bestiehlt seinen Nächsten.

96

Zu wem soll ich heute sprechen?
Der Verbrecher ist ein Vertrauensmann,
der Bruder, mit dem man lebte, ist zum Feind geworden.

Zu wem soll ich heute sprechen?
Man erinnert sich nicht an gestern
und vergilt nicht dem, der Gutes tut.«

Neben der offensichtlichen, fast wörtlich an Ipu erinnernden Klage über die furchtbaren Folgen der Revolution für die Moral und die zwischenmenschlichen Beziehungen kann man sich beim Lesen dieser Verse abermals sehr gut den gescheiterten Anführer vorstellen, dessen Genossen ihn nicht nur verlassen haben, sondern sich nun sogar gegen ihn stellen – Opportunisten, wie Menschen nun einmal waren und bis heute geblieben sind.

»Zu wem soll ich heute sprechen?
Die Angehörigen sind böse,
man wendet sich zu Fremden, um Redlichkeit zu finden.

Zu wem soll ich heute sprechen?
Die Herzen sind zugrunde gerichtet,
jedermann wendet den Blick zu Boden vor seinen Angehörigen.

Zu wem soll ich heute sprechen?
Die Herzen sind habgierig,
man kann sich auf keines Menschen Herz verlassen.

Zu wem soll ich heute sprechen?
Es gibt keine Gerechten,
die Welt bleibt denen überlassen, die Unrecht tun.

Zu wem soll ich heute sprechen?
Es mangelt an Vertrauten,
man nimmt Zuflucht zum Unbekannten, um ihm zu klagen.

Zu wem soll ich heute sprechen?
Es gibt keinen Glücklichen, und jener,
mit dem man früher ging, ist nicht mehr.«

Vor der Überfülle des Jammers wird der Autor jetzt ganz persönlich: Er wechselt, wie schon im vorigen Gedicht, gegen Ende die bisher strikt eingehaltene Form der Strophen, indem er die direkte Rede in der ersten Person verlängert:

»Zu wem soll ich heute sprechen?
Ich bin mit Elend beladen,
weil mir ein Vertrauter fehlt.

Zu wem soll ich heute sprechen?
Das Übel, welches die Welt schlägt –
kein Ende hat es[25]!«

Nach all diesen Klagen und Anklagen stimmt nun der Autor in einem dritten Gedicht einen Lobgesang auf den Tod an – Verse von einzigartiger Schönheit nicht nur im Bereich der altägyptischen Dichtung, sondern der Poesie der Menschheit überhaupt. Nach dem Grauen der Menschen- und Gottferne wird der Tod mit gefühlvollen Worten und in heiteren Bildern beschworen und der Seele vertraut gemacht. Die Sprachgewalt dieser Verse ist so groß, daß sie keiner Erläuterung bedürfen, sondern uns über die Kluft von viertausend Jahren hinweg unmittelbar anrühren:

> »*Der Tod steht heute vor mir*
> *wie das Genesen eines Kranken,*
> *wie wenn man ins Freie tritt nach einem Leiden.*
>
> *Der Tod steht heute vor mir*
> *wie der Duft von Weihrauch,*
> *wie Sitzen unter dem Segel am windigen Tage.*
>
> *Der Tod steht heute vor mir*
> *wie der Duft der Lotosblüten,*
> *wie Wohnen am Rande der Trunkenheit.*
>
> *Der Tod steht heute vor mir*
> *wie das Aufhören des Regens,*
> *wie die Heimkehr eines Mannes vom Feldzug nach Hause.*
>
> *Der Tod steht heute vor mir*
> *wie der Wunsch eines Menschen, sein Heim wiederzusehen,*
> *nachdem er viele Jahre in Gefangenschaft zugebracht hatte*[26].«

In einem vierten Gedicht schließlich spricht der Mensch seine Jenseitshoffnung aus. All die Klagen und Vorwürfe, die ganzen Zweifel und die Skepsis dürfen uns über eines nämlich nicht hinwegtäuschen: Atheismus, eine Verneinung Gottes, der Götter oder des Göttlichen, ist keine altägyptische Möglichkeit und nie eine gewesen[27].

Auch in der Form unterscheidet sich dieses nur drei Strophen umfassende Schlußgedicht deutlich von den vorhergehenden: Die Gedankenführung ist knapper und präziser, und der Autor tritt völlig dahinter zurück – dies kommt schon dadurch zum Ausdruck, daß die Verse nicht mehr in der ersten, sondern in der dritten Person gehalten sind:

> »*Wahrlich, wer dort ist, ist ein lebendiger Gott,*
> *der die Sünde bestraft an dem, der sie tut.*
>
> *Wahrlich, wer dort ist, der steht im Sonnenschiff,*
> *Erlesenes verteilt er daraus für seinen Tempel.*
>
> *Wahrlich, wer dort ist, der ist ein Weiser,*
> *der nicht gehindert werden kann,*
> *zum Sonnengott zu gelangen, wenn er spricht*[28].«

19. »Wahrlich, wer dort ist, steht im Sonnenschiff« – Rê als Widder bei der Durchfahrt des Jenseits.

Zunächst klingen die Verse wie ein Begleittext zu vielen bildlichen Darstellungen aus dem alten Ägypten: Das Bild des Bootes, in dem der Sonnengott Rê nachts die Unterwelt durchfährt und den Seelen, Geistern und Göttern dort Licht, Wärme, Fruchtbarkeit und Leben bringt, begleitet von dem Verstorbenen, der die Bootsfahrt des Gottes nach seiner Rechtfertigung vor dem Totengericht mitmachen darf. Aber dann stutzen wir doch, wenn wir feststellen müssen, daß alle diese Malereien oder Reliefs erst aus dem Neuen Reich stammen und, soweit sie nichtkönigliche Personen betreffen, sogar erst aus dessen späterer Phase. Dürfen wir nicht mit um so größerem Recht davon ausgehen, daß nach den offiziellen religiösen Vorstellungen der Ersten Zwischenzeit, in die die Entstehung unserer Dichtung fällt (und das gleiche gilt auch für die XII. Dynastie, die Zeit ihrer Niederschrift), einzig und allein der König Begleiter des Sonnengottes sein kann? Auch wenn wir annehmen, daß hier der gescheiterte Revolutionsführer spricht, der wohl eine Zeitlang Pharaos Stelle als Regent vertrat, ist die Selbstverständlichkeit, mit der die Mitfahrt in der Sonnenbarke vorausgesetzt wird, nur als Auswirkung eines geistigen Prozesses zu verstehen, der bereits lange zuvor begonnen haben muß: eine zunehmende Demokratisierung der Jenseitsvorstellungen verbunden mit der schrittweisen Übernahme einst königlicher Privilegien und Rituale durch immer breitere Schichten der Bevölkerung, wie dies etwa seit Ende der V. Dynastie zu beobachten ist. Das zuletzt wiedergegebene, abschließende Gedicht ist also ein besonders frühes Zeugnis für diese Entwicklung.

Eine Einschränkung bleibt freilich auch hier aufrechterhalten, die für die gesamte Zeit gilt, in der ägyptische Religion lebendig war: *Nur* der König konnte, aus seiner gottähnlichen Person heraus, schon zu Lebzeiten mit Gott in einem Dialog sprechen. Allenfalls galt dies in späteren Zeiten noch für nächste Königsverwandte, vor allem für Königsmütter als ›Gottesgemahlinnen‹. Alle anderen Menschen

99

aber konnten zwar zu Gott oder zu einem Abbild von ihm beten und mit Kulthandlungen oder Magie auf ihn einzuwirken versuchen; eine Zwiesprache mit Gott hingegen war ihnen erst nach ihrem Tode möglich[29], weil sie nun eine höhere Daseinsform erlangt hatten, die sie der göttlichen Sphäre näherbrachte. Der uralte ägyptische Glaube, daß gerade der Tote aus seinem Grabe heraus Einfluß nehmen könne auf das Gedeihen allen irdischen Lebens, findet hier seinen vergeistigten Ausdruck. Sprechen noch die ›Briefe an Tote‹ – wir werden an anderer Stelle auf sie zurückkommen – von einem vorwiegend materiell verstandenen Wirken für oder gegen die lebenden Angehörigen in höchst privaten Angelegenheiten, so geht es in unserem Falle darum, vom Jenseits her das Leben für alle Menschen im Diesseits besser im ethischen Sinne zu machen. Die Forderung nach Gerechtigkeit steht dabei an allererster Stelle. Der zum Gott gewordene verstorbene Mensch hat, im Gegensatz zum Schöpfergott, die Schlechtigkeit der Menschen kennengelernt. Er kann und wird auch den Triumph des Bösen verhüten. Schon in den ›Klagen‹ war ja zwischen den Zeilen der Gedanke zu lesen, daß der ›Vorwurf an Gott‹ insofern kein Vorwurf der Bosheit oder Böswilligkeit sei, weil ja Gott die Übel dieser Welt nie miterleben müsse. Jetzt, so steht es hier, wird der Mensch die Schöpfung verbessern – ein atemberaubender, zunächst gotteslästerlich erscheinender Gedanke; aber freilich, der Mensch wird dies nur durch Gott vermögen, indem er »zum Sonnengott gelangt, wenn er spricht«.

Die uns ein wenig klerikal-eng anmutende und mit der Höhe des Gedankenfluges nicht ganz zu vereinbarende Ankündigung, der Tote werde »Erlesenes für die Tempel verteilen«, hält sich für einen Ägypter auf derselben Ebene, denn der ägyptische Tempel ist nicht nur Gotteshaus im sehr direkten Sinn eines möglichen Erscheinungsortes für den Gott, geschweige denn nur Versammlungsraum für eine Gemeinde, sondern ein Bild der gesamten Schöpfung mit Urwasser, Unterwelt, Erde und Himmel, das als solches unmittelbar das Bestehen des Kosmos ständig neu bewirkt. Diese gewaltige Beschwörung einer höchst aktiven, gestaltenden Jenseitshoffnung würde gut zu der Persönlichkeit des Revolutionsführers passen[30], aber auch zu dem Menschen dieser aufgewühlten Zeit schlechthin, der seiner selbst stärker bewußt wurde als je zuvor und damit zugleich seiner Begrenzungen. Nur im Jenseits vermag er die Möglichkeit zu sehen, die allein Befreiung verheißt[31].

Mit einer sehr rührenden Schlußrede der Seele endet dieses großartige Werk und nimmt der Tragik des aufgeklärten Menschen, der sich von der einst selbstverständlichen Einheit mit dem Göttlichen gelöst hat[32], ihre Unerbittlichkeit – auch hierin eine ganz und gar dem ägyptischen Denken verhaftete Dichtung:

»Das, was meine Seele sagte: Laß nun die Klage sein, mein Angehöriger, mein Bruder! Du magst opfern auf dem Feuerbecken, du magst festhalten an dem Fortleben, wie du sagst. Liebe mich hier, nachdem du den Westen (das Jenseits) zurückgestellt hast! Begehre jedoch, daß du den Westen erreichst, wenn deine Glieder die Erde berühren (du sterbensmatt und todesbereit bist). Ich werde mich niederlassen, nachdem du müde geworden (gestorben) bist. Dann werden wir zusammen eine Heimat haben[33]!«

5
Das Lied des Harfners

Eine der nachhaltigsten Folgen der Umbruchszeit auf geistigem Gebiet ist die tiefe Skepsis gegenüber dem Sinn irdischer Vorsorge für das Jenseits, die sich weit in die folgenden Jahrhunderte ägyptischer Geschichte bis über das Neue Reich hinaus erstreckt. Wenn auch nie wieder die Tiefe der Gedanken erreicht wird, wie wir sie in den ›Klagen‹ oder im ›Lebensmüden‹ antrafen, hat man doch bis heute nicht weniger als vierundzwanzig Texte des sogenannten ›Harfnerliedes‹ gefunden[1], in denen der Zweifel an der Jenseitsvorsorge deutlich wird. Das Lied hat seinen Namen von dem häufig mit ihm verbundenen Bild eines – meist blinden – Harfenspielers, und in der einzigen Handschrift des Liedes auf Papyrus aus ramessidischer Zeit trägt es ausdrücklich den Titel »Das Lied, das im Haus (Grab) König Antefs, des Seligen, steht vor dem Sänger zur Harfe[2]«. Ich gebe es hier nach der Übersetzung der Ägyptologin Emma Brunner-Traut wieder[3], die bewußt auf wörtliche Genauigkeit verzichtet, um bei völliger Erhaltung des Sinnes auch dem Nichtfachmann einen Eindruck von ägyptischer Poesie zu vermitteln, wenn auch die ägyptische Versform, wie wir bereits gesehen haben, auf völlig anderen Prinzipien beruht als unser Endreim:

> »Geschlechter vergehen,
> andere bestehen
> an ihrer Statt.
> Das gilt seit den Tagen
> der Ahnen, der Götter,
> die nun in den Pyramiden ruhen.
> Die Edlen, Verklärten,
> auch sie sind begraben.
> Vergangen ist, was sie geschaffen haben.
> Und was ist ihr Los?
>
> Ich höre die Worte
> der Weisheit Imhoteps
> und Djedefhors aus aller Mund (berühmte, vergöttlichte Weise).
> Was sind ihre Stätten?
> Zerbrochen die Mauern,
> verlassen die Orte;
> es ist, als hätten sie niemals gelebt.
> Keiner kam, der ihr Schicksal erzählt

und alles, worum unser Herz sich quält,
bis auch wir gelangen,
wohin sie gegangen.

So sorge dich nicht
um dein künftiges Ende,
folge dem Herzen,
noch schlägt es in dir!
Mit Myrrhe bestreue
dein Haupt und bekleide
mit Linnen den Leib.
Mit Leinen, duftend
von köstlichen Salben,
den Göttern geweiht.
Betrübt sich dein Herz,
such' größere Freuden,
folge dem Herzen
und dem, was dich freut.

Sieh, daß auf Erden
das Deine getan wird
nach deinem Sinn.
Denn jener Tag der großen Klage
kommt auch zu dir.
Der Herzensmüde (Osiris) ist taub ihren Rufen,
sie rufen vergeblich
den Toten zurück.

(Refrain; in der Handschrift rot herausgehoben:)

Genieße den Tag
und werde nicht müde.
Denn niemand nahm mit sich,
woran er gehangen,
und niemand kommt wieder,
der einmal gegangen.«

Dieses Lied wurde lange Zeit als Leugnung des Jenseits, als ein »Freut euch des Lebens, ehe es zu spät ist« und als Leitfaden für ein ganz dem Heute und seinem hemmungslosen Genuß hingegebenes Leben verstanden. Und da es auf dem Papyrus auch noch inmitten von Liebesliedern stand, war man überzeugt, der ›Ort im Leben‹, an dem dieses und ähnliche Lieder gesungen wurden, seien fröhliche Festgelage gewesen[4], bei denen ein leichter Schauder den Rücken hinunter die Festesfreude nur noch steigerte, so wie etwa bei uns eine Erzählung schwarzen Humors, wobei das Ketzerische, der offiziellen Religion scheinbar Zuwiderlaufende im Harfnerlied diesen Kitzel gar noch erhöht habe.

Das klingt sehr modern, wie ja tatsächlich vieles aus dieser Zeit der Unruhen und des Aufbruchs uns verblüffend zeitgemäß erscheint; dennoch geht ein solcher Vergleich am Wesen ägyptischen Denkens völlig vorbei, denn die Ägypter waren alles andere als dekadente Abendländer des 20. Jahrhunderts. Schon eine rein äußerliche Tatsache gibt Aufschluß darüber, wie unzulässig derartige Vergleiche sind: Abgesehen von dieser einen Handschrift sind uns alle anderen dreiundzwanzig Harfnerlieder ausschließlich in Gräbern erhalten!

Seit dem späten Alten Reich – da allerdings noch ohne den Begleittext – erscheint das Motiv des Harfners in den Gräbern oftmals in einem bedeutsamen Zusammenhang: Da finden wir zum einen häufig die Szene, die den Grabherrn allein oder mit seinem Ehepartner, dem Harfnerlied lauschend, beim Brettspiel zeigt, zum anderen jene Darstellungen, bei denen der Harfner in Verbindung mit dem aus dem Grab heraustretenden, die Sonne anbetenden Grabherrn erscheint[5].

In beiden Fällen aber handelt es sich geradezu um Schlüsselszenen aus dem Auferstehungsglauben: Das Brettspiel hatte – in der Frühzeit fast ausschließlich, in allen späteren Epochen zumindest noch in den Grabmalereien – rituell-magische Bedeutung als Schicksalsspiel, bei dem der Mensch sein Glück auf dem gefährlichen, den Spielbrettfeldern gleichgesetzten Weg durch die Unterwelt einem – oft unsichtbaren – Partner abgewinnen muß[6].

Das ›Heraustreten am Tage‹ des Toten aus dem Grab beherrscht die gesamte Totenliteratur der Ägypter, denn es ist ja die vollendete Überwindung der Krise des Todes. Der wiederauferstandene Grabherr – und so sind die Toten seit dem Alten Reich unzähligemal an den Türpfosten ihrer Gräber dargestellt – tritt aus dem Dunkel des Jenseits, um Rê, den Sonnengott zu schauen, ihn anzubeten und zu begleiten auch auf seiner Tagesfahrt über den Himmel.

Wenn man sich dieser Zusammenhänge bewußt wird, dann merkt man plötzlich, daß uns die Frage nach der Bedeutung des Harfnerliedes in bisher ungeahnte Bereiche führt. Wie so oft im Ägyptischen, gibt es auch hier wiederum mehrere Bedeutungsschichten, und die Skepsis gegenüber der materiellen Jenseitsvorsorge ist nur die erste und offensichtlichste, aber deshalb für den Ägypter noch keineswegs die entscheidendste unter ihnen.

Auch die Stelle, an der das Lied in der Papyrushandschrift erscheint, nämlich inmitten von Liebesliedern, läßt sich von hier aus unter einem völlig neuen Blickwinkel betrachten. Der Ägypter kannte zwar keine Prüderie, und das paulinische oder augustinische Sündenbewußtsein allem Erotischen gegenüber[7] war ihm völlig fremd. Doch in Bildern oder Worten war er äußerst zurückhaltend, wenn es um den Bereich der Sexualität ging, und so umschrieb er auch geschlechtliches Vergnügen der Verliebten bisweilen mit ›Feier des schönen Tages‹ oder ›seinem Herzen folgen[8]‹, Formulierungen, die ja im Harfnerlied auftauchen und diesem damit auch eine sinnliche Note geben, die etwa an das ›Hohelied Salomonis‹ in der Bibel erinnert.

Dieser Zusammenhang leuchtet um so mehr ein, als zu den großen Sorgen des Ägypters für das Leben im Jenseits vor allem auch die Angst vor dem Verlust der Geschlechtlichkeit gehörte[9]. In den Sargtexten, die auf ebendiese Zeit des Umbruchs zurückgehen, gibt es auffallend häufig Beschwörungen wie: »Ich besame

103

und meine Seele besamt sogar die Göttinnen«, und in einem Fall wird die Parallele zu der Stellung unseres Liedes im Zusammenhang der Grabdekoration noch deutlicher, wenn es über Osiris (der in dieser Zeit schon eins ist mit dem Verstorbenen) heißt, er setze sich in seinem Sohn Horus fort, »um am Tage herauszugehen, damit er mit ihm (in seiner Gestalt) Beischlaf vollziehe[10].«

Offenbar waren also die Harfnerlieder in den Zusammenhang von Grab, Begräbnis, Auferstehung und Weiterführung des vollen Lebens gestellt. Ein Wort noch zu einer Äußerlichkeit des Papyrus: Eine Aussage, die in der Überschrift enthalten ist und von der die Ägyptologen bislang glaubten, sie ermögliche eine genaue Datierung der Entstehungszeit des Liedes, trifft wohl leider nicht zu – der Hinweis nämlich, der Text stamme ursprünglich aus dem Grab eines Königs Antef.

Es gibt in Theben mehrere Gaufürsten dieses Namens, darunter einige, die sich bereits ›Könige‹ nennen und zusammen mit ihren Nachfolgern aus demselben Geschlecht die XI. Dynastie bilden. Ihre Gräber sind bekannt, doch gibt es in ihnen nirgendwo Anhaltspunkte dafür, daß sich hier jemals Harfnerdarstellungen oder -lieder befunden hätten. Das ist nicht etwa dem Zufall der Erhaltung zuzuschreiben, so daß wir vielleicht schon morgen von einem solchen Fund überrascht werden könnten, vielmehr gibt es kein einziges literarisches Zeugnis aus der Ersten Zwischenzeit und der Epoche des Mittleren Reiches, das nicht aus dem Raum der alten Hauptstadt Memphis stammte. Im Theben der Antef-Fürsten herrschte ein anderer Geist als in Memphis, und die Antef-Fürsten waren eher Kriegsherren[11] als Förderer der schönen Künste, am wenigsten der Literatur. Aber sie waren die Vorfahren des Gründers des Mittleren Reiches, des mächtigen Mentuhotep, der mit seinen Ahnen in der ganzen folgenden ägyptischen Geschichte höchstes Ansehen und große Verehrung genoß.

Hierin liegt mit großer Wahrscheinlichkeit der Grund für die Zurückführung des Liedes auf Antef: Es sollte in der Tradition verankert werden, wie man das bei Literaturwerken des Mittleren Reiches häufig zu tun pflegte, und beim Harfnerlied dürfte man allein schon wegen der Kühnheit des Werkes darauf bedacht gewesen sein, es in einen etablierten Rahmen zu stellen[12]. Ganz ausschließen kann man die von einigen Gelehrten geäußerte Vermutung, hier sei einer der Antef-Könige der XIII. Dynastie gemeint. Denn diese Könige, deren Herrschaft schon in den Beginn der Zweiten Zwischenzeit fällt, waren so schwach und umstritten, daß sie sich des berühmten Namens Antef lediglich bedienten, um sich wenigstens den Anschein von Legitimität und Macht zu erhalten; doch hätte kein Autor der ramessidischen Zeit auch nur den geringsten Anlaß gesehen, sein Werk auf einen solchen Schattenherrscher zurückzuführen.

So bleibt nur noch, das Lied noch einmal im Lichte unserer bisher gewonnenen Erkenntnisse zu lesen, um letzte Klarheit über seinen Sinn zu gewinnen. Wir hatten schon im vorigen Kapitel bei den ganz ähnlich klingenden Beschwichtigungsreden der Seele gegenüber dem Lebensmüden erkannt, daß es ihr keineswegs um ein faules ›In-den-Tag-hinein-Genießen‹ gehe. Auch in diesem Falle ist vielmehr das Gegenteil gemeint, nämlich die Aufforderung zu aktivem Tun[13]. Nicht zufällig steht inmitten des Liedes immer wieder das Wort ›Herz‹ oder Zusammensetzungen damit. Dem Ägypter waren solcherlei Wortspiele nicht nur

→ 20. »Das Lied, das steht vor dem Sänger zur Harfe . . .« – Blinder Harfner auf einer Grabwand.

willkommene Kunstform, sondern mehr noch: Gleicher Klang bedeutete ihm gleichen Sinn. Das Herz war nach seiner Vorstellung der Sitz von Verstand und Denkvermögen, der vom Gott regiert wurde. Der Ausdruck ›Folge dem Herzen!‹ hatte also zugleich auch den Sinn ›Folge Gott!‹. Ganz in der Nähe wird denn auch ausdrücklich die ›den Göttern geweihte Salbe‹ erwähnt, ein deutlicher Hinweis darauf, daß die festliche Kleidung nicht nur einem rein diesseitigen Feiern zugedacht war. Parallelen finden sich in den Darstellungen vom ›Schönen Fest vom Wüstental‹, über das ich in einem anderen Werk ausführlich geschrieben habe[14]. Ebensowenig ist es ein Zufall, daß nach so häufiger Erwähnung des Herzens der ›Herzensmüde‹ beschworen wird, eine häufige Bezeichnung des Totengottes Osiris, aber zugleich eine ganz wörtlich zu nehmende Warnung vor Herzensträgheit.

So ist im Harfnerlied die Bejahung eines vollen, tatkräftigen Lebens zu sehen als beste Vorbereitung auf ein gutes Jenseits. Hierin drückt sich eine höhere, vergeistigtere und ethischere Sicht des Menschen aus als in den vielen Vorschriften und Anweisungen aus der Zeit des Alten Reiches, die sich lediglich auf die rein materiellen oder bestenfalls magisch anmutenden Zurüstungen von Grab, Begräbnisriten und Totenopfern beziehen. Aber das ist schon wieder eine Deutung aus unserer Sicht; für die ganzheitliche Schau des Ägypters verband sich vielmehr Ethisches, Materielles und Sinnliches zu einem Ganzen.

Und noch etwas typisch Ägyptisches läßt sich beim Harfnerlied beobachten: Die vierundzwanzig Texte gleichen sich keineswegs Wort für Wort, ja sie weisen zuweilen sogar beträchtliche Unterschiede auf. Nur zehn entsprechen, wenn auch an manchen Stellen abgemildert, der von uns wiedergegebenen Papyrusfassung; andere lassen die Skepsis beiseite, und schließlich gibt es sogar Fassungen, die geradezu orthodox anmuten und nur demjenigen ewige Dauer verheißen, der die Vorschriften für die Jenseitsvorsorge genau befolgt[15]. Man darf nun nicht den Fehler begehen, diese verschiedenen Fassungen als das Ergebnis von Zufall oder Willkür zu verstehen. Vielmehr verrät sich hierin gerade die gedankliche Tiefe des Ägypters, die allenfalls ein zögerndes Herantasten an das Unbegreifliche des Jenseits zuläßt, das zwar unausweichlich vor allen Menschen liegt und von dem doch noch keiner kündete, wie es in dem Liede heißt. Und so, wie der Ägypter in der Vorstellung eines Jenseits am Sternenhimmel, am Tageshimmel, im Westen oder in der Unterwelt keine Gegensätze, sondern Umschreibungen sah, um das Unfaßliche doch zu fassen, so sind auch Bejahung und Verneinung einer materiellen Jenseitsvorsorge nicht zwei sich ausschließende Pole, sondern als Annäherungen aus verschiedenen Richtungen für ägyptisches Denken vereinbar.

Das beste Beispiel hierfür ist eines der frühesten erhaltenen Zeugnisse des Harfnerliedes in einem Thebaner Grab der ausgehenden XVIII. Dynastie, etwa um 1320 v. Chr. Hier finden wir an den Wänden nicht nur je ein Lied der beiden Versionen, der skeptischen wie der orthodoxen, sondern außerdem noch ein Gedicht, das eine Kritik an den Harfnerliedern ausspricht:

»Ich habe diese Lieder gehört,
die in den Gräbern der Vorfahren stehen,

und was sie erzählen zur Erhöhung des Diesseits
und zur Herabsetzung des Jenseits.
Warum wird das angetan dem Lande der Ewigkeit?

… unsere Leute ruhen in ihm
seit der ersten Urzeit,
und die da sein werden in unendlichen Jahren,
sie gelangen alle dorthin;
es gibt kein Verweilen in Ägypten …

Die Zeit, die man auf Erden verbringt,
ist nur ein Traum,
aber ›Willkommen, wohlbehalten und heil!‹
sagt man zu dem, der den Westen erreicht hat[16].«

Wenn so in ein und demselben Grabe der Tote einmal zum Lebenden spricht: »Genieße den Tag!« und an anderer Stelle wieder: »Leben ist nur ein Traum!«, so klingt dies für den Ägypter wie ein Zusammenklang von Akkorden und nicht wie eine Dissonanz.

Nicht selten findet man in Deutungen altägyptischer Religiosität die Meinung vertreten, dies alles habe nur für eine führende Elite, eine ganz kleine Schicht hochgeistiger Menschen gegolten, während die Masse der Ägypter in einem dumpfen und stumpfen, alles wörtlich und ›grobsinnlich‹ verstehenden magischen Afterglauben versunken gewesen sei. Hier ist wohl sehr viel geistiger Hochmut und zugleich Nichtverständnis im Spiel.

Gewiß sind die Texte, mit denen wir uns befassen, von Schriftgelehrten im vollen Sinn des Wortes: denen, die lesen und schreiben konnten, verfaßt worden. Aber dies waren in einem Land mit einer aufs äußerste vervollkommneten Bürokratie einmal sehr viel mehr Menschen, als man oft glaubt, und zu den wenigen uns namentlich bekannten Autoren gehören sowohl Angehörige der höchsten Schicht der Königsverwandten und Wesire als auch einfache Schreiber ohne jeden Titel, die nach unseren Begriffen nur als ›einfache Beamte‹, also bestenfalls als Angehörige des ›Mittelstandes‹ bezeichnet werden können. Schließlich finden sich solche Texte auch in Gräbern von Arbeitern, Handwerkern (zum Beispiel in Der el-Medine bei Theben) und einfachen Schreibern, und der Grabherr suchte sich seine Grabdekoration zweifellos selbst aus. Ihnen allen vorzuwerfen, sie hätten solche Texte nur aus grob magischen Gründen okkupiert und deren tieferen Sinn nicht erfassen können, ist einfach hochnäsig.

Natürlich gibt es in Ägypten auch Magie, und magisches Denken ist weit verbreitet, gerade in der von uns behandelten Ersten Zwischenzeit und im Mittleren Reich. Ihren eigentlichen Höhepunkt jedoch erreichte die Magie erst viele Jahrhunderte später, im Alexandrien des Hellenismus, als die magischen Vorstellungen Ägyptens mit denen aus dem Alten Orient und Griechenland verschmolzen wurden und nun tatsächlich bisweilen alberne und bizarre Formen annahmen[17]. Über ägyptische Magie im Zusammenhang mit Jenseitsvorstellungen werden wir in diesem Kapitel noch zu sprechen haben. Wir sollten uns nur

davor hüten, diesem ganzen Bereich von vornherein mit Geringschätzung und Herablassung zu begegnen, sondern bedenken, daß einem Moslem oder Brahmanen beispielsweise das christliche Abendmahl oder die Reliquienverehrung auf den ersten Blick ebenfalls als Magie anmuten könnten.

Für das alte Ägypten mit seiner im Vergleich zu unserer so unterschiedlichen Denkstruktur gilt die gegenseitige Verknüpfung und das Sich-Bedingen aller Vorstellungen. Freilich ist es uns kaum möglich, die für diese Denkweise so typische Gleichzeitigkeit der verschiedensten, in unseren Augen zumeist sogar widersprüchlichen Vorstellungen und Gedanken schriftlich nachzuvollziehen. Uns bleibt vielmehr nur die Möglichkeit, das Geflecht altägyptischer Jenseitsvorstellungen in seine einzelnen Stränge zu zerlegen und diese jeweils für sich zu betrachten – allerdings in dem Bewußtsein, daß alle diese Stränge für den Ägypter *ein* Muster in ihm völlig einsichtiger Verknüpfung ergaben.

Es beginnt schon mit dem Grabbau. Das Alte Reich kannte, wie wir bereits gesehen hatten, für Privatgräber die Form der *Mastaba*, des bankförmigen Grabes aus Ziegeln. In dichten, geordneten Reihen waren diese Gräber in der Blütezeit so um das Pyramidengrab des Herrschers herum angeordnet, wie die hier bestatteten Personen sich zu ihren Lebzeiten in einem wohlgeordneten Hofstaat mit genau abgestuften Rängen und Titeln um ihren König geschart hatten. Von einem ›Hofstaat‹ kann man allerdings nur dann sprechen, wenn man den Begriff sehr weit faßt, denn nicht nur Königsverwandte und hohe Beamte gehörten dazu, sondern die gesamte Verwaltung, vom großmächtigen Wesir bis zum Zwerg in der Kleiderkammer. Das Innere der Mastabas wird seit der III. Dynastie in zunehmendem Maße mit Reliefs und Bildern geschmückt, die farbenfreudig das Leben des Grabherrn darstellen – das irdische Leben ebenso wie das Leben im Jenseits. Denn der Tote lebte mit dem König im Jenseits in der gleichen Standesordnung wie auf Erden. Diese, zur damaligen Zeit einzig denkbare Form des Weiterlebens für Privatpersonen lag allein in der Hand des Pharaos, der die Grabstellen um das Königsgrab als Gunstbeweis verlieh. Zugleich aber wird der Tote als im Grab lebend vorgestellt; durch Mumie und Seelenkräfte, Statue und Opferriten ist das Grab die Verbindungsstelle zwischen hier und dort: Die Scheintür vermittelt dem Opfernden die Gewißheit, daß dem Toten sein Opfer wirklich zukommt, und gibt dem Toten die Möglichkeit zum ›Herausgehen am Tage‹.

Vom Ende der V. Dynastie an lassen sich gewisse Änderungen im Grabbau erkennen: Die Mastabas der hohen Beamten werden immer größer und vielräumiger, und bei Darstellungen mit Motiven aus dem Leben des Grabherrn zeigt sich eine immer größere Vielfalt. Auch die Biographien der Grabinhaber werden immer umfangreicher und stellen in wachsendem Maße die Taten des Grabherrn in den Vordergrund, weniger dagegen die Wohltaten des Königs. Zwar ist der Standplatz ihrer Grabanlagen auch weiterhin noch häufig in der Nähe des Königsgrabes, doch gilt dies nur noch für den Hofstaat im engeren Sinne. Nicht nur Provinzialbeamte beginnen, ihre Gräber am Ort ihres Amtes anzulegen, sondern sogar Wesire lassen sich bisweilen an ihrem Geburtsort bestatten. Gegen Ende der VI. Dynastie tritt abermals ein Wandel ein: Die Oberbauten der

← 21. Das Innere der Mastabas wird mit Reliefs und Bildern geschmückt – Grabwand aus der V. Dynastie.

→ 22. Die hohen Beamten lassen sich nun in der Provinz bestatten: Pfeilersaal im Felsgrab eines Gaufürsten.

Gräber werden immer ärmlicher und enthalten kaum mehr Steinbauteile. Neben der allgemeinen Verarmung ist hierfür auch schon eine aufkommende Skepsis gegenüber der Jenseitsvorsorge die Ursache. Die Erfahrungen hatten gezeigt, daß Steine – Säulen, Scheintüren, Türleibungen usw. – gestohlen wurden und zudem sichtbare Grabmäler viel eher zum Raub reizten als unscheinbare[18].

Dieser Wandel zeichnet sich auch in der Grabdekoration ab: Soweit der Oberbau überhaupt noch Räume enthielt und nicht einfach nur mit Schutt und Sand vollgekippt wurde, um Baukosten zu sparen, schmückte man die Innenwände nur noch in Ausnahmefällen mit Bildern, und nach dem Ende der VI. Dynastie blieben sie durchweg leer. Dafür tauchen nun die wichtigsten Opfersprüche in der Grabkammer selbst auf, ja, sie werden auf die Innenseite der Särge geschrieben, um sie dem Toten für Notfälle zur Hand zu geben. Damit sind die berühmten ›Sargsprüche‹ geboren. Zu dieser aus tiefer Skepsis gegenüber allen materiellen Vorsorgemaßnahmen entstandenen Vorsicht gehörte auch, die jetzt wegfallenden Reliefs mit ihren lebendigen Darstellungen von Gabenbringern, von Saat und Ernte, von Fischfang und von Zubereitung von Nahrung und Getränk allmählich durch Modelle in Ton, schließlich in Holz zu ersetzen, die natürlich auch viel billiger als die kunstvollen Reliefs des hohen Alten Reiches waren[19].

Seit dem frühen Mittleren Reich finden sich daher die lebendigsten Modelle in Gräbern: vom roh gearbeiteten Diener mit Brotkorb und Bierkrug bis zur kunstvoll-edlen Figur der Gabenträgerin, von der nackten Frauenfigur als Spenderin der Fruchtbarkeit bis zu ganzen Szenen von Feldbestellung und Viehzählung, Getreidelagerung und Wohnhäusern bis hin zu kompletten Bäckereien und Schlachtereien, ja ganzen Miniaturarmeen, alle in bunten Farben, die oft erhalten sind. Mögen diese Figuren zunächst auch noch sehr roh, ja oftmals geradezu barbarisch wirken – das gilt selbst noch für die Modelle im Grab des Königs Mentuhotep, der das Mittlere Reich begründete –, so kamen in den Gräbern aus späterer Zeit nicht selten wahre Kunstwerke zum Vorschein, und dies sogar in Gräbern einfacher Leute. Denn bei aller Skepsis – die Vorsorge für das Jenseits wurde doch, wenn auch in neuen Formen, fortgesetzt, wohl oft nach dem auch bei uns noch anzutreffenden Motto: »Man kann ja nie wissen . . .«

Die Verlegung der kultisch wirksamen Grabdekorationen in die Grabkammer tief am Ende eines Schachtes im Stein des Wüstenbodens oder, in Oberägypten, unter den in die Uferberge getriebenen Hallen der Felsgräber, läßt aber noch andere Seiten des gewandelten Jenseitsglaubens sichtbar werden. Die Sammlungen von Inschriften und Modellen, die um den Toten herum angeordnet waren, sprechen zunächst wieder einmal die Sprache der Skepsis. Man setzt als selbstverständlich voraus, daß die Toten sich selbst überlassen bleiben. Im Unterschied zur Zeit des hohen Alten Reiches sind sie nunmehr aber mit viel mehr Individualität und mit wesentlich größerer Selbständigkeit ausgestattet. Dieser Zuwachs an Selbstbewußtsein und der um sich greifende Skeptizismus machen auch vor der Rolle des Königs nicht halt. Wie die Privatgräber nun nicht mehr unmittelbar um das Grab des Pharaos herum angeordnet sein müssen, weil eben dessen herausragende Stellung als einziger Vergotteter, der allein seinem Gefolge ein Weiterleben im Jenseits ermöglichen kann, zweifelhaft geworden ist, so muß der Privatmann jetzt

→ 23. Opfer-
listen um die
Scheintür eines
Beamten-
grabes.

zumindest einige der bisher königlichen Begräbnisriten übernehmen, um allein und ohne Unterstützung im Jenseits seinen Platz einnehmen zu können.

So läßt sich beispielsweise beobachten, wie seit dem Ende der V. Dynastie die alten, einfachen Opferformeln »Der König gibt 1000 an Brot, 1000 an Bier, 1000 an Fleisch und allen guten und reinen Dingen ...« zu immer ausführlicheren Listen aller dieser guten Dinge werden und zunehmend in Grabkammer und Sargwand mit Sprüchen angereichert werden, die der Vergottung und Wiederbelebung des Toten dienen sollen und bis dahin königliches Vorrecht waren. Über die Königsverwandten und die höchste Beamtenschaft dringen diese Sprüche in der Ersten Zwischenzeit schnell in die Sargtexte breiter Schichten der Bevölkerung ein, eine logische Folge des mit der Revolution gestiegenen Selbstbewußtseins[20].

Diese Sargtexte, die in großer Zahl und ganz unterschiedlicher Zusammensetzung gefunden wurden, sollen – genauso wie einst dem König allein – nunmehr jedem Verstorbenen helfen, die Gefahren des Jenseits zu überwinden, und den Seelenkräften *Ba* und *Ka* freie Beweglichkeit und Betätigung auf ewig sichern. Zur Skepsis gesellte sich also eine neue Hoffnung, daß das Jenseitsschicksal eigener Verantwortung und eigener Gestaltungsmöglichkeit unterliegt[21], wobei der Sonnengott Rê im ganzen noch eine größere Rolle spielt als der Totengott Osiris, wie sich etwa in dem folgenden Spruch zeigt:

»Setze dich nieder zum Brotessen, wenn Rê sich niedersetzt zum Brotessen! Ich komme zu dir, Herz des Rê, ich komme zu dir – sei gnädig, Antlitz des Rê ... Gib mir Brot, denn ich hungere! Gib mir Bier, denn ich dürste[22]!«

Besonders deutlich wird die zunehmende Gleichsetzung mit dem König im folgenden Spruch, der noch deutlich seine Herkunft aus einer ehemaligen, ganz auf den König bezogenen Biographie verrät:

»Ich bin ein Angesehener des Königs des Himmels, aus dessen Mund ich neben Rê hervorgegangen bin ... die Herzen der Bewohner des Himmels sind froh über mich[23].«

Als echte Schöpfungen ihrer Zeit haben die Sargtexte häufig die Form von Zwiegesprächen, jener Kunstform, wie sie uns wohl am vollendetsten in den ›Klagen‹ und im ›Lebensmüden‹ entgegentritt. Im folgenden sei als Beispiel das Zwiegespräch zwischen Isis und ihrem Sohn Horus wiedergegeben, wobei der Tote sich mit dem Königsgott Horus gleichsetzt:

(Isis:) »Mein Sohn Horus, setze dich nieder im Land deines Vaters Osiris in deinem Namen des Falken ...«

(Horus = der Grabherr:) »Ich bin Horus, der Falke ... mein Lauf hat den Horizont erreicht, und ich gehe vorüber an Nut (der Himmelsgöttin), ich rücke meinen Thron vor den der Urgötter ... Die Glut eines Mundes (der Unterweltsdämonen und -götter) wütet nicht gegen mich, euer Fluch gegen mich erreicht mich nicht. Ich schreite auf dem Weg des Thrones weiter als Menschen und Götter, denn ich bin Horus, der Sohn der Isis[24]!«

Diese Sprüche liegen für unser Empfinden schon an der Grenze zwischen frommem Gebet und einer zauberkräftigen Beschwörung, der sich die angesprochenen Götter und Dämonen nicht entziehen können – an der Grenze zur Magie

24. Sprüche an
der Grabwand
dienen der Wie-
derbelebung.

115

25. Die Opfer-
träger an der
Grabwand –
hier VI. Dyna-
stie – werden
später durch
Modelle ersetzt.

also. Ganz auf diese dunkle Seite gehört für uns ein Spruch, der die Götter deutlich bedroht:

»Wenn diesem (hier folgt der Name des Toten) aber sein Vater vorenthalten und seine Mutter ferngehalten wird ... dann soll das Opfergestell von Rê geraubt werden, Brote sollen nicht dargebracht, Weizenbrote nicht gemischt und das Fleisch auf dem Schlachtbock des Gottes soll nicht versorgt werden[25]!«

Zu solchen magischen Vorkehrungen gehören auch die sogenannten Gerätefriese[26], eine sorgfältige Bemalung des Sargrandes mit königlichen Ornatteilen, also mit Kronen und Szeptern, Schurzen mit Uräusschlangen, mit Wildstierschweifen, königlichen Fußwaschgeräten und Kopftüchern – alles Gegenstände, die am Hof rituell verehrt wurden und für die es sogar eigene Priester gab. Ihre bildliche Wiedergabe am Sargrand sollte den Toten gewissermaßen ›automatisch‹ königsgleich zu den Göttern des Jenseits aufsteigen und auf dem Thron des Rê Platz nehmen lassen, beziehungsweise ihm dazu verhelfen, zu Osiris zu werden, dem Totengott und der Verkörperung aller verstorbenen Pharaonen. Auf ähnliche Weise sollte der Eintritt ins Jenseits durch die Übernahme königlicher Begräbnis-

26. Opferträge-
rin – Holzmo-
dell aus einem
Grab des Mitt-
leren Reiches.

27. Modell eines Gartenhauses aus dem Mittleren Reich.

riten erzwungen werden – jener Riten, durch deren Vollzug einst der tote Pharao zum vollkommenen Gott, zum Stern und zu Osiris wurde und die unter Anteilnahme des ganzen Landes stattfanden. Jetzt aber wurde daraus ein Schauspiel für jedermann, wobei das Grabgeleite, wie gering es auch an Zahl und Bedeutung sein mochte, einen Hofstaat mimte und dazu möglichst altertümliche Titel und Rangbezeichnungen übernahm[27].

Sehr bezeichnend für die Jenseitsvorstellungen gerade der kleinen Leute sind die ›Briefe an Tote‹. Man glaubte, daß man mit dem Toten über sein Grab, das ›Haus der Ewigkeit‹, in Verbindung treten könne, und so schrieb man ihm Briefe an die Grabwand oder pinselte sie auf Töpfe, die im Grab aufgestellt wurden. Die frühesten Briefe dieser Art sind uns aus der VI. Dynastie erhalten[28]. Ihr Inhalt verrät aber zugleich den Glauben, daß der Tote mächtig genug sei, in das Leben seiner Familie strafend oder belohnend einzugreifen, und schließlich die Vorstellung von einem Gericht im Jenseits, vor dem auch Fälle aus dem Diesseits verhandelt werden konnten. Da gibt es Vorwürfe an spukende Ehefrauen, die den Witwer ängstigen, obwohl dieser ihr selbst nach ihrem Tode noch die Treue hielt;

118

da gibt es Wünsche an den toten Vater um Kindersegen oder Bitten um Schutz vor ungerechten Verfolgern auf Erden.

Einer der interessantesten dieser Briefe ist erst vor wenigen Jahren an der Grabwand eines gewissen Meru im thinitischen Gau, also der Region von Abydos, gefunden worden. Er stammt wohl aus der Ersten Zwischenzeit[29]. Darauf deutet vor allem der merkwürdige Gegensatz zwischen den sehr rohen, recht jämmerlich anmutenden bildlichen Darstellungen im Grab und der – formalen wie inhaltlichen – Originalität der Inschrift, was typisch für die Erste Zwischenzeit ist. Die in dem Brief erzählte Geschichte ist eine altägyptische Kriminalstory, die uns recht amüsant anmutet, obwohl sie für die Beteiligten sicher todernst in des Wortes voller Bedeutung war. Der ganze Brief ist zudem gereimt! Der ›Reim‹, die ägyptische Metrik, ist in einer Verszeile etwas holprig, und so scheue ich mich nicht, das Ganze in deutschen Knittelversen wiederzugeben. Die Personen des Dramas sind ein Mann namens Heni – übrigens ohne Titel, ein einfacher Privatmann also –, sein toter Vater Meru, der Priestervorsteher war, und beider gemeinsamer, erst kurz zuvor verstorbener Diener Seni. Und so lautet das Ganze:

> »Sohn Heni spricht zum Vater gern
> ganz wie ein Diener zu dem Herrn:
> ›Paß auf, was ich dir sagen will,
> denk an mein Opfer und schweig still!
> War doch einmal der Diener Seni,
> der macht nun schlecht den armen Heni.
> Der sah im Traum im Totenreich
> sich plötzlich mit dem Vater gleich!
> Des Seni Wesen war ein schlechtes,
> von mir geschah ihm nie Unrechtes,
> wie er behauptet unverfroren
> im Jenseits gar vor deinen Ohren!
> Ganz andre vielmehr schlugen ihn,
> ich tat's danach – tot fiel er hin.
> Gib acht auf diesen üblen Mann,
> daß er mir nicht mehr schaden kann.‹
> An Meru, Fürst und Priestermeister,
> schreibt dies sein Sohn, und Heni heißt er[30].«

Heni ist also gegenüber dem Diener seines Vaters die Hand ausgerutscht – so stellt er selbst jedenfalls den Vorfall dar; doch nicht er, sondern andere seien für den Tod dieses so schlechten Menschen verantwortlich. Oder hat vielleicht doch Heni selbst den Diener auf dem Gewissen, und bestand dessen Schlechtigkeit etwa nur darin, daß er, wie alte Dienstboten so oft, den jungen Herrn mit Vorwürfen ärgerte, die er vom toten Vater Meru übernommen hatte? Für Heni jedenfalls scheint festzustehen, daß der Diener sich im Jenseits bei seinem Vater lebhaft über ihn beklagt hat und daß dadurch ein regelrechtes Jenseitstribunal in Gang gekommen ist. Eine erste Wirkung davon hat Heni ja bereits zu spüren bekommen: In einem schrecklichen Alptraum sah er sich selbst zusammen mit seinem Vater im Totenreich! Das aber hatte nach altägyptischem Glauben zu bedeuten, daß auch er nicht mehr lange zu leben haben würde. Sein schlechtes Gewissen läßt ihn sofort an eine Klage des Dieners Seni denken, und eilends versucht er mit diesem Brief sein vermeintlich bevorstehendes Schicksal abzuwenden: Er erinnert den Vater daran, daß dieser ja schließlich nur dank seiner Opfer ein gutes Leben im Jenseits habe. Meru soll sich also künftig vor dem Jenseitsgericht nicht wieder auf die Seite des Seni stellen, sondern im eigenen Interesse für den Sohn sprechen und den Diener zurechtweisen!

Heni rechnet aber nicht etwa mit einem allgemeinen Totengericht, dem sich jeder Tote zu unterwerfen hätte und das ihn nach seinen Taten beurteilt. Jedoch hat sich ein solcher Glaube zur gleichen Zeit und aus den gleichen Vorstellungen heraus entwickelt. Hierbei spielten auch die Erfahrungen der Grabzerstörungen, gerade bei Gräbern von Vornehmen und Reichen, eine nicht unwesentliche Rolle. Ein weiterer, sehr bedeutender Faktor ist der wachsende Glaube an eine ausgleichende Gerechtigkeit im Jenseits – ungeachtet des Standes oder Vermögens. Der Gerichtsherr war ursprünglich der verstorbene König selbst; er war gemeint, wenn es hieß: »Ich werde mich richten lassen mit ihm (dem Grabfrevler) vor dem Großen Gott.« Im Verlauf der VI. Dynastie trat dann immer häufiger Rê als Gerichtsherr an die Stelle des Pharaos – Rê als Vater der *Maat*, der Weltordnung, die identisch ist mit der Gerechtigkeit. In der Ersten Zwischenzeit und im Mittleren Reich sind es dann verschiedene Götter, die als Richter des Totengerichtes in den Texten genannt werden, darunter der zu wachsender Bedeutung gelangende Osiris. Doch erst zu Beginn des Neuen Reiches setzt sich Osiris endgültig als Totenrichter durch, wie wir ihn so häufig in den Totenbüchern dargestellt finden: thronend in der ›Halle der Vollständigen Gerechtigkeit‹, auf dem Haupt die weiße oberägyptische Krone mit zwei Federn, und hinter dem Gott oftmals die beiden göttlichen Schwestern Isis und Nephthys. Vor ihm dagegen befindet sich die Totenwaage, auf deren einer Schale das Herz des in Verehrung niedergesunkenen Toten gegen die Figur der Maat, der Göttin der Gerechtigkeit, oder ihre symbolische Feder auf der anderen Waagschale vom Wägemeister Anubis gewogen wird. Der Gott der Schreibkunst Thot notiert das Ergebnis, während neben der Waage bereits ›der Verschlinger‹ lauert, ein dämonisches Mischwesen aus Krokodil und Nilpferd, bereit, den Toten und sein Herz im Fall des Überwiegens der bösen Taten zu verschlingen und damit dem so gefürchteten ›zweiten Tod‹, der völligen ewigen Vernichtung ohne jede Hoffnung auf Wiedergeburt, zu überantworten. 42 Richter – Unterweltsdämonen als Beisitzer – vervollständigen die Szene.

Viele Hinweise in den Sargtexten machen deutlich, daß, bis auf die jeweilige Person des obersten Richters, die Vorstellungen über das Totengericht schon in der Umbruchszeit entstanden sind, und zwar als Antwort auf die Skepsis gegenüber den alten, standes- und vermögensgebundenen Jenseitsvorstellungen des Alten Reiches[31]. Jetzt ist es die moralische Rechtfertigung, die jeder vor dem Totengericht abzulegen hat und von der es abhängt, ob der Tote in die seligen Gefilde des Jenseits eingehen wird oder der ewigen Vernichtung anheimfällt. Am stärksten kommt diese Betonung sittlich-moralischer Werte beim Totenge-

richt in einem weiteren sehr bemerkenswerten literarischen Werk der Zwischenzeit zum Ausdruck, das wir später noch im einzelnen kennenlernen werden: der ›Lehre für König Merikarê‹. Merikarê war ein König der X., der ›herakleopolitanischen‹ Dynastie, gehört also in die Erste Zwischenzeit. Nach Aussage des Werkes geht die ›Lehre‹ auf den verstorbenen Vater des Königs zurück, der seinem regierenden Sohn aus dem Totenreich Anleitungen und Ratschläge erteilt – sozusagen als postumer Fürstenspiegel und politisches Testament aus dem Jenseits, ein Gegenstück zu den ›Briefen an die Toten‹ dieser Zeit. Es heißt darin:
»Mache deine Stätte in der Nekropole trefflich durch Rechtschaffenheit und Rechttun. Das ist es, worauf das Herz eines Mannes sich verlassen kann. Denn die Tugend des Rechtgesinnten wird lieber angenommen als das Opferrind dessen, der Sünde getan hat.«
Wenn man bedenkt, daß hier ein König zu seinem regierenden Sohn spricht, kann man ermessen, wie weit diese Vorstellung von der Standesreligion der Pyramidenzeit entfernt ist: Wir finden nun eine persönliche Religiosität, in der der einzelne dem Gericht gegenübersteht, ganz gleich ob König, Beamter, Handwerker oder Landarbeiter, und sich aufgrund seiner eigenen Taten und Untaten zu verantworten hat.
Das ägyptische Denken hat nicht geruht, um auch unter diesen Umständen den Verstorbenen Hilfen mit ins Jenseits zu geben, die sie das Gericht und die noch folgenden Gefahren besser überstehen lassen sollten. Dazu gehören die Sargtexte, vor allem aber das Totenbuch, dessen Sprüche auf Sargtexte zurückgehen, wenn auch das früheste Exemplar uns erst aus dem Beginn der XVIII. Dynastie erhalten ist[32]. Da ist vor allem das berühmte Kapitel 125 des Totenbuches, in dessen Überschrift es heißt:
»Was zu sprechen ist, wenn man zur Halle der Vollständigen Wahrheit gelangt. Den Verstorbenen von allen bösen Handlungen befreien, die er begangen hat; das Angesicht der Götter zu schauen. Der Verstorbene sagt:

›Gruß dir, du Größter Gott, Herr der Vollständigen Wahrheit!
Ich bin zu dir gekommen, mein Herr,
ich bin geholt worden, um deine Vollkommenheit zu schauen ...

Ich habe das Recht dem gegeben, der es tut,
und das Unrecht dem damit Beladenen.
Ich habe kein Unrecht gegen Menschen begangen,
ich habe kein Tier mißhandelt (!) ...

Ich habe nicht am Beginn jedes Tages die vorgeschriebene Arbeitsleistung erhöht.
Ich habe keinen Gott beleidigt.
Ich habe kein Waisenkind an seinem Eigentum beschädigt.
Ich habe nichts getan, was die Götter verabscheuen.
Ich habe keinen Diener bei seinem Herrn verleumdet.

Ich habe nicht Schmerz zugefügt und niemand hungern lassen,
ich habe keine Tränen verursacht.

Ich habe nicht getötet,
ich habe nicht zu töten befohlen;
und niemand habe ich ein Leid getan ...

Ich habe nicht die Milch vom Mund des Säuglings fortgenommen,
ich habe das Vieh nicht von seiner Weide verdrängt ...

Ich habe keine Fleischopfer versäumt an den Festtagen,
ich habe nicht die Viehherden des Tempels zurückgehalten,
ich bin nicht dem Gott(esbild) bei seiner Prozession in den Weg getreten ...[33]«

... und so geht die Litanei noch lange weiter in ihrer erstaunlichen Mischung von sozialen, religiösen und staatlichen Geboten, die man nicht übertreten hat, bis zu denen des Tierschutzes – und das vor viertausend Jahren!
Höchste sittliche Norm ist in diesem ›Negativen Sündenbekenntnis‹ verschwistert mit magischer Beschwörung. Magie ist allerdings für den Ägypter weit mehr als bloß jener plumpe Zauber, den wir mit diesem Begriff verbinden. ›Kraftübertragung‹ wäre treffender formuliert, und diese ist sogar in Göttergestalt als ›*Hike*‹ Teil der Weltschöpfung, somit also keineswegs ein Gegensatz zur Ethik[34].
Noch deutlicher wird diese magische Seite in dem »Spruch, das Herz sich nicht widersetzen zu lassen im Totenreich«:

»*Mein Herz meiner Mutter,*
mein Herz meiner Mutter,
mein Herz meiner irdischen Existenz –
stehe nicht auf gegen mich als Zeuge
vor den Herren des Bedarfs (den Totenrichtern).
Sprich nicht gegen mich:
›*Er hat es tatsächlich getan*‹ *– dem entsprechend, was ich getan habe –*
laß keine Anklage gegen mich entstehen
vor dem Größten Gott, dem Herrn des Westens[35]!«

Ähnlich wie bei den Sargtexten, sollten die in den Sarg gelegten Totenbücher die in ihnen enthaltene Kraft und Macht auf den Toten übertragen und ihn so in die Lage versetzen, alle Fährnisse des Jenseits zu überstehen. Nichtsdestoweniger steht die an objektiven sittlichen Normen orientierte Vorstellung von Recht oder Unrecht im Tun des Einzelmenschen so klar und beherrschend im Vordergrund, daß der große deutsche Ägyptologe Walther Wolf im Totengericht geradezu die ›Geburt des Gewissens‹ erblickte[36].
Damit hat der ägyptische Geist eine Antwort auf den ›Vorwurf an Gott‹, auf die Qual der Gottferne und auf die Skepsis des ›Lebensmüden‹ gefunden, die bis zum Ende ägyptischer Kultur nie verlorenging. Gerade hierin aber zeigt sich auch in überzeugender Weise, daß das Geistesleben der Zwischenzeit höchst lebendig und alles andere als im Niedergang war – mit anderen Worten: daß es noch im Umbruch und angesichts der Umwertung aller Werte die Kraft zur tragfähigen Antwort fand. Zu diesen geistigen Errungenschaften gehört neben Gewissen und

persönlicher Ethik auch die offensichtliche Ausschaltung von Vorstellungen des Alten Reiches über vorgeburtliche Prädestination. Damals bestimmte der Gott, wer ›hören‹ konnte und wer nicht und damit sündig war; jetzt ist der Mensch selbst für sein Denken (sein ›Herz‹) und sein Tun verantwortlich und muß dieser Forderung entsprechen, mit aller Anspannung eines sittlichen Lebens und mit magischer Hilfe im Tode.

Noch eine andere Antwort auf den ›Vorwurf an Gott‹ haben uns die Sargtexte bewahrt, und zwar in den Sprüchen ›Der Allherr über seine Schöpfung‹. Hier ist es der (mit Namen nicht genannte) Schöpfergott sélbst, der diese Antwort gibt: Nicht die Schöpfung ist schlecht oder mangelhaft, sondern der Mensch hat in seinem Herzen die Möglichkeit, sich frei für Gut oder Böse zu entscheiden:

> »Es spricht der mit geheimnisvollem Namen,
> der Allherr, der zu den Beruhigten spricht,
> die bei der Fahrt des Hofstaates wüteten:
> Ziehet hin in Frieden,
> ich wiederhole für euch die guten Taten,
> die mein eigener Wille vollbracht hat
> im Innern der Schlange ›Weltumringler‹ (im Chaos),
> um das Unrecht zum Schweigen zu bringen.
>
> Ich habe viererlei Vollendetes getan
> im Innern des Horizont-Tores (am ersten Morgen).
> Ich habe die vier Winde geschaffen,
> damit jedermann atmen kann in seinem Lebensraum.
> Das ist eines davon.
>
> Ich habe die große (Nil-)Flut geschaffen,
> damit der Arme wie der Reiche sich ihrer bemächtige.
> Das ist eines davon.
>
> Ich habe jedermann wie seinesgleichen geschaffen
> und nicht befohlen, daß sie Unrecht tun.
> Es ist nur ihr Herz, das meinem Wort zuwiderhandelt.
> Das ist eines davon.
>
> Ich habe veranlaßt, daß ihre Herzen den Westen nicht vergessen können,
> damit den Totengöttern Opfer dargebracht werden.
> Das ist eines davon.
>
> Ich habe die Götter aus meinem Schweiß entstehen lassen,
> aber die Menschen aus den Tränen meines Auges.
> Ich leuchte immer wieder auf (als Sonne),
> damit ich erblickt werde Tag für Tag
> in meiner Würde als Herr des Alls.
>
> Mir gehört das Leben,
> denn ich bin sein Herr.

Nie wird das Szepter aus meiner Hand genommen.
Denn ich habe Millionen von Jahren gemacht
zu etwas zwischen mir und jenem Müdherzigen (Osiris),
dem Sohn des Geb.

Danach werde ich mit ihm zusammenwohnen an einer einzigen Stelle.
Die Hügel werden zu Städten,
die Städte zu Hügeln werden,
ein Haus wird das andere zerstören[37].«

Zunächst fällt die starke Hervorhebung sozialer Bezüge auf, die deutlich auf die Entstehung dieser Sprüche im Gefolge der sozialen Unruhen der Revolutionszeit weisen. Dabei wird betont, daß die Menschen gleich geschaffen wurden (also auch der König hier keine Ausnahme macht) und daß sie alle die gleichen Gaben empfangen haben: Luft und Wasser und – eine typisch ägyptische Wendung – die Möglichkeit, sich auf das Jenseits vorzubereiten. ›Gleichheit‹ ist hier allerdings nicht im Sinne unseres heutigen, politischen Begriffs zu verstehen: Daß jeder gleich geschaffen wurde und Zugang zu Luft und Wasser hat, bedeutet noch keineswegs, daß alle den gleichen Anteil an den Schätzen der Erde haben oder auch nur Anspruch darauf erheben sollen. Aber es bleibt für eine so frühe Zeit überraschend, mit welcher Deutlichkeit der Akkord der Gleichheit angeschlagen wird, der von nun an in der Menschheitsgeschichte nie mehr völlig verstummen sollte. Kaum weniger überraschend für ein so frühes Werk ist die geringe Rolle, die eine Göttervielzahl hier spielt. Im Vordergrund steht der Schöpfergott, der Allherr, der sich zwar in der Sonne zeigt, aber nicht die Sonne ist. Neben ihm stehen nur noch als Urmächte die Schlange des Chaos vor der Schöpfung und Osiris als deren vergänglicher Teil[38].

Nur in dieser Zeit des Umsturzes konnte auch ein Gedanke ausgesprochen werden, der sonst in all den unzähligen Jahrhunderten der ägyptischen Geistesgeschichte kaum eine Rolle spielt: der Gedanke vom Weltende, noch dazu in engster Verbindung mit einer Schöpfungsgeschichte. Nur einmal noch taucht er in der ägyptischen Literatur auf, ganz ähnlich in der Grundvorstellung, aber in der kunstvollen Form des Dialogs. Er erscheint in Kapitel 175 des Totenbuches und stammt seiner Sprache nach ebenfalls aus der Ersten Zwischenzeit[39]. Das Zwiegespräch führen der Schöpfergott, der hier den Namen *Atum* trägt, und Osiris. Osiris ist es auch, der als erster spricht:

»*O Atum, was soll es,*
daß ich zur Wüste des Totenreiches hineilen soll?
Sie hat kein Wasser, hat keine Luft,
sie ist ganz tief, ganz finster, unendlich.«
Atum: »*Du lebst dort im Frieden des Herzens.*«
Osiris: »*Aber dort läßt sich ja keine Wollust finden!*«
Atum: »*Ich habe Verklärtheit gegeben an Stelle von Wasser, Luft und Wollust,*
und Frieden des Herzens an Stelle von Brot und Bier.«

124

Osiris: »*Und dein Angesicht schauen?*«

Atum: »*Ich dulde ja nicht, daß du Mangel leidest.*«

Osiris: »*Aber jeder andere Gott hat in der Barke der Millionen (Sonnenschiff)*
Platz genommen.«

Atum: »*Dein Thron gehört deinem Sohn Horus.*«

Osiris: »*Wie steht es mit der Lebenszeit, die dort verbracht wird?*«

Atum: »*Du wirst Millionen und Abermillionen, eine lange Zeit von Millionen*
Jahren verbringen.
Ich aber werde alles, was ich geschaffen habe, zerstören.
Die Welt wird wieder in das Urgewässer zurückkehren,
in die Urflut wie bei ihrem Anbeginn.
Ich bin es, der übrigbleibt, zusammen mit Osiris,
nachdem ich mich wieder in die Schlange verwandelt habe,
welche die Menschen nicht kennen und die Götter nicht sehen[40].«

Aufs engste ist auch hier die Schöpfung, die Entfaltung allen Seins aus dem Chaos des Urgewässers, mit dem Untergang verbunden, der wieder zum Einswerden führt, hinter dem aber schon wieder ein Neubeginn zu ahnen ist. Das ›Nun‹ ist eben nicht nur ›Gewässer‹ oder ›Chaos‹, wie es meist übersetzt wird, sondern es ist das ›Nicht-Entfaltete‹, das ›Ehe-zwei-Dinge-waren‹, wie es ägyptisch einmal heißt, und gerade deshalb der einzige Zustand, aus dem Schöpfung und Wiedergeburt möglich sind – der Zustand, in den wir im Schlaf wie auch im Tode eintauchen, um in der Fruchtbarkeit des *Nun* zu genesen zu neuem Leben[41]. Aus diesem Grunde gehört auch zu jedem ägyptischen Tempel, da er ja Bild und zugleich Beweger der Schöpfung ist, ein Brunnen oder ein Heiliger See als Zugang zum *Nun* – genauso wie die Königsgräber als Stätten der Wiedergeburt mit einem Schacht versehen sind[42], der nicht etwa, wie meist angenommen wird, die Aufgabe hatte, Grabräuber abzuschrecken.

Bemerkenswert ist, daß in beiden Sprüchen – im ›Allherrn‹ wie in ›Atum-Osiris‹ – Osiris eine eigenartig zwiespältige und deutlich untergeordnete Rolle spielt. Das ist um so befremdlicher, als doch Osiris in anderen Sprüchen als der ›Größte Gott‹ bezeichnet wird und auch heute noch der bekannteste unter allen ägyptischen Göttern sein dürfte.

Niemand weiß mit Sicherheit zu sagen, wo Osiris eigentlich herkommt. Über seine Entstehung in den Deltastädten sind sich die Ägyptologen nicht recht einig. Das liegt daran, daß er – genauso wie Amun und Rê und all die anderen großen Allgötter Ägyptens – ein Spätling in der Götterwelt ist und sich für die Frühzeit noch nicht eindeutig nachweisen läßt – weder kultisch noch in Personennamen[43]. Dies ist wohl auch einer der Gründe, warum er, wie nur ganz wenige ägyptische Götter, ausschließlich in Menschengestalt dargestellt wird, freilich eingewickelt in Binden, was nichts mit Mumifizierung zu tun hat – die Götter Ptah und Min sehen nicht anders aus –, sondern ein Zeichen des Göttlichen schlechthin ist, so wie auch als Schriftzeichen für ›Gott‹ der umwickelte Stab steht[44]. Dort aber, wo Osiris dann für uns das erste Mal als Gott greifbar wird, nämlich in den Pyramidensprüchen der ausgehenden V. Dynastie, die freilich viel älteres

Spruchgut erhalten haben, tritt er uns bereits als einer der Königsgötter entgegen – aber keineswegs unangefochten, nicht einmal als Totengott. Es hat den Anschein, als habe es in der V. Dynastie eine Auseinandersetzung gegeben zwischen einer mehr diesseitig orientierten Auffassung mit Rê als Allherrn an der Spitze und einer Jenseitsreligion, in der Osiris als der ›Höchste Gott‹ angesehen wurde[45].

Die mit diesem Gott verbundene Mythe ist in ägyptischer Zeit nirgends vollständig und im Zusammenhang überliefert; das blieb griechischen und römischen Schriftstellern vorbehalten, die dabei natürlich viel von ihrem eigenen, ganz andersartigen Götterverständnis eingebracht haben. Überhaupt ist uns aus altägyptischer Zeit nicht eine einzige vollständige Göttersage überliefert; das mag wohl mit der Scheu der Ägypter zusammenhängen, zuviel über das Göttliche zu reden. Wenn wir die zahlreichen mythologischen Anspielungen im Spruchgut aller Epochen ägyptischer Geschichte zusammenfassen und dazu noch die klassischen Berichte über Osiris heranziehen, dann läßt sich seine Mythe in aller Kürze etwa folgendermaßen wiedergeben:

Osiris, Götterkönig über ganz Ägypten, wird von seinem Bruder und Rivalen Seth getötet und zerstückelt. Seine Schwestergemahlin Isis sucht auf dem ganzen damals bekannten Erdkreis die Teile des Leichnams zusammen, und es gelingt ihr, ihren verstorbenen Gatten wiederzubeleben. Bald darauf empfängt sie von ihm einen Sohn: Horus. Diesen verbirgt sie in den Sumpfdickichten des Deltas vor Seths Angriffen, bis schließlich ein großes Göttergericht entscheidet: Horus wird König von Ägypten, Osiris Herr des Totenreiches.

Ist Osiris offenbar anfangs ein Königsgott und – weil er König ist – Spender des Nilwassers und aller Fruchtbarkeit, so hat er jetzt vor allem die Eigenschaft, tot zu sein[46], und eigenartigerweise taucht er auch, im Gegensatz etwa zu den vorderasiatischen Göttern Adonis und Tammuz, nie wieder aus der Unterwelt auf. Gerade hierin aber lag seine Stärke, seine Anziehungskraft für die Ägypter: Mit ihm konnte man sich identifizieren auch noch in der großen Krise des Todes, aus seinem Schicksal ließ sich Trost und Hoffnung gewinnen, und als mit der Erhöhung des Menschenwertes überhaupt in der VI. Dynastie und besonders in der Umbruchszeit ein neues Verhältnis zum Tod gefunden werden mußte, erlitt erst der König und erlitten schließlich alle Menschen das Schicksal des Osiris und wurden als Tote eins mit ihm. Seit dem Mittleren Reich ist dann die Bezeichnung für *jeden* Toten: ›Der Osiris NN‹.

Da in Ägypten Religion und Politik eine untrennbare Einheit bildeten, sind Entwicklungen und Auseinandersetzungen im Bereich der religiösen Vorstellungen immer auch ein Spiegel bestimmter politischer Vorgänge. Dies trifft besonders für den Osiris-Kult zu – um so mehr, als Osiris ja Königsgott war und bis in späteste Zeiten stets weiterhin als Verkörperung der toten Könige galt. So kann man seinen Aufstieg an einigen Bauten ablesen, die wiederum unmittelbar mit dem zusammenhängen, was wir unter Politik im engeren Sinne verstehen.

Wir sprachen bereits von den Dekreten, die Phiops I. und Merenrê I. für den Khontamenti-Tempel in Abydos erlassen hatten und in denen der Name Osiris noch nicht erwähnt wird. Gewiß ist Osiris aber schon zur damaligen Zeit verehrt worden – so durch Wallfahrten zu den frühzeitlichen Königsfriedhöfen von Abydos, wo man sein ›Grab‹ in einem der schon längst verfallenen und beraubten Gräber der Frühzeit, nämlich dem des Königs Sachti, zu finden glaubte. Aber der Schutzgott dieses hochheiligen Geländes war noch immer der ›Herr der Westlichen‹ Khontamenti. Erst Phiops II., Neffe des mächtigen Gaufürsten von Abydos und Wesirs Dschau, festigt die lokale Verehrung durch Errichtung eines Osiris-Tempels in Abydos[47]. In den nun sich rasch über ganz Ägypten ausdehnenden Osiris-Kult wurde der alte Tempelherr Khontamenti immer stärker einbezogen und schließlich auf eine recht ägyptische Art verdrängt: Die beiden Götter verschmolzen, und übrig blieb Osiris-Khontamenti, ›Osiris der Herr der Westlichen‹, wie er nun überwiegend genannt wird[48].

Und wieder macht ein königlicher Bau den Anfang einer Entwicklung deutlich, die schließlich auch zur Aussöhnung der Rollen von Rê und Osiris führte: Mentuhotep II., der Gründer des Mittleren Reiches, ließ in seinem großartigen Grabtempel in Der el-Bahari bei Theben vom hofartigen, nach oben offenen Heiligtum des Month-Rê durch einen 150 Meter langen Gang eine direkte Verbindung zur Sargkammer und damit zum Reich des Osiris herstellen. Eine solche direkte Darstellung der tief in die Unterwelt führenden Sonnenbahn wäre zur Zeit der Pyramidenbauer des Alten Reiches noch völlig undenkbar gewesen[49]. Diese Entwicklung setzte sich unter der XII. Dynastie fort, als Sesostris I. erstmals in seinem Pyramidenbezirk Königsstandbilder in Osirisgestalt aufstellen ließ, wie sie die Pharaonen von nun an viele Jahrhunderte hindurch immer wieder in Auftrag gaben, und als Amenemhêt III. zum erstenmal die Grabräume in der Pyramide T-förmig in Anlehnung an die Form des ›Osirisgrabes‹ anlegen ließ[50]. Noch die langen Stollen der Felsgräber des Neuen Reiches im ›Tal der Könige‹, die den Namen ›Korridor des Sonnenweges‹ trugen, stehen in der Nachfolge dieser Verschmelzung von Sonnen- und Osirisverehrung im königlichen Totenkult.

Die rasche Verbreitung der Osirisverehrung in allen Schichten der Bevölkerung verdankt der Gott der Unrast der Revolutionszeit und dem damit einhergehenden geistigen Umbruch, vor allem aber der Tatsache, daß er einem jeden, auch dem einfachsten Menschen, die Hoffnung auf eigene Bedeutung im Jenseits zu geben vermochte. Für ihn war die Osiris-Mythe so voll menschlichen Beziehungsreichtums mit ihrer Gatten-, Mutter- und Sohnesliebe, daß er ihm bei der kultischen Zuwendung zum ›Größten Gott‹ wurde.

So tiefgreifend und vielgestaltig war also die Auswirkung der Revolutionszeit allein schon auf religiösem Gebiet! Wie stark von dieser großen geistigen Bewegung nicht nur die Elite des Landes, sondern die gesamte Bevölkerung ergriffen wurde, das zeigt ein letzter Text – ein Text allerdings, wie man ihn unter den hier aufgeführten Werken am allerwenigsten erwartet hätte: Ein Märchen nämlich ist es, das uns zeigt, wie die Skepsis der Umbruchzeit nicht nur die Jenseitsvorstellungen, sondern auch den gesamten Götterkult ergriff. Welchen Sinn hatten Fleisch- und Brotopfer? Erreichten solche Opfer denn die Götter überhaupt? Und die Antwort war wieder ganz ägyptisch: keine Verneinung der Existenz der Götter oder des Kultes überhaupt, sondern seine Vergeistigung.

Das ›Märchen vom Schiffbrüchigen‹ ist in einer Handschrift aus der XII. Dynastie erhalten, aber da es selbst erzählt, es sei ›abgeschrieben‹, dürfte sein Inhalt im wesentlichen aus der Frühzeit des Mittleren Reiches oder den unmittelbar vorangegangenen Jahrzehnten stammen[51]. Seine Sprache ist einfach, aber es ist kunstreich gestaltet mit Rahmenerzählung und sich steigernder Spannung.

Die Erzählung beginnt damit, daß ein heimkehrender königlicher Gesandter vor dem Zorn des Königs zittert, weil seiner Reise offenbar nicht der erhoffte Erfolg beschieden war. Ein Gefolgsmann tröstet ihn mit der Erzählung eines Abenteuers, das zunächst ebenfalls ein schlimmes Ende befürchten läßt: Auf einer Bergwerksexpedition über das Rote Meer im Auftrag Pharaos sei sein Schiff, so berichtet er, in einen schweren Sturm geraten, gesunken, und er allein habe sich auf eine einsame, aber fruchtbare Insel zu retten vermocht. Dort entdeckte ihn ein Gott:

»Da hörte ich ein Donnergeräusch und dachte, es sei eine Woge des Meeres. Bäume brachen, die Erde bebte. Ich enthüllte schließlich mein Gesicht und fand, daß es eine Schlange war, die herankam. Sie war dreißig Ellen (rd. 15 m) lang. Ihr Bart (an ihm war ein Gott zu erkennen) war länger als zwei Ellen. Ihr Leib war mit Gold überzogen. (Gold = ›das Fleisch der Götter‹). Ihre Augenbrauen waren von echtem Lapislazuli. Sie wälzte sich voran.

Sie öffnete ihren Mund zu mir, während ich auf der Erde lag. Sie sprach zu mir: ›Wer hat dich gebracht, Kleiner? Wer hat dich gemacht? Wenn du mir nicht gleich sagst, wer dich zu dieser Insel gebracht hat, mache ich, daß du dich kennenlernst, indem du Asche bist, zu etwas geworden, was man nicht sehen kann!‹«

Auf die ebenso ängstliche wie ehrerbietige Antwort des Schiffbrüchigen nimmt die Schlange ihn ins Maul, trägt ihn zu ihrem Ruheplatz und legt ihn dort nieder. »Ich war heil. Nichts war mir genommen.« Nun berichtet der Gestrandete der Schlange von seinem Schiffbruch, woraufhin diese immer freundlicher wird und ihm Trost zuspricht:

»Fürchte dich nicht, Kleiner! Beunruhige dich nicht!« Und dann erzählt der Schlangengott seine eigene Geschichte, wie auf der Insel ursprünglich 75 Schlangen gewohnt hätten, »meine Kinder und meine Geschwister. Nicht will ich dir eine kleine Tochter erwähnen, die mir geboren wurde.

Da fiel ein Stern herab, und alle gingen in Feuer auf. Es geschah aber, daß ich nicht unter den Verbrannten war. Doch starb ich um ihretwillen (war mir zum Sterben), als ich sie als einen einzigen Leichenhaufen fand. Wenn du stark sein kannst, fasse dein Herz! Du wirst deine Kinder umarmen und deine Frau küssen. Das ist schöner als alles andere. Du wirst die Heimat erreichen. Du wirst in ihr mit deinen Geschwistern leben.«

Und nun folgt der in unserem Zusammenhang interessanteste Teil der Geschichte:

»Da streckte ich mich auf die Erde und berührte die Erde vor ihr. Ich sagte zu ihr: ›Ich werde deinen Ruhm dem Herrscher künden. Ich werde ihn deine Größe erfahren lassen. Ich werde dir Öl, Spezerei und Weihrauch der Tempel bringen lassen, womit man jeden Gott zufriedenstellt.‹« Und der brave Schiffbrüchige zählt weiter auf, was er alles für den Schlangengott zu Hause opfern will: ganze Ochsen, Gänse und Schiffe voll von allen Schätzen.

»Da lachte sie über mich, über das, was ich als einer, der töricht ist, gesagt hatte, und sie sagte zu mir: ›Du besitzt nicht viel Myrrhen. Du bist erst zum Besitzer von etwas Weihrauch geworden. Ich aber bin der Herrscher von Punt, und mir gehören die Myrrhen und der Weihrauch . . .‹«

Schließlich kommt ein Schiff, auf dem der Schiffbrüchige heimkehren kann. Zum Abschied sagt ihm der Gott: »Zieh gesund, Kleiner, zu deinem Haus . . . Sorge dafür, daß mein Name in deiner Stadt gut ist. Siehe, das ist alles, was ich von dir wünsche!« Heil und mit den reichen Gaben des Gottes beladen erreicht der Schiffbrüchige Ägypten, und der Herrscher belohnt ihn gebührend für die ihm übergebenen Reichtümer.

Der Gesandte aber, dem diese Geschichte erzählt wurde, erwiderte skeptisch etwas, was ungefähr unserem »Man soll den Tag nicht vor dem Abend loben« entspricht, und die Handschrift schließt: »Es ist zu Ende von seinem Anfang bis zu seinem Ende, wie es geschrieben gefunden wurde und geschrieben wurde von dem Schreiber mit tüchtigen Fingern, Imeni, Sohn des älteren Imeni, Leben, Heil und Gesundheit[52]!«

Diese Handschrift gehört zu den ganz wenigen, deren Schluß erhalten ist und die darin auch den Namen des Schreibers überliefert, der übrigens keinen Titel trägt. Ihr Inhalt aber ist – abgesehen von der spannenden Erzählung, die nicht nur den damaligen Leser oder Zuhörer zu faszinieren vermochte, sondern auch uns noch in Begeisterung versetzt – vor allem eine Spiegelung jener neuen, aus den geistigen Umwälzungen der Umbruchszeit hervorgegangenen Kultauffassung: Der Gott lacht über die Opfer der Menschen, da er doch alles besitzt, aber er erwartet Lobpreis und Verkündung. So findet sich ein neuer, vergeistigter Weg zur Überwindung von Skepsis und Gottferne, der neben vielen anderen Wegen hinfort von unzähligen Menschen begangen wurde, und nicht nur im Land Ägypten.

6
Die Lehre des toten Königs

Bei einem Papyrus, der schon längere Zeit im Museum von Petersburg gelegen hatte und nach dieser Stadt benannt wird, entdeckte sein erster Herausgeber, Golenischeff, auf einer der beiden Seiten eine sorgfältig geführte Akte mit Abrechnungen von einer Scheune aus dem 19. Jahr der Regierung Amenophis' II.[1] Damit war das Datum ziemlich genau auf das Jahr 1419 v. Chr. festgelegt. Die alte Akte hatte ein Schreiber namens Khaemwêse für sich selbst und seinen Bruder Mahu[2] auf der leeren Rückseite mit einem älteren Werk beschrieben, das als ›Die Lehre für König Merikarê‹ bekannt geworden ist. Auch bei dieser Papyrusrolle ist vor allem der Anfang stark beschädigt. Es gibt außerdem noch zwei weit lückenhaftere Handschriften dieser Lehre, die man in einzelnen Glücksfällen zur Ergänzung des Papyrus Petersburg verwenden kann. Die Lehre soll nach ihren Anfangsworten von einem König Achthoes (ägyptisch: Kheti) nach seinem Tod für seinen Sohn und Nachfolger auf dem Thron Merikarê geschrieben worden sein. Damit haben wir hier ein Gegenstück zu den ›Briefen an Tote‹, von denen im vorhergehenden Kapitel die Rede war. Nach Inhalt und Zusammenhang wie auch nach dem hier angewandten, für die Erste Zwischenzeit typischen Versmaß[3] kann es sich bei den genannten Königen nur um Herrscher aus der späten X. Dynastie handeln – jener Dynastie, die nach ihrer Herkunft auch als ›herakleopolitanische‹ bezeichnet wird und die von Memphis aus ganz Unterägypten und einen Teil Mittelägyptens beherrschte, während Oberägypten ihnen nicht mehr unmittelbar unterstand; es hatte sogar einige kriegerische Auseinandersetzungen gegeben.

Doch lassen wir zunächst den König selbst sprechen:

»Anfang der Lehre, die der König Achthoes gemacht hat für seinen Sohn Merikarê:« Danach beginnt der eigentliche Text, dessen erster Teil jedoch so stark beschädigt ist, daß sich ihm nur noch mit Mühe ein sinnvoller Zusammenhang entnehmen läßt. Die wenigen Bruchstücke lassen immerhin erkennen, daß er Warnungen vor inneren Unruhen und Agitatoren enthielt. Im folgenden gebe ich die entzifferbaren Reste nach der neuesten Übersetzung wieder:

»Sei nicht mild bei einer Übeltat, sondern setze den fest, der dich angreift! . . . Sei nicht milde gegen den Agitator . . . Wenn du jemand antriffst ohne seine zahlreiche Familie (die für ihn bürgen könnte), den die Städter nicht kennen, dessen Anhänger in der Verwaltung jedoch zahlreich sind, da sie ihn wegen seines Besitzes oder auch wegen seines Wissens lieben, so verkleinere ihn angesichts seiner Leute, ehe er ein Aufwiegler ist. Vertreibe ihn, töte seine Kinder, tilge seinen Namen, vernichte seine Familie und tilge seine Erinnerung aus und die

Anhänger, die ihn lieben. Denn ein Streitsüchtiger ist einer, der die Stadt in Unruhe versetzt, da er aus der Jugend Anhänger der Revolution werden läßt[4].« Das klingt ganz nach einer Anweisung, wie man mit einer Stadtguerilla verfahren soll, ehe sie noch die Jugend gewinnen kann. Wir befinden uns mit der zweiten Hälfte der X. Dynastie noch im Jahrhundert der Revolution. Es geht aus diesen Sätzen deutlich hervor, daß die Revolutionswirren noch lange Nachwehen gehabt haben, ja die Unruhen zeitweise sogar wiederaufgeflammt sind, und daß nun der verstorbene König seinen Sohn auffordert, jede neue Unruhe radikal und mit aller erdenklichen Härte zu unterdrücken. Nicht nur für die Agitatoren und Aufrührer selbst verlangt er die Todesstrafe und die Vernichtung des Andenkens, sondern er fordert sogar die Auslöschung ihrer Familien und ihrer gesamten Anhänger-schaft. Tilgung des Andenkens – das hieß in Ägypten: Verbrennen des Leichnams und Zerstörung aller auffindbaren Namensinschriften, womit der Betroffene nicht nur auf Erden, sondern auch im Jenseits zur Unperson wurde, also keine Möglichkeit zu einem Leben in der Totenwelt mehr hatte und den gefürchteten ›Zweiten Tod‹ starb. Die Härte dieser Strafandrohungen fällt um so mehr auf, als

28. Eine Familie aus der X. Dynastie.

→ 29. Aber auch in der X. Dynastie ist die Kunst noch weitgehend provinziell, wie auf dieser Stele.

131

in Ägypten im Gegensatz zu den gleichzeitigen Staaten des Orients ein verhältnismäßig humanes Strafrecht waltete und die Todesstrafe immer eine Ausnahme darstellte. Anders klingen denn auch schon die Ratschläge des königlichen Vaters für die Behandlung von nicht zugereisten Rebellen, sondern von Stadtkindern, die vom rechten Weg abgewichen sind:

»Wenn du einen findest, der zu den Städtern gehört, einen, dessen Untaten dir zu Ohren gekommen sind, so verklage ihn vor den Höflingen (dem Residenz-Gerichtshof). Vertreibe ihn, denn er ist ein Rebell und ein Aufwiegler der Stadt ... Der Arbeiter ist verwirrt und das Heer in Unruhe ... Ist die Menge wütend, so gebe man (der König) sie ins Arbeitshaus. Sei aber milde gegen den, der nur dich angreift. So stimmst du die Menge zum Jubel um ... [5]«

Hier ist also recht modern anmutende Psychologie im Spiel, und insgesamt ist der Anfang der Lehre so realistisch, daß man annehmen muß, Achthoes selbst sei mit solchen Unruhen unmittelbar konfrontiert worden. Wie sich Wissen und Beredsamkeit zu machtpolitischen Zwecken gebrauchen lassen, gibt der tote König seinem Sohn im folgenden zu verstehen:

»Sei kundig der Rede, daß du mächtig seiest! Denn die Zunge ist die Kraft eines Königs. Mächtiger ist die Zunge als jede Waffe, und man kann einen Kundigen nicht hintergehen ... Übertriff deine Väter und Vorväter! Man (der König) handelt ja erfolgreich mit Wissen. Siehe, ihre Worte sind in Büchern erhalten. Rolle sie auf, damit du liesest und die Wissenden übertriffst, denn ein Kundiger entsteht aus einem Belehrten [6].«

Die folgenden Ratschläge befassen sich damit, wie sich das persönliche Verhalten des Herrschers am wirkungsvollsten mit propagandistischen Zielen verbinden ließe:

»Sei nicht bösartig, denn Freundlichkeit ist gut. Errichte deine Denkmäler mit deiner Freundlichkeit. Vermehre die Landarbeiter, die zur Stadt gehören. Man dankt Gott für Zuweisungen, indem man für deinen Namen eintritt, deine Vollendung preist und für deine Gesundheit betet ... [7]«

Welch eine Entfernung vom Königsbild des Alten Reiches spricht aus diesen Zeilen! Hatten doch die Pharaonen einst in unzugänglicher Höhe gethront, so entrückt und unnahbar, daß kein Menschenauge ohne Vorbereitung ihrer angesichtig werden durfte: »Hüte dich, Erde, es naht der Gott!«, so hieß die Warnung, die beim Erscheinen des Pharaos ertönte. Da er als Verkörperung oder Sohn des Weltengottes galt, durfte sein Name von Privatpersonen nicht einmal genannt werden, und er war als ›Falke im Ei‹ schon vor seiner Geburt zum Herrscher bestimmt.

Jetzt aber ist Königsein ein Beruf wie jeder andere, den man lernen konnte und mußte. Der König mußte sich der steten Gefährdung seiner Macht bewußt sein, mußte, um sie sich zu erhalten, mit seinen Untertanen in der rechten Mischung von Strenge und Milde verfahren und vor allem Anhänger zu gewinnen suchen – insbesondere unter seinen ›Mitarbeitern‹, denn genau dieser moderne Begriff paßt auf die Beamtenschaft dieser Zeit, und dementsprechend heißt es weiter in der Lehre:

»Respektiere die Beamten und behüte dein Volk, befestige deine Grenzen und deine Wachtposten, denn gut ist Handeln für die Zukunft . . . Man respektiert das Leben des Vorausschauenden, doch der Vertrauensselige wird zum Leidenden. Veranlasse, daß man über dich wacht wegen deines guten Charakters[8]!«

Es folgt ein erster Hinweis auf die Hinfälligkeit alles irdischen Tuns:

»Das Leben auf Erden geht dahin und dauert nicht lange. Glücklich ist der, an den sich der Schiffslose (wegen seiner Güte, ihn ohne Lohn über den Strom zu setzen) erinnert. Schwinden nicht Millionen des Herrn der Beiden Länder (Königstitel) dahin? Gibt es einen, der ewig lebt . . .[9]?«

Und gleich darauf folgen erneut Ratschläge, die einen ausgeprägten Sinn für geschicktes machtpolitisches Taktieren erkennen lassen:

»Mache deine Beamten reich, damit sie deine Gesetze ausführen. Denn einer, der in seinem Haushalt reich ist, braucht nicht parteiisch zu sein, denn ein Besitzender ist einer, der keine Not leidet. Ein Armer aber spricht nicht nach der gültigen Weltordnung, und der, der ›ach, besäße ich doch‹ sagt, ist nicht rechtschaffen. Er ist parteiisch gegenüber dem, den er vorzieht, und er neigt sich dem Herrn seiner Bestechung zu.

Groß ist der Fürst, dessen Beamte groß sind. Ein Starker ist der König, der Herr der Höflinge. Reich ist, der an seinen Beamten reich ist. Du sollst Ordnung in deinem Haus sprechen, damit sich vor dir die Beamten fürchten, die auf Erden sind . . .[10]«

Trotz ihrer Realistik, trotz ihrer Einbeziehung des nüchternen, machtpolitischen Kalküls wird die Lehre aber nie zynisch, versinkt sie nie in plattem Materialismus oder Opportunismus. Im Gegenteil: Aus den Erfahrungen der Revolutionszeit tauchen auch hier, wie in Religion und Jenseitsglauben, soziale und sittliche Gedanken auf, die ebenso zum Königsbild dieser Zeit gehören:

»Handle gerecht, solange du auf Erden weilst: Beruhige den Weinenden, bedränge nicht die Witwe, verdränge keinen vom Eigentum seines Vaters und schädige nicht die Beamten an ihrer Stellung. Hüte dich vor ungerechter Bestrafung. Töte nicht, denn das kann für dich nicht nützlich sein!« Und damit hier nicht ein Gegensatz zu seinen ersten, die Revolutionäre betreffenden Lehrsätzen aufscheine, fährt der königliche Lehrmeister gleich fort: »Bestrafe mit Schlägen und mit Gefängnis, damit das Land dadurch wohlbegründet sei – außer jedoch den Empörer, dessen Plan entdeckt worden ist, denn Gott kennt den Rebellen und Gott straft mit Blut. Der Milde jedoch verlängert die Lebenszeit[11].«

Aber auch aus religiös-magischen Gründen ist von Todesurteilen abzuraten, wenn sie nicht ›der Gott‹ verhängt, weil der Geist der Hingerichteten sich rächen könnte:

»Töte keinen, dessen Nützlichkeit du kennst und mit dem du die Schriften rezitiert hast (also Mitschüler), einen, der erzogen wurde . . . Kehrt doch die Seele zu dem Ort zurück, den sie kennt (dem Aufenthalt der Mitschüler), und weicht nicht ab vom Weg des Gestern! Kein Zauber kann sie abhalten, doch sie erreicht den (tut Gutes dem), der ihr Wasser spendet.« Und gleich folgt ein erster Hinweis auf das Totengericht, dem auch der König unterliegt:

»Das Kollegium (von Richtern), das den Schuldigen richtet – du weißt, daß sie nicht milde sind am Tage des Richtens des Unglücklichen, in der Stunde des

Ausstellens der Bescheinigungen. Schlimm ist, wenn der Ankläger ein Weiser ist.« Hier klingt noch die ältere Auffassung vom Totengericht an, in dem nicht das eigene Herz Ankläger ist, sondern andere Tote, denen der Angeklagte im Leben Böses getan hat – um so schlimmer, wenn dies ein ehemaliger Mitschüler ist, der den Angeklagten, hier den König, genau kennt und auch noch als ›Weiser‹ sich den Richtergöttern besonders gut verständlich machen kann! »Vertraue nicht auf die Länge der Jahre, denn sie (die Jenseitsrichter) betrachten die Lebenszeit als eine Stunde[12].«

Als nächste Strophe folgt eine, die der schon im vorigen Kapitel zitierten über das Totengericht sehr ähnlich ist und zu dem Eindringlichsten gehört, was wir aus Altägypten überhaupt über das Jenseits kennen:

»Allein gelassen wird der Mensch nach seinem Tod (ein deutliches Überbleibsel des Skeptizismus gegenüber der materiellen Jenseitsvorsorge), und seine Übeltaten werden neben ihn als Haufen gelegt. Das Dortsein ist ewig, und wer sich darüber beklagt, ist dumm. Wer es aber erreicht, ohne Unrecht zu tun, der wird dort wie ein Gott sein, ungehindert wie die Herren der Ewigkeit[13].«

Aber immer wieder kommt der Verfasser von den Fragen, die sich mit der Ethik und mit dem Leben nach dem Tode beschäftigen, zurück auf Probleme des Regierens und der praktischen Politik. Das ist nicht etwa ein ›Durcheinander‹, wie einige Ägyptologen meinten – für die Ägypter gehörte vielmehr eins zum andern und besaß das gleiche Maß an Wirklichkeit. Jetzt geht es, in Fortführung des Gedankens, wie der Fürst sich um sein Volk zu kümmern habe, um die Dauer des Wehrdienstes:

»Hebe junge Soldaten aus, daß dich die Residenz liebe, vermehre deine Anhänger durch Dienstentlassungen ... Altgediente waren es, die für uns kämpften, von denen, die ich ausgehoben hatte bei meiner Thronbesteigung. Mache deine Beamten reich und befördere deine Krieger. Gib Überfluß für die aktiven Soldaten deiner Begleitung (also die Garde), ausgestattet mit Besitzlisten, versehen mit Feldern, belehnt mit Herden. Mach' keinen Unterschied zwischen dem Sohn eines angesehenen Mannes und einem Bürger, sondern hole dir einen Mann nach seiner Leistung ... Schütze deine Grenze und befestige deine Festungen, denn nützlich ist eine Truppe für ihren Herrn[14].«

Diese Ratschläge des Vaters an seinen regierenden Sohn verdienen allein schon deshalb unser größtes Interesse, weil sie eine der ganz wenigen Quellen über das Heerwesen in dieser Zeit darstellen. Während im Alten Reich das Heer nur aus einer Miliz bestanden hatte, schufen die Herakleopoliten als erste eine längerdienende Armee aus eingezogenen Rekruten – wir wissen aus anderen Quellen, daß einer von hundert eingezogen wurde –, die sorgfältig ausgebildet wurden und deren Beste dann als Elitekorps den König persönlich begleiteten und schützten[15], ein System, das die Könige des Mittleren Reiches übernahmen. Diese Soldaten waren auch nicht mehr mit freier Unterkunft und Verpflegung zufrieden, sondern mußten mit Feldern und Vieh entlöhnt werden und nicht zuletzt mit Beförderungen, wie in heutigen Armeen auch.

Nach den Belehrungen, die der äußeren Verteidigung gelten, wendet sich der königliche Vater nun den Fragen der inneren Sicherheit zu, und diese betreffen

allem voran den Kult, dessen ordnungsgemäße Durchführung ebenso Schutz verbürgt wie eine starke Armee:

»Schaffe Denkmäler für den Gott, denn das ist ein Weiterlebenlassen des Namens (der ja in ein Götterbild eingemeißelt wurde) für den, der sie schafft. So aber tut einer Nützliches für seine Seele: Monatsopfer durchführen, weiße Sandalen anlegen (zum Kultdienst vorgeschrieben), das Tempelgut bereichern, das Geheime enthüllen (das Götterbild kleiden und versorgen), eintreten ins Heiligtum und Brot im Tempel essen ... Ein einziger Tag gibt für die Ewigkeit, und eine Stunde tut Gutes für die Zukunft. Es weiß Gott von dem, der für ihn handelt[16].«

In der gesamten ›Lehre für Merikarê‹ wird stets nur von ›Gott‹ oder gar ›dem Gott‹ gesprochen. Das ist kein Monotheismus in der uns vertrauten Form, vielmehr liegen in Ägypten die Dinge wesentlich komplizierter. In fast allen Lehren vom Alten Reich bis in die Spätzeit findet sich dieselbe Gottesbezeichnung, aber auch in vielen Gebeten und Lobpreisungen von Privatpersonen auf Grabwänden und Stelen wird von ›dem Gott‹ gesprochen oder zumindest ein namentlich genannter Gott als ›größter Gott‹ bezeichnet, und das gilt für ganz verschiedene Götter. In

30. »Befördere deine Krieger« – Modell einer nubischen Truppe aus einem Gaufürstengrab.

dem Gott, dem sich der Ägypter jeweils in Gebet oder Lehre zuwendet, ist für ihn die ganze Wirklichkeit alles Göttlichen zusammengeflossen zu dem Einen. Monotheismus und Polytheismus sind hier so wenig treffende Bezeichnungen, daß man, wenn überhaupt, besser von ›Henotheismus‹ sprechen sollte[17]. In unserer Lehre gibt zudem der Vater seinen Rat an einen regierenden König, der ›Herr des Kultes‹ im ganzen von ihm beherrschten Land in allen Tempeln ist, während die Priester nur seine Kultstellvertreter sind. So muß Achthoes allein schon aus dem ganz praktischen Grund allgemeiner Gültigkeit von ›dem Gott‹ oder ›Gott‹ schlechthin sprechen.

Von einer üblen Geschichte berichtet Achthoes im folgenden Abschnitt, nämlich davon, wie seine Truppen gegen seinen Willen den Königsfriedhof von Abydos verwüsteten. Hier hören wir auch zum ersten Mal von Kämpfen innerhalb Ägyptens – wahrscheinlich gegen einen oder mehrere oberägyptische Gaue, die sich zu einer Koalition unter Führung der Gaufürsten von Theben zusammengeschlossen hatten, aus deren Haus später die XI. Dynastie hervorging.

»Schlimm ist der dran, der sich nicht kümmert um das, was der Feind tut, denn der Feind ist nicht untätig innerhalb Ägyptens. Truppen werden Truppen bedrängen, wie die Vorfahren darüber verkündet haben: Es kämpft Ägypten in der Nekropole (von Abydos) mit Zerstörung der Gräber in großer Zerstörung. Ich tat so, und so geschah es (mir), wie es bei Gott einem getan wird, der in dieser Weise frevelt[18].«

Diese Übeltat und ihre Folgen scheinen den Autor sehr stark beschäftigt zu haben, denn er wird später noch einmal ausführlich darauf zurückkommen. Eines aber wird jetzt schon deutlich: König Achthoes spielt hier auf eine alte Prophezeiung an, die sich erfüllt habe. Wie wir im nächsten Abschnitt erfahren, handelt es sich dabei um eine offenbar sehr berühmte Weissagung, genannt ›die Prophezeiung der Residenz‹:

»Sei nicht unfreundlich mit dem Südteil, denn du kennst die Prophezeiung der Residenz darüber (die offenbar vor einem Angriff auf Oberägypten warnte). Ihm (Oberägypten) wird geschehen, wie dieses geschah (genauso wie sich die Prophezeiung des Unglücks von Abydos erfüllt hat, wird auch jene über Oberägypten in Erfüllung gehen; vermutlich bezog sie sich auf einen Zusammenbruch Oberägyptens, wenn man es nur in Ruhe ließ) ... Ich bedrängte Thinis gegenüber seiner Südgrenze bis zum Tal (Königsfriedhof) und nahm es wie eine Flutwelle. Das tat nicht einmal der selige König Meriibrê (als besonders tatkräftig bekannter König, der ebenfalls mit Geburtsnamen Achthoes hieß; wahrscheinlich der Gründer jener Dynastie, die von Zeitgenossen ›Haus des Achthoes‹ genannt wurde. Offensichtlich ist aber unser Achthoes von allen Herakleopoliten am weitesten gegen den Süden vorgedrungen). Sei freundlich zum Südteil, er kommt mit Steuern und Abgaben zu dir. Ich handelte gleich den Vorfahren: Hatte er kein Getreide, so gab ich es. Sei nett, weil sie dir gegenüber schwach sind und man sich an deinem Brot und Bier sättigt.

Zu dir kommt der Granit ohne Behinderung (das Südland mit den besten Granitbrüchen bei Assuan liefert also ohne Schwierigkeiten oder läßt sogar eigene Expeditionen der Residenz zu); zerstöre also keine Denkmäler eines anderen, da du Steine in Tura brechen kannst. Baue nicht dein Grab aus Abbruch (in dieser

Zeit besonders notwendiger, wenn auch kaum befolgter Ratschlag) oder aus Bearbeitetem für etwas, das noch gemacht werden soll. Siehe, König, du Herr der Freude: Wenn du ruhen willst, kannst du in deiner Kraft schlafen und du kannst deinem Herzen folgen durch das, was ich getan habe. Denn es gibt keinen Feind im Umkreis aller deiner Grenzen[19].«

Die nächsten Absätze beschäftigen sich ausführlich mit der Lage im Delta, wo die Unsicherheit immer bedrohlichere Ausmaße angenommen hatte: Hier hatten die Unruhen während und nach der Revolution zur Entvölkerung ganzer Gebiete geführt und somit ein Machtvakuum geschaffen, das wiederum die Beduinen von jenseits der Grenze veranlaßte, hier einzudringen. König Achthoes schildert, wie es ihm gelungen sei, die Eindringlinge nach mehreren siegreichen Feldzügen durch eine planmäßige Gründung von befestigten Grenzstädten auf immer abzuwehren. Aber auch die Westgrenze war bedroht, wohl mehr durch innere Unruhen:

»Es stand auf ein Aufstehender, ein Herr in einer Stadt ... Ich befriedete den ganzen Westen bis zu den Lagunendünen (beim heutigen Alexandria) ... Man brachte die Mittelinsel und jeden in ihrer Mitte zurück (das Gebiet zwischen den Nilarmen), und die Wirtschaftsanlagen wurden groß zu meiner Zeit. Siehe, das Land, das sie zerstört hatten, ist zu Gauen gemacht und jede große Stadt wiederaufgebaut. Die einstige Herrschaft eines einzelnen gehört nun zehn Personen (also eine Agrarreform) ... Versorge einen Freien mit einem Bauernhof, indem er dir dann abliefert wie ein ganzer Landarbeitertrupp. Dabei kann keine Unzufriedenheit entstehen[20].«

Hier erfahren wir nun einmal genau, was in den ›Klagen‹ nur verhüllt berichtet wird: Die Revolution hatte von den Städten auch auf das Land übergegriffen und sich vor allem unter der verelendeten Landarbeiterschaft ausgebreitet. Die Herakleopoliten haben darauf sehr klug mit einer Landreform reagiert, indem sie die großen Domänen und Güter aufteilten und zusätzlich freie Bauern ansiedelten. Dieses System hat sich sehr bewährt. Im Mittleren Reich finden wir als Grundlage der Wirtschaft Ägyptens eine blühende Schicht von mittleren Bauern, wie sie uns anschaulich in den ›Heqanachte-Papieren‹ vor Augen tritt, die wir im übernächsten Kapitel kennenlernen werden.

Der nächste Abschnitt befaßt sich vor allem mit der Lage im östlichen Delta bis zum ›Horusweg‹, der Verbindungsstraße vom östlichen Nilarm über den Sinai nach Gaza und weiter nach Palästina, »ausgestattet mit Orten voller Menschen von den Erlesensten des ganzen Landes, um einen Angriff abzuwehren ... Der elende Beduine, er ist übel daran wegen des Ortes, an dem er ist: unangenehm durch das Wasser, versteckt durch viele Bäume, und seine Wege sind übel wegen der Berge. Er kann nicht an einem Ort wohnen, umherziehend aus Not und die Fremdländer durchstreifend. Er kämpft seit der Zeit des Rê; er siegt nicht, kann aber auch nicht besiegt werden. Er meldet nicht den Tag an für den Kampf, wie ein Dieb, den der Arm der Gemeinschaft ausgestoßen hat[21].«

Diese anschauliche Schilderung der Beduinen verdient unter die Klassiker der Völkerkunde aufgenommen zu werden und hat bis heute seine Richtigkeit behalten. Zwar ist das Land inzwischen wesentlich weniger bewaldet, als es noch damals war, wenn auch dem Ägypter aus dem baumarmen Niltal ein schütteres Gehölz schon wie ein wilder Forst vorgekommen sein mag. Aber die Lebensweise des viehzüchtenden Nomaden, geboren aus Wasserknappheit und Mangel an Weideland, mehr noch aber Ausdruck eines ganz bestimmten ›Stils‹, des ›wüstenländischen Offenbarungsstils‹, wie L. F. Clauss ihn nennt[22], ist seit Jahrtausenden gleichgeblieben, und ebenso seine Kampfesweise durch blitzschnelles Vorpreschen und sofortigen Rückzug; schon im Alten Testament haben sich Goliath und die indoarischen Philister über die Nichtanmeldung eines Kampfes durch die israelischen Hirtenstämme Davids beschwert ... Und so schließt Achthoes dieses Kapitel nach Schilderung siegreicher Scharmützel und Aufzählung seiner Städtegründungen: »Kümmere dich nicht um ihn, denn der Asiat ist ein Krokodil auf seinem Uferdamm: Er packt wohl auf einsamem Wege, doch ergreift er nicht in der Nähe einer volkreichen Stadt.«

»Aufgeteilt wurde der 22. oberägyptische Gau in bezug auf sein Landgebiet (Landreform also auch hier), und seine Hälfte ward überschwemmt bis zu den Bitterseen, denn er ist der Nabel der Nomaden.« Es ist interessant, daß hier ein oberägyptischer Gau unmittelbar im Zusammenhang mit eingedrungenen Nomaden genannt wird. Aber der besagte Gau erstreckte sich vom Ostufer des Nils bei dem heutigen Beni Suef[23] bis an die Bitterseen am heutigen Suezkanal, und ein Eindringen von Nomaden hier über die Sinaihalbinsel mußte besonders gefährlich sein, denn damit hätte ja die Residenz in einen Zangenangriff geraten können.

Und so heißt es denn gleich weiter: »Seine (des 22. oberägyptischen Gaues) Mauern sind fest und seine Soldaten zahlreich, und die Hörigen darin wissen die Waffe zu ergreifen, ganz abgesehen von den Freien der Residenz. Der Bezirk von Dsched-Jesut (die ehemalige Pyramidenstadt König Tetis aus der VI. Dynastie war damals offenbar das Verwaltungszentrum von Memphis) ist voll ausgerüstet mit zehntausend Mann, Bürger und Freie ohne ihre Abgaben (durch Königsdekret davon befreit!), und die Beamten darin sind noch seit der Zeit der Residenz (der vorrevolutionären Zeit also). Gefestigt sind die Grenzen und stark seine Sperren. Viele Nordleute bewässern ihn mir bis zum Delta, indem sie Getreide abliefern in der Art von Freien[24].«

Immer wieder wird aufs eindringlichste davor gewarnt, einen Zweifrontenkrieg zu führen, denn jeder Feldzug gegen den Süden werde von den Beduinen sofort zu neuen Überfällen genutzt; gegen diese aber könnten sich nur gut befestigte Städte erfolgreich zur Wehr setzen. Und abermals wird die politische Warnung mit einem religiös-moralischen Appell verknüpft: »Statte also die Altäre aus und verehre Gott!«

Achthoes geht auch im einzelnen auf das Königsamt ein: »Ein Wissender ist der Herr der Beiden Ufer, und der König, der Herr der Höflinge, kann nicht unwissend sein. Er ist bei dem Herauskommen aus dem Leib (von Geburt an) weise, denn Gott hat ihn vor Millionen erhoben. Ein vollendetes Amt ist das Königtum. Es hat keinen Sohn, keinen Bruder, der deine Denkmäler dauern läßt, und doch erweist einer dem anderen Gutes, und der eine handelt für seinen Vorgänger in dem Wunsche, daß das, was er getan hat, durch einen anderen, der nach ihm kommen wird, restauriert werde[25].«

Nach diesen Worten über Würde, Last und Einsamkeit des Königsamtes und über die besonderen Verpflichtungen des Herrschers kommt Achthoes erneut auf die in Abydos geschehene Freveltat zu sprechen, um an diesem Beispiel die Verantwortlichkeit des Herrschers für alles, was in seinem Namen geschieht, zu zeigen: »Siehe, eine Übeltat geschah zu meiner Zeit. Man zerhackte den Bezirk von Thinis (die Königsfriedhöfe bei Abydos). Es geschah, ohne daß ich es tun wollte, und ich erfuhr es auch erst nach der Tat. Siehe, die Schuld erwuchs aus dem, was ich getan hatte (dem Feldzug gegen den Süden), doch Zerstörung ist übel. Es kann ihm (dem König) nicht nützen, wieder fest zu machen, was er zerstört hat, oder zu restaurieren, was er getilgt hat. Sei davor auf der Hut! Denn ein Schlag wird mit seinesgleichen vergolten, und alle Taten bilden Verknüpfungen[26].«

Hier klingt vor allem die tragische Rolle des Königs an, der für alles, was unter seiner Regierung geschah, die Verantwortung trug – selbst für Untaten, die ohne sein Wissen und gegen seinen Willen geschahen und für die er sogar schon im Diesseits bestraft wurde, nämlich durch den Verlust seiner vorher errungenen Gewinne im thinitischen Gau. Hier wird der König keineswegs als ›weise von Geburt an‹ dargestellt, wie es noch im vorhergehenden Spruch geheißen hatte. Daß noch dazu der König selbst so schonungslos über seine eigenen Verfehlungen berichtet, ist ohne Beispiel in der ganzen ägyptischen Geschichte und – ebenso wie die Skepsis gegenüber der Gottähnlichkeit des Herrschers oder die Betonung seiner hohen moralischen Verpflichtung – nur aus der Zeit heraus zu begreifen, in der das ganze Werk entstanden ist. So läßt uns die ›Lehre für König Merikarê‹ diese Epoche noch besser und tiefer verstehen als die ›Klagen des weisen Ipu‹ und das ›Gespräch des Lebensmüden mit seiner Seele‹. Denn diese sind zwar viel ausführlicher in ihren Schilderungen der Zerstörungen und der seelischen Schäden durch die Revolution, während in der ›Lehre‹ darüber hinaus ein Hauch jenes gewaltigen geistigen Erwachens spürbar wird, das gleichermaßen als Ursache wie als Folge der Revolution zu gelten hat.

Von tiefer Gläubigkeit, trotz des herauszuhörenden ›Vorwurfs an Gott‹, sprechen die folgenden Sätze:
»Eine Generation folgt der anderen unter den Menschen, doch Gott verbarg sich, der ihre Eigenschaften kennt. So kann ein Herr der Hand (Gewalttätiger) nicht abgewehrt werden ... Verehre Gott auf seinem Wege, der aus Edelsteinen gemacht und aus Erz geschaffen ist ... Es gibt keinen Fluß, den man dazu brächte, sich zu verstecken, nachdem er die Schleuse verläßt, in der er sich verborgen hatte. Es geht die Seele zu dem Ort, den sie kennt, und sie weicht nicht ab auf dem Weg zum Gestern.« Und nun folgt der Spruch über das Totengericht – das Totengericht als Instanz, die keinen magischen Ausweg mehr zuläßt und in ihrer ganzen Strenge auch für den König selbst gilt: »Richte dein Gut für den Westen richtig ein und bringe deinen Platz im Friedhof in Ordnung als ein Gerechter mit dem Tun der Wahrheit (nicht also vornehmlich durch Pyramiden und Rituale!), denn das ist, worauf ihre (der Götter) Herzen vertrauen. Angenommen wird das Wesen des Gerechten mehr als das Rind des Sünders. Handle für Gott, daß er dir Gleiches tue, mit Opfern[27].«

Dieser Gott aber ist, wie der Weltschöpfer in den Sargsprüchen, einer, der auch vom Herrscher Verantwortung gegenüber den ihm anvertrauten Menschen als Ebenbildern Gottes fordert; und so preist der König in einer Hymne den Schöpfer:

»Versorge die Menschen, die Herde Gottes! Er schuf Himmel und Erde für ihren Willen; er wehrte ab die Gier des Wassers; er schuf den Lebensodem für ihre Nasen, denn sie sind seine Ebenbilder, aus seinen Gliedern hervorgegangen! Er leuchtet am Himmel um ihretwillen und schuf ihnen Kraut, Vieh, Vögel und Fische, um sie zu versorgen. Er tötete seinen Feind und vernichtete seine Kinder, als sie gedachten, einen Aufstand anzuzetteln. Er schuf das Licht ihnen zu Willen, in dem er dahinfährt, damit sie sehen können. Er steht in der Kapelle (als Götterbild) hinter ihnen, und wenn sie weinen, hört er sie. Er schuf ihnen Herrscher schon im Ei, einen Stützer im Rücken der Schwachen. Er schuf ihnen Gedanken zum Entgegentreten (also Magie als Waffe nach ägyptischem Verständnis), über die bei Tag und Nacht gewacht wird. Kennt doch Gott jeden Namen[28].«

Am Schluß wird König Achthoes wieder ganz persönlich, ja er spricht die Hoffnung aus, daß er mit seinen Lehren den Nachfolger nicht verärgert habe:

»Du sollst keine schlechten Gefühle gegen mich hegen, der ich allerlei Gesetze für einen König vorgetragen und der ich dich instruiert habe, daß du dich als Mann erhebest. Mögest du einst zu mir kommen, ohne daß es einen Ankläger gegen dich gibt! Gib Beliebtheit zu dir aller Welt, denn ein guter Charakter schafft Erinnerung. Wenn die Jahre vergangen sind, dann wird man von dir sagen: ›Der die Zeit des Unglücklichen beendigt hat‹ durch die Nachfolger in der Dynastie des Achthoes, im Gegensatz zu dem, der heute zu Ende kommt. Siehe, ich habe dir das Nützliche meines Leibes gesagt. Du sollst nun handeln als ein wohl Vorbereiteter[29].«

Von der Schönheit dieses Werkes, seiner Ausdruckskraft und seiner dichterischen Form, vermag die Übersetzung nur einen ganz unvollkommenen Eindruck zu vermitteln: Da wechseln Zwei-, Drei- und Vierzeilerstrophen ab, da gibt es Zitate aus vielen älteren Schriften, die wiederum kunstvoll abgewandelt wurden. Es muß also ein hochgebildeter Autor gewesen sein, der diese Lehre schrieb[30]. Schwieriger noch als die Frage nach dem Autor ist die nach dem Zweck der Lehre zu beantworten. Man darf davon ausgehen, daß es sich hier keinesfalls um eine Art ›Fürstenspiegel‹ handelt, den der Autor aus wissenschaftlichem Interesse oder gar aus pädagogischem Eifer verfaßt hätte. Der politisch-religiöse Sinn muß vielmehr in Ereignissen begründet liegen, die die Lehre – trotz ihrer Klarheit und Genauigkeit bei der Schilderung von Einzelheiten – eher verhüllt. Gewiß handelt es sich um eine Rechtfertigung, möglicherweise im Zusammenhang mit den Auseinandersetzungen um die Wiederherstellung der königlichen Zentralgewalt im Süden, vielleicht aber auch, weil der König eine andere Politik als seine Vorfahren betrieb[31] und diese vor den Notabeln der Residenz wie vor den Gaufürsten verdeutlichen und absichern wollte. Genau können wir es nicht sagen – wie so oft in Ägypten, mögen hier viele Motive zusammengespielt haben – und leider auch nicht, welcher König dafür wohl am ehesten in Frage kommt. Auf jeden Fall ist diese Lehre der Beginn einer ganzen Reihe von Literaturwerken, die man mit einer gewissen Berechtigung als ›propagandistisch‹ zu bezeichnen pflegt[32].

Ehe wir nun untersuchen, welches Bild sich aufgrund von Inschriften, Bauten und anderen zeitgenössischen Quellen über König Achthoes und seinen Sohn Merikarê gewinnen läßt, müssen wir die Welt betrachten, aus der sie kommen, diese verworrene Welt Ägyptens nach der Revolution.

Wir hatten schon gehört, daß in Oberägypten die Gaufürsten sich praktisch selbständig machten, wenn sie auch formell noch ein Königtum anerkannten. Dieses selbst war aber – wie in der Revolutionszeit – entweder gar nicht existent oder – wie in der Zeit danach – so schwach, daß sein Einfluß kaum über die Residenz hinausreichte. Etwas anders liegen die Dinge wohl unter der VIII. Dynastie. Über ihre Herrscher ist zwar auch nur wenig bekannt, so daß es sich nicht lohnt, ihre Namen hier alle aufzuführen, doch haben sie immerhin noch den Anschein gewahrt, gesamtägyptische Könige zu sein, und wohl auch versucht, zumindest in der Umgebung der Residenz diesen Anspruch durchzusetzen. Das wissen wir vor allem von den beiden letzten, Neferkauhor Horus Netjeribau und Horus Demadjibtauwi, die uns eine Anzahl von Dekreten hinterlassen haben. Immerhin hielt der Gaufürst von Koptos in Oberägypten diese Dokumente für so wichtig, daß er sie auf Stelen aufzeichnen ließ. Sehen wir uns einige davon an, denn sie können uns manches über diese ansonsten nur recht spärlich dokumentierte Zeit lehren.

Da ist einmal Neferkauhors Edikt an den ›Wesir und Vorsteher von Oberägypten‹, Schemaj: »Die Majestät läßt dich wissen dieses Oberägypten, das unter deiner Aufsicht ist, bestehend aus den Distrikten (und nun folgt eine Aufzählung aller oberägyptischen Gaue von Elefantine über Theben, dessen Fürst also damals zumindest nominell noch der Residenz unterstand, bis hinab nach Memphis). Die Majestät überträgt dir die Abgaben, die zur Autorität des Vorstehers von Oberägypten in diesem ganzen Oberägypten gehören werden ... Du sollst handeln übereinstimmend mit deinem Sohn, dem Fürsten, Vorsteher von Oberägypten Idi ...[33].«

In Werken über die Erste Zwischenzeit trifft man oft auf die Behauptung, sowohl des Königs Anspruch, Herr in ganz Oberägypten zu sein, als auch der des Gaufürsten Schemaj, ganz Oberägypten als Gouverneur zu verwalten, seien nur vorgespiegelt. Das mag durchaus sein; doch sprechen dieses wie auch andere in Koptos gefundene Dekrete eher dafür, daß des Königs Wort hier, so weit im Süden, immerhin etwas galt – wie viel oder wie wenig, wissen wir freilich nicht. Interessant ist, daß Schemaj gleichzeitig Wesir des Königs ist, so daß zumindest der Versuch sichtbar wird, den Einfluß des Pharaos in Oberägypten wieder zu stärken[34]. Auch daß des Wesirs Sohn Idi als ›Vorsteher von Oberägypten‹ und damit gewissermaßen als ständiger Stellvertreter seines Vaters mit allen Titeln außer dem des Wesirs amtiert, ist ein Zeichen für die Bedeutung des Platzes Koptos. Dabei muß auch die gleichzeitige Existenz zweier ›Vorsteher von Oberägypten‹ keineswegs ein Anzeichen für Schwäche sein. Wir hatten ja schon in der VI. Dynastie unter Königen mit voller Autorität gesehen, daß bisweilen mehrere Personen diesen Titel gleichzeitig trugen. Auch hier dürfte es so sein, daß der

Vater als Gouverneur für den gesamten – und deswegen auch im einzelnen aufgezählten – oberägyptischen Bereich zuständig war, der Sohn Idi dagegen nur für einen Teilbereich, sei es geographischer, sei es sachlicher Natur. Daß in dem königlichen Dekret von Koptos dem Gouverneur Schemaj besondere Einkünfte zugesprochen werden, ist keineswegs etwas Außergewöhnliches[35]. Vermutlich hat König Neferkauhor sein Edikt schon ganz am Anfang seiner Regierungszeit erlassen, sozusagen als Amtsbestätigung für Schemaj.

Weitere Edikte, alle im altehrwürdigen Min-Tempel von Koptos gefunden, sprechen für eine besonders enge Beziehung Neferkauhors zu Schemaj. Eines der Edikte ist einer Stiftung für Schemajs Frau gewidmet, die dem Dokument zufolge die älteste Tochter des Pharao war oder zumindest den Ehrentitel einer ›ältesten Königstochter‹ trug – ein Beweis für die enge Bindung der Familie des Gouverneurs an das Königshaus. Auch für den Totenkult Schemajs und seiner Frau sorgte der König mit einer großzügigen Stiftung von Opfern und Priesterpfründen[36], die wiederum die Anerkennung der königlichen Oberhoheit zumindest in dieser Provinz beweist.

Vom vermutlich letzten König der VIII. Dynastie, Horus Demadjibtauwi – oder gehörte er etwa schon der IX. Dynastie an?[37] –, besitzen wir ein ganz ähnliches Dekret, das sich auf den Totendienst für Idi bezieht. Es besteht gar kein Zweifel, daß dieser Idi identisch ist mit dem Sohn Schemajs, wenn er auch jetzt – also fast eine Generation später und nach dem Tod seines Vaters – zusätzlich die Titel eines Wesirs und eines ›Vorstehers der Residenz‹ führt. Allein die Schwierigkeiten, die sich bei der Einordnung des Königs Horus Demadjibtauwi ergeben, der immerhin noch zu den am besten dokumentierten Herrschern dieser Epoche zählt, zeigen die ganze Problematik einer historischen Erforschung dieser Zeit!

Die enge, womöglich gar über die Dauer einer Dynastie hinausreichende Zusammenarbeit zwischen dem Königshaus in Memphis und den Herren in Koptos blieb also voll erhalten – ja, König Demadjibtauwis Zuneigung zeigt sich noch deutlicher als die Neferkauhors, da er außer der Stiftung von Opfern und Pfründen auch noch die Aufstellung von Statuen des Idi in Tempeln verfügte, eine Sonderstellung für Nichtmitglieder der Königsfamilie, die wir aus dem Alten Reich nur im Fall des Dschau, des Onkels von Phiops II., kennen. Aus sehr eingehenden Strafandrohungen in diesem Dekret gegen Zuwiderhandlungen gewinnen wir zudem den Eindruck, daß die oberste richterliche Gewalt des Königs zu dieser Zeit – zumindest in diesem Gau – unbestritten ist.

Aus dem thinitischen Gau, dem 8. oberägyptischen, kennen wir aus dieser Zeit der beiden Könige zwei Gaufürsten, Tjamerri und Hagj mit Namen, die offenbar ebenfalls in enger Verbindung zum Königshaus standen[38]. Von Horus Demadjibtauwi gibt es übrigens noch eine, wenn auch stark zerstörte Dekretstele, die an der Pyramide der Königin Neith, Gemahlin Phiops' II., gefunden wurde und Stiftungen für ihren Totendienst und den der Königsmutter Merirêankhnes I. enthält, woraus deutlich wird, daß die Könige dieser Zeit sich durchaus als Herrscher in der Nachfolge der Könige des Alten Reiches verstanden.

So wenig wir insgesamt über die VIII. Dynastie wissen – noch schwieriger liegen die Dinge für den Übergang zur IX. und X., den herakleopolitanischen Dynastien, bei denen es sich in Wahrheit vermutlich nur um eine einzige Dynastie gehandelt hat; als solche wird sie auch in der Turiner Königsliste geführt[39]. Dabei fällt auf, daß als Thronnamen verschiedentlich solche gewählt werden, die denen der Pharaonen der VI. Dynastie entsprechen, so daß also auch diese Dynastie sich in ihrem Selbstverständnis als legitime Nachfolgerin der VI. empfand, wenn sie nicht sogar aus entfernten Nachkommen dieses Königshauses bestand.

Die größte Schwierigkeit, genaue Einzelheiten über die Herakleopoliten – außer dem, was wir aus der ›Lehre für Merikarê‹ wissen – herauszufinden, liegt darin, daß wir bis heute ihren Friedhof nicht gefunden haben. Ob er bei der alten Stadt Herakleopolis am Eingang des Fayum lag oder auf einem der alten Königsfriedhöfe bei Memphis oder an einer ganz anderen Stelle – wir wissen es bis heute nicht. Wer sich dessen bewußt ist, daß wir ja einen ganz wesentlichen Teil unserer geschichtlichen und dynastischen Kenntnisse über Altägypten weitgehend aus den Königsfriedhöfen schöpfen, kann die Situation ermessen, die sich für den Forscher aufgrund dieses Mangels ergibt.

Wir wissen daher auch nicht, wie der Übergang von der VIII. Dynastie zu den Herakleopoliten erfolgt ist. Einige Andeutungen machen eine gewaltsame Eroberung von Memphis wahrscheinlich, wo der letzte Schattenkönig der VIII. Dynastie – vielleicht nur noch eine Marionette, während die wirkliche Macht in den Händen eines Wesirs gelegen haben mag[40] – keine allzu schwierige Beute gewesen sein dürfte. Der erste Herrscher der neuen Dynastie hieß, wie mehrere seiner Nachfolger, Achthoes, und so bezeichnen denn auch sämtliche altägyptischen Quellen die ganze Dynastie als ›das Haus des Achthoes‹.

Unter einem seiner Nachfolger, wohl Neferkarê I.[41], regierte im 3. oberägyptischen Gau von Hierakonpolis ein besonders unternehmungslustiger Gaufürst namens Ankhtifi. Sein Grab, 1928 entdeckt, ist förmlich übersät mit seiner Biographie – der längsten Biographie eines Gaufürsten, die je gefunden wurde. Leider enthält sie keinen Königsnamen. Deutlich geht aber aus der Inschrift hervor, daß die Thebaner Gaufürsten damals noch keine wesentliche Rolle spielten und daß sie zumindest eine nominelle Oberherrschaft von Memphis anerkannten, der Gaufürst de facto aber völlig selbständig und ohne Anweisungen einer Zentrale herrschte, und das deutet einwandfrei auf den Anfang der IX. Dynastie[42].

»Der Fürst, Graf, Königliche Siegler, Vorlesepriester, Truppenführer, Vorsteher der Dolmetscher, Vorsteher des Auslandes, Großes Oberhaupt des Horusthrongaues (Hierakonpolis war Sitz des ältesten und berühmtesten Horusheiligtums) und des Festungsgaues (des südlich angrenzenden 2. oberägyptischen Gaues, den Ankhtifi erobert hatte[43]).

Horus führte mich in den Horusthrongau, um Leben, Heil und Gesundheit willen, mit den Worten: ›Ordne ihn!‹ Und ich tat es ...[44].« Mit diesen recht anmaßend klingenden Worten beginnt Ankhtifis Biographie. Die näheren Umstände, denen der Gaufürst seinen Rang verdankt, werden im unklaren gelassen. Seine Worte, daß Horus ihn geführt habe (anstelle eines Königsbefehls), sind eine eindeutige Usurpation königlicher Vorrechte! Der unmittelbar folgende Satz wirft ebenfalls ein Licht auf die Verhältnisse der damaligen Zeit und macht deutlich, daß auch in

Oberägypten die Nachwirkungen der revolutionären Unruhen noch lange andauerten: »... Da wirkte ich dahin, daß einer den umarmte, der seinen Vater erschlagen hatte oder den, der seinen Bruder erschlagen hatte[45].«

Bezeichnend für viele Biographien von Gaufürsten dieser Zeit ist die folgende Stelle – ein Selbstlob, wie wir ihm noch des öfteren in diesem Text begegnen werden, so anmaßend und selbstherrlich, daß wir es im Wortlaut bringen müssen, um das Lebensgefühl dieser Epoche und ihrer Fürsten, die sich durchaus mit den Condottieri der Renaissance vergleichen lassen, erfassen zu können:

»Ich bin der Anfang der Menschen und das Ende der Menschen; einer, der die Entscheidung findet, wenn sie nottut, als einziger im Land, auf Grund klugen Planens; einer, der seiner Worte mächtig ist ... Ich bin der Held ohnegleichen, der das zu Sagende sagt, wenn das Volk nicht zu sprechen wagt, in bangen Tagen, wenn Oberägypten verstummt ist. Über keinen aber, auf den ich meine Hand legte, kam je ein Mißgeschick: wegen der Festigkeit meines Herzens und wegen der Trefflichkeit meiner Planung. Jeder Unwissende aber und jeder Elende, der sich gegen mich aufwirft, bekommt entsprechend dem zurück, was er gegeben hat. ›O Jammer‹, ruft man über ihn aus, wenn ich ihn einmal überführt hatte – wenn sein Brett (auf dem die Leiche des Hingerichteten dem Vergehen im Nil preisgegeben wird) aufgenommen wird vom Wasser wie ein Boot. Ich bin ein Held ohnegleichen[46]!«

Neben der Prahlerei fällt die sorgfältig formulierte Sprache auf – eine Sprache voller Poesie und Ausdruckskraft, reich an Bildern und Wortspielen, so daß man diese Biographien mit Recht der ägyptischen Literatur zurechnet[47], und das, obwohl sie fern der Residenz entstanden sind. Demgegenüber wirken die bildlichen Darstellungen im Grabe auch hier wiederum recht provinziell[48]. Überflüssig zu sagen, daß die gesamte Biographie ›gereimt‹ ist, das heißt: in metrisch geformte Verse und Strophen gegliedert[49].

Über Kriegführung gegen die Nachbargaue ist nicht nur im Zusammenhang mit der Machtergreifung im Horusthrongau die Rede: »Wenn diese Truppe aus Mo'alla (damalige Gauhauptstadt) ruhig ist, dann ist auch das Land ruhig, wenn sie aber wie ein Krokodil in Furchtbarkeit auftritt, dann hört auch dieses ganze Land nicht auf zu zittern. Wenn ich zu den Rudern greife, finde ich (am Ziel) die Rinderherden eingeschlossen und die Riegel vorgeschoben; wenn ich gegen den thinitischen Gau (so weit nördlich ist er also vorgedrungen!) gegen einen Pflichtvergessenen losfahre, dann finde ich ihn (den Gau), wie die Wächter auf den Mauern stehen ... Ich bin ein Held ohnegleichen[50]!«

Interessante Einblicke gewährt uns der nächste Absatz: »Ich ließ den Rechnungshof des Vorstehers von Oberägypten, der im thinitischen Gau residiert, kommen, um die Zustände bei dem Fürsten ... des Festungsgaues Hotep zu inspizieren.« Demnach gab es also auch noch unter den frühen Herakleopoliten einen ›Vorsteher von Oberägypten‹, der aber nicht mehr seinen Sitz in Koptos hatte, sondern in ihrem unmittelbaren Einflußbereich in Thinis. Groß kann seine – und damit des Königs – Macht in Oberägypten allerdings nicht gewesen sein, wenn ein Gaufürst den Rechnungshof des Vorstehers zu sich kommen läßt, um den Fürsten eines anderen Gaues prüfen zu lassen, dem er dann das Land wegnimmt!

146

Und weiter gehen die Scharmützel: »Es kam auch der Truppenführer von Hermonthis (heute Armant, wenige Kilometer südlich von Theben – die späteren Gaufürsten und Könige waren also damals nicht mehr als Burggrafen von Hermonthis, die Hilfe brauchten) mit der Aufforderung: ›Komm doch, du Held, entsetze die Festungen . . .‹« Ankhtifi zog also los und besiegte eine Koalition des 4. und 5. Gaues und zerstörte ihre Festungen, ». . . denn ich bin ein Held ohnegleichen«, wie auch hier der Dauerrefrain lautet[51]. Es folgt eine Drohung gegen jeden Grabschänder, die ganz denen der VI. Dynastie entspricht und daher recht altertümlich wirkt – offenbar hatte die ›moderne‹ Ansicht vom Totengericht sich noch nicht bis in die Provinz verbreitet[52].

In weiteren Strophen rühmt sich Ankhtifi auch seiner Friedenstaten: wie er Gerste in den Nachbargauen seines Machtgebietes verteilte (die er zuvor bei seinen Streifzügen anderen Gauen geraubt hatte!), »während sonst ganz Oberägypten Hunger litt und jedermann seine Kinder eins nach dem anderen auffraß. Ich aber habe nie zugelassen, daß es in diesem (meinem) Gau einen gab, der vor Hunger hätte leiden müssen[53].«

Mag die Auswirkung der Hungersnot auch vielleicht nicht gar so grausig gewesen sein, wie sie Ankhtifi zur Verherrlichung seiner eigenen Vorsorge schildert – daß ganz offenbar die Zentralgewalt in Oberägypten zusammengebrochen war und es dem einzelnen Gaufürsten je nach Fähigkeit und Kriegstüchtigkeit überlassen blieb, die nicht mehr erfolgenden Hilfslieferungen aus den staatlichen Zentralmagazinen, so gut er vermochte, zu ersetzen, was oft genug nicht gelang, so daß Hungersnöte das Land heimsuchten, ist auch aus anderen Biographien belegt. Schließlich hat Ankhtifi offenbar den ganzen südlichsten Teil von Oberägypten, von Elefantine bis Hermonthis, mehr oder minder direkt beherrscht. Diese Verhältnisse treffen am ehesten auf die Anfangszeit der Herakleopoliten zu, und da ein Wandbild in Ankhtifis Grab die Beischrift trägt: »Horus bringt seinem Sohn Neferkarê die Überschwemmung[54]«, halten wir die Datierung der Entstehung dieses Grabes in die Regierungszeit von Neferkarê I. für richtig.

Wie sorgfältig man allgemeinen Zeitgeist und jeweilige historische Lage auseinanderhalten muß, zeigt die Biographie eines Gaufürsten Kheti vom 13. oberägyptischen Gau, der in Mittelägypten am Westufer des Nils in der Höhe des heutigen Assiut lag. Zunächst ist auch hier die gleiche Selbstverherrlichung, die gleiche Glorifizierung der eigenen Taten zu finden wie bei Ankhtifi: Preisung der Wohltaten für den Gau beim Zusammenbruch der zentralen Bewässerungsanlagen, Sorge für die Fruchtbarkeit des Landes und die Zufriedenheit seiner Bewohner. Ganz ähnlich wie bei Ankhtifi klingen auch die kriegerischen Töne – jeder Burggraf oder Fürst versuchte eben, auf Kosten des nur wenige Kilometer entfernten Nachbarn zu leben oder dessen Raubzüge abzuwehren. »Ich bin einer mit starkem Bogen, ein Kräftiger in seinem Arm«, so heißt es da, »ein sehr Gefürchteter unter seinen Nachbarn, nachdem ich eine Nahkampftruppe aufgestellt hatte . . .«. Aber dann kommt die entscheidende Wendung: Dieser so selbstherrliche Feudalherr ist dennoch ein treuer Gefolgsmann seines Königs, im Gegensatz zu Ankhtifi, der ihn, außer in einer Bildbeischrift, überhaupt nicht erwähnt. »Ich bin einer, der den König für sich einnimmt, wenn er stromauf

31. »Ich habe nie Hunger in meinem Gau zugelassen« – Modell eines Getreidespeichers.

gefahren kommt ... Ich bin ein vom König Geliebter, dessen Beamte seine Vorrangstellung an der Spitze von Oberägypten anerkannt haben: Er (der König) ließ mich schon als Knabe von einer Elle Länge (wenn dienlich, wird auch untertrieben; das wären nämlich nur rd. 50 cm) regieren und erhöhte meine Stellung schon in meiner Jugend. Er ließ mir sogar mit den Königskindern zusammen Schwimmunterricht geben (eine der seltenen Quellen über den gemeinsamen Unterricht der Prinzen mit Bürgerlichen und über das Schwimmen als Unterrichtsfach!). Ich bin einer mit ordentlichem Charakter, der frei ist von Unbotmäßigkeit gegen seinen König, der ihn als Kind aufzog[55].« Wir sehen, dieser Fürst hatte nicht nur denselben Namen Kheti (Achthoes) wie der Gründer des Königshauses, so daß er wohl zur Regierungszeit eines der herakleopolitanischen Könige dieses Namens gelebt hat; er fühlt sich auch als seines Königs Zögling und Getreuer, wobei diese Treue gewiß nicht ausschloß, daß er in seinem Gau ganz nach eigenem Gutdünken herrschte. Auch in Khetis Biographie, wie in allen Biographien von Gaufürsten aus dieser Zeit, fehlen nicht die Hinweise auf soziales Verhalten: daß er den Hungrigen gespeist, den Armen über den Nil gesetzt, sich

148

der Sache der Witwen angenommen habe und keines Mannes Tochter zu nahe getreten sei.

Wohl lassen diese Biographien etwas vom Geist der damaligen Zeit ahnen, besonders dort, wo sie auf die sozialen Verhältnisse Bezug nehmen, doch die geistigen Auseinandersetzungen, von denen das Zeitalter erschüttert war, spiegeln sie nicht wider: nichts vom Vorwurf an Gott, nichts von Skepsis oder Grübeln über Sinn und Möglichkeiten von Jenseitsvorsorge und Götterkult, nichts auch von Totengericht und Weltende. Überhaupt sind die Biographien viel oberflächlicher, ereignisbezogener, als die literarischen Zeugnisse der großen geistigen Auseinandersetzungen von damals, die wir zuvor kennenlernten. Die Biographien hingegen hatten einzig und allein den Sinn, Selbstdarstellung des jeweiligen Gaufürsten zu sein – sowohl im Jenseits wie im Diesseits, denn die Biographien waren in den zugänglichen Räumen des Grabes angebracht. Aber sie waren nichts weniger als etwa Berichte von seelischen Vorgängen oder gar Konfessionen[56]. Dennoch oder gerade durch ihren starken Realitätsbezug geben diese Biographien, die wir in den Nekropolen ganz Ober- und Mittelägyptens finden, ein lebendiges Bild von der bunten Welt dieser Burggrafen und selbsternannten Fürsten in der Zeit vom Ende des Alten Reiches bis weit in das Mittlere Reich hinein, wo es erst den großen Pharaonen der XII. Dynastie gelang, die Gaufürsten allmählich zum Gehorsam zu zwingen und schließlich wieder zu reinen Königsbeamten werden zu lassen. Wir wissen von ihnen dadurch viel mehr als von den gleichzeitigen Königen in Memphis, ja sogar mehr als von den meisten Herrschern der XI. Dynastie.

Über die Herakleopoliten ist uns bis auf einige Namen kaum etwas bekannt. So gibt es etwa einen König Achthoes II. mit Thronnamen Nebkaurê, der eine Rolle in der ›Geschichte des beredten Bauern‹ spielt, einer Erzählung, die wir später noch kennenlernen werden. Aus dieser Geschichte wie auch aus dem Fund des Königsnamens im Wadi Tumilat geht immerhin hervor, daß die Königsherrschaft sich wieder auf das West- und Ostdelta erstreckte[57] und daß im Machtbereich des Herrschers eine funktionierende staatliche Organisation zu finden war[58].

Über einen seiner Nachfolger, Achthoes III., wissen wir dank der ›Lehre für Merikarê‹ doch einiges – so beispielsweise, daß er endgültig die Asiaten aus dem Delta vertrieb, eine Landreform durchführte und neue Städte gründete. Zu den größten Verdiensten der herakleopolitanischen Dynastie insgesamt gehört auch die Schaffung eines neuen Standes, des Bürgertums.

In die Zeit König Achthoes' III. fällt auch das erste Wetterleuchten der bald darauf zur Entscheidung drängenden kriegerischen Auseinandersetzung mit dem Süden. Dabei kam es, wie wir aus der ›Lehre‹ wissen, zu der – gegen den Willen des Königs erfolgten – Zerstörung des Königsfriedhofs von Abydos. Begangen wurde diese Freveltat von verbündeten Truppen aus dem Gau von Assiut unter der Führung des Nachfolgers jenes Kheti, dessen Biographie wir vorhin kennenlernten.

Dieser Nachfolger hieß Tefibi, der in seiner Biographie von den Kämpfen berichtet:

»Beginn des Kampfes zwischen meiner Truppe und den südlichen Gauen. Sie kamen vereinigt, südlich bis Elefantine ... Ich warf sie nieder ...[59]« Tefibi

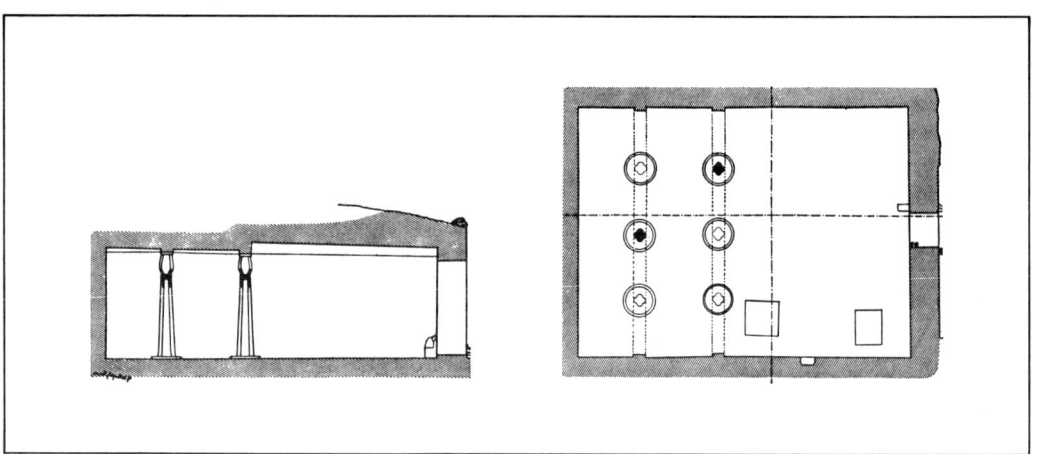

schildert dann, wie er mit Upuauts Hilfe gesiegt habe. Da nun Upuaut damals bereits gleichgesetzt wurde mit Khontamenti als dem Herrn der Nekropole von Abydos, dürfte sich diese unter einem leider zerstörten Städtenamen verbergen und damit der Bericht in der ›Lehre‹ voll bestätigt sein, zumal Tefibi abschließend hervorhebt, wie er auf königliche Weisung Tempel in den südlichen Gauen neu aufgebaut habe.

Nach diesen Kämpfen gab es offenbar eine Periode der friedlichen Koexistenz zwischen dem Herakleopolitenreich und dem Süden, eine Zeit der Entspannung, in der freilich der eine stärker rüstete als der andere. Achthoes selbst starb nach einer rund fünfzig Jahre währenden erfolgreichen Regierungszeit.

Sein Sohn Merikarê ist uns, außer in der ›Lehre‹, wiederum durch eine Biographie bezeugt, und zwar durch diejenige des Assiut-Fürsten Kheti II., so daß wir diese Familie nun schon in der dritten Generation verfolgen können. Kheti II., der sich ausdrücklich als »Sohn des Grafen Tefibi« und als »Zögling des Königs« bezeichnet, berichtet stolz, wie die »Mannschaft des Horus (= Königs) stromauf« zu ihm gekommen sei und wie Merikarê selbst ihn in sein Amt eingesetzt habe: »Wie erfreut ist das Herz dessen, den du geliebt hast, Merikarê ... Herakleopolis landete, die Stadt rief aus ›Sei willkommen!‹ und jauchzte über ihren Herrn.« Während nach Khetis Worten – auch wenn er dabei ein wenig übertrieben hat – in Oberägypten Unruhen, Angst und Hunger herrschten, war im Gau von Assiut und im gesamten Machtbereich Merikarês, in Mittel- und Unterägypten von Abydos bis zum Mittelmeer, tiefer Friede: »Kampf gibt es nicht, Pfeilschießen gibt es nicht. Das Kind wird nicht neben seiner Mutter niedergeschlagen, der Bürger nicht neben seiner Frau. Es gibt in den Wohnvierteln keinen Diebstahl ...[60]«

Als Merikarê starb, scheint aber der Frieden von einem neuerstarkten Oberägypten unter thebanischer Herrschaft schon wieder gebrochen worden zu sein. Die Pyramide, die sich der König auf dem alten Königsfriedhof Saqqara bei Memphis hatte errichten lassen, ist nie völlig ausgegraben worden[61]. Dieses einzige Königs-

150

grab der Herakleopoliten, von dem wir wissen, mag also noch Überraschungen bergen!

Merikarês unbekannter Nachfolger ist nach wenigen Monaten vom Süden besiegt worden. Das war das Ende der X. Dynastie. Sie hatte nicht mehr die Kraft, ihren gesamtägyptischen Anspruch durchzusetzen und hat mit dem Süden letztlich verderbliche Kompromisse geschlossen. Aber es war ihr Verdienst, daß die geistigen und religiösen Traditionen des zerbrechenden Alten Reiches gerettet, neu überdacht und an die Zukunft weitergereicht wurden. Die XII. Dynastie knüpft ganz bewußt an diese Errungenschaften an; sie bewahrte in Abschriften die großen Literaturwerke und führte sie weiter. So waren die Herakleopoliten eine wesentliche Quelle für die großartige Renaissance der altägyptischen Kultur im Mittleren Reich, und sie gehören damit zu den Wegbereitern einer Epoche, die bis zum Ende der altägyptischen Geschichte als ›klassisch‹ galt.

Die Zukunft aber sollte nicht diesem klugen und kultivierten Herrscherhaus gehören, sondern den sehr viel pragmatischeren und kriegerischeren Fürsten von Theben.

7
Vom Burggrafen zum Reichsgründer

Im Abschnitt über die Anfänge der herakleopolitanischen Dynastie hörten wir zum erstenmal von den Burggrafen von Hermonthis bei Theben, und zwar in der Biographie des Ankhtifi, in der sie als seine Verbündeten erwähnt werden. Das Geschlecht dieser Burggrafen hat ein seltsames Schicksal gehabt, das sie an die Spitze Ägyptens brachte und als Wiedervereiniger des gespaltenen Landes und Begründer des Mittleren Reiches höchsten Ruhm erwerben ließ. Die Burggrafen von Hermonthis waren einfacher, robuster als die kunstsinnigen Pharaonen von Herakleopolis, auch skrupelloser, aber vor allem tatkräftiger und wehrhafter, und solche sind in der Geschichte oft die Gewinner . . . Jedenfalls ging mit ihnen nach den großen Reichseinigern der Frühzeit, den Horuskönigen Skorpion, Narmer und Aha, erneut die Kraft zur politischen Willensbildung vom oberen Niltal aus[1].

Am Ende des Alten Reiches war Theben unter seinem damaligen Namen *Wese* zwar keineswegs eine unbedeutende Siedlung am Ostufer des Nils nahe beim heutigen Luxor, doch Hauptstadt des Gaues war das einige Kilometer südlich am Westufer gelegene Hermonthis, das heutige Armant. Hier lag der Tempel des Gaugottes Month, eines falkengestalteten Kriegsgottes, und hier hatten auch die Burggrafen und Gaufürsten zunächst ihren Sitz. Begraben ließen sie sich auf den altehrwürdigen Friedhöfen des thebanischen Westufers, unter den steil abfallenden Hängen von Dra Abu Naga, wo schon vorgeschichtliche Grabstellen und Mastabas des Alten Reiches auf eine lange Zeit der Jenseitsverehrung hindeuteten.

Wir wissen nicht, wann sie sich entschlossen, ihre Residenz nach Theben zu verlegen – es muß jedenfalls kurz nach der Zeit des Ankhtifi gewesen sein, der sie ja noch als in Hermonthis ansässig erwähnt. Die Anfänge des Geschlechts reichen vermutlich bis zum Ende des Alten Reiches zurück, wie ja überhaupt die Entstehung vieler oberägyptischer Fürstenfamilien sich auf diese Zeit datieren läßt. Die näheren Einzelheiten des Aufstiegs liegen mehr oder minder im Dunkeln, doch lassen die wenigen greifbaren Daten immerhin ein zähes und planmäßiges Vorgehen erkennen.

Der erste uns namentlich bekannte Vertreter dieses Geschlechts ist Antef, genannt ›der Alte, Sohn Ikuis‹. Von ihm hat sich nämlich eine Grabstele erhalten: ». . . eine Opfergabe für den Fürsten, Grafen, Großes Oberhaupt des thebanischen Gaues, den Liebling des Königs in der südlichen Türöffnung, den Großen Pfeiler, der seine (des Königs) Beiden Länder am Leben erhält, den Obersten Priester . . . Antef[2].«

Mit diesen Gaufürstentiteln und ohne Königskartusche ist Antef auch auf einer

Statue Sesostris' I. und auf der Königsliste von Karnak als Gründer der Dynastie erwähnt[3]. Kriegszüge müssen ihm das ehemals von Ankhtifi beherrschte Gebiet eingebracht haben, denn aus der Inschrift auf seiner Stele geht hervor, daß ihm bereits ›die südliche Türöffnung‹, gemeint ist Elefantine, unterstand. Damit aber hatte er Zugang zu den reichen Rohstoff- und Menschenreserven Nubiens, und hierin liegt zweifellos auch einer der Gründe für den unvergleichlichen Aufstieg dieses Geschlechts und seine schließliche Machtausdehnung über ganz Ägypten. Der erwähnten Inschrift auf seiner Stele zufolge hat Antef immerhin noch die Souveränität des Königs in Memphis anerkannt; ob diese mehr als nur formaler Natur war, sei dahingestellt.

Ein anderer Grund für die rasche Ausdehnung des Herrschaftsgebietes der Thebaner lag in einer Erbschaft, die eine Frau einbrachte: Neferukait, Fürstentochter aus Denderah und Gattin entweder Antefs des Alten[4] oder, wahrscheinlicher, seines Sohnes Mentuhotep I. und also Mutter seines Enkels Antef I.[5]. Diese bedeutende Frau brachte aus der Erbschaft ihrer Mutter mehrere Gaue in die sich bildende Keimzelle der thebanischen Herrschaft ein. Wir wissen davon aus einer Inschrift auf der Stele ihres Amtmannes Redi-Chnum, die in Denderah gefunden wurde. Redi-Chnum bezeichnet sich darin als »Liebling« und »beliebten Vertrauten« seiner hohen Herrin, dem »Königsschmuck Neferukait ... Uradel an der Spitze von Oberägypten ... Tochter eines Königs und Frau eines Königs ...«. Es folgen weitere Titel, und dann kommt die für uns hier entscheidendste Stelle, in der es heißt: »... sie hat von allen ihren Müttern geerbt, und sie hat Oberägypten neu geordnet, oben bis Elefantine und hinten (nördlich) bis zum Gau von Aphroditopolis ... Sie versetzte mich nach Denderah in den großen Tierzuchtbetrieb ihrer Mutter ...[6]« Thebens Machtbereich erstreckt sich also bereits bis hinunter zum 10. oberägyptischen Gau mit seiner Hauptstadt Aphroditopolis und wird nur noch durch den 11. Gau vom Gau von Assiut getrennt, dessen Fürsten den Herakleopoliten treu ergeben sind.

Um dieses Gebiet Mittelägyptens bis nach Thinis und Abydos gingen nun in den nächsten Jahrzehnten die Kämpfe zwischen Süd und Nord mit zunächst wechselndem Ausgang. Wir kennen diese Auseinandersetzungen bereits von seiten der Herakleopoliten und ihrer Verbündeten und werden sie von thebanischer Seite aus auch noch miterleben. Hierbei handelt es sich wohl eher um eine endlose Kette kleinerer Scharmützel als um richtige Kriege, um ein ermüdendes Hin und Her plündernder und raubender Milizsoldaten der Gaufürsten in wechselnden Koalitionen, wobei es immer wieder zu Zerstörungen der empfindlichen Bewässerungsanlagen kam oder der Nahrungsmittelausgleich zwischen den Gauen verhindert wurde, was Hungersnöte zur Folge hatte. Wir haben bereits von Hungersnöten gehört, soweit Gebiete unter herakleopolitanischer Herrschaft davon betroffen waren; aber auch das thebanische Gebiet ist voller Zeugnisse darüber, und als Beispiel hierfür wollen wir eines dieser Zeugnisse – es stammt aus Denderah – kurz zitieren. Ein Schriftband im Grab eines Beamten sagt: »Als in ganz Denderah keine Verpflegung war, da langte ich mit solcher an. Ich gab dem, den ich liebte, wie dem, den ich haßte ... Ich beschaffte 150 Personen (als Arbeitskräfte für die Bewässerung), 42 Stiere, 10 Ziegen ...[7]« Dieser Text spricht – ebenso wie auch

→ 33. In Oberägypten blieb die Kunst noch lange provinziell.

153

andere Zeugnisse – eine beredte Sprache über das Elend im Land, aber auch über die Beengtheit der Verhältnisse: Man stelle sich die Größenordnung einer Stadt vor, bei der zweiundvierzig Ochsen und zehn Ziegen ausreichten, um den Hunger der gesamten Einwohnerschaft zu stillen!

Der Sohn Antefs des Alten, Mentuhotep I. (›der Month zufriedenstellt‹), nimmt als erster der Familie Titel und Namen eines Königs an: Er nennt sich *Horus Tepya*, und sein Name steht auf der Königsliste von Karnak in einer Kartusche. Indem er selbst den Königstitel annahm, wies er gleichzeitig alle Ansprüche der herakleopolitanischen Dynastie auf Oberherrschaft zurück. Dies geschah etwa 2133 v. Chr.[8] Mentuhotep I. ist wohl auch der Gatte der Erbtochter Neferukait, die ja auf der Stele von Redi-Chnum als ›Gattin eines Königs‹ bezeichnet wird.

Sein ältester Sohn Antef Sehertauwi (›der die Beiden Länder beruhigt‹), der etwa 2118 v. Chr. starb, ist uns nur durch eine Tat bekanntgeworden: Er war es, der das erste der sogenannten ›Saff-Gräber‹ im Wüstenvorland von el-Tarif am Fuß von Dra Abu Naga erbauen ließ. Sein Grab wie auch die Gräber seiner Nachfolger sind vom Deutschen Archäologischen Institut Kairo ausgegraben worden[9]. Sie zeigen breite, in den ansteigenden Wüstenboden von der Fruchtlandgrenze her eingetiefte Höfe, von denen senkrecht zu den Hofseiten Grabkammern für den Fürsten und seine Angehörigen abgehen.

Nach Antef I. Sehertauwi bestieg dessen jüngerer Bruder Antef II. unter dem Horusnamen *Wahankh* den Thron.

Seine Mutter, die er ausdrücklich erwähnt, hieß Neferu und muß eine bedeutende Frau gewesen sein; ob sie mit der Erbtochter Neferukait identisch war, können wir nur vermuten. Die Kämpfe, die Antef gegen die Herakleopoliten um den thinitischen Gau und besonders um Abydos führte, dürften sich wohl schon am Anfang seiner fünfzigjährigen Regierungszeit[10] abgespielt haben. Jedenfalls folgte darauf eine Periode des Friedens, die dieser bedeutende Herrscher klug zur Festigung seiner Macht wie auch zur Stabilisierung der wirtschaftlichen Verhältnisse nutzte, womit er den Boden für die Reichsbildung Mentuhoteps II. bereitete.

Über Antef Wahankh wissen wir vor allem durch eine Stele verhältnismäßig gut Bescheid, die im Verehrungstempel seines Saff-Grabes gefunden wurde und sich dadurch auszeichnet, daß er darauf auch seine fünf Hunde hat abbilden lassen. Sie haben zum Teil libysche Namen, sind also vielleicht Geschenke befreundeter libyscher Fürsten und heißen beispielsweise ›Gazelle‹, ›Schwarzer‹ oder ›Faß!‹. Wenn die Stele auch nur in Bruchstücken auf uns gekommen ist, so läßt sich aus den vorhandenen Teilen der Inschrift immerhin ersehen, daß anfangs vom Tempelbau die Rede war. Es heißt dann weiter: »Ich verlegte seine Nordgrenze bis zum Gau von Aphroditopolis (der seit der Erbschaft möglicherweise durch Grenzkämpfe wieder verlorengegangen war) und schlug den Landepflock im Wadi des Hesi ein (Landeunternehmen an nicht näher bekanntem Ort, vielleicht ein Nilhafen bei Abydos). Dann nahm ich den ganzen thinitischen Gau ein, nachdem ich alle seine Festungen geöffnet und ihn zur Tür (Verteidigungsstellung) hinter mir gemacht hatte[11].« Man sieht, wie planmäßig und bedachtsam Antef vorging; im Gegensatz zu den bisherigen Scharmützeln sicherte er erst das Hinterland, ehe er weiter vordrang.

Einige Stellen weiter heißt es in diesem interessanten Dokument, das neben den üblichen Prahlereien der Fürstenbiographien auch neue Töne anklingen läßt: ». . . Ich war wie eine Flut, reich wie das Meer. Ich war erhaben . . . Ich war groß in meinem Namen durch das ganze Land hin, das ich meinem eigenen Sohn vermacht habe.« Hier ist, wie schon in der ›Lehre für Merikarê‹, keine Rede mehr von göttlicher Vorbestimmung des Königs; das Amt wird vererbt wie jedes andere auch, und in der Erbfolge liegt auch die einzige Legitimation.

Der erhaltene Stelenteil schließt: »Jahr 50, Anbringen dieses Befehls auf einem Stein durch Horus Wahankh, König von Ober- und Unterägypten, Sohn des Rê: Antef des Großen, den Neferu geboren hat; er sagt: O ihr, die ihr auf Erden seid und das Leben liebt und das Hinscheiden haßt, die ihr (an diesem Grab) vorbeigeht, ihr sollt sprechen: 1000 Brote und Bier, Rinder und Geflügel, Alabastergefäße und Kleidungsstücke, 1000 von allen guten Dingen für Horus Wahankh, König von Ober- und Unterägypten, Sohn des Rê Antef den Großen[12]!« Diese Inschrift ist übrigens meiner Kenntnis nach die erste überhaupt, in der ein Herrscher sich selbst als ›der Große‹ bezeichnet – wir sehen: Auch Antef war ein echtes Kind seiner Zeit!

Daß auch im Theben dieser Zeit keineswegs nur ein rauher und militärischer Geist herrschte, sondern gerade König Antef Wahankh selbst durchaus noch Sinn für andere, mildere Töne hatte, ja daß dieser Herrscher ein religiöser und sogar literaturkundiger Mann war, das zeigt eine andere Stele von ihm, die eine der schönsten Götterhymnen enthält, die wir kennen. Sie lautet:

»*Gehst du, mein Vater Rê, hinunter,*
ohne daß du mich anbefohlen hast?
Bedeckt dich der Himmel,
ohne daß du mich anbefohlen hast?
Befiehl mich der Nacht an und denen, die in ihr sind!
Mögest du mich finden unter denen, die dich ehren, Rê,
die dich preisen bei deinen Aufgängen,
die von deinen Opfergaben fortbestehen,
die sich mit der Nacht vereinen,
die die tiefste Nacht durchziehen,
wie du, Rê, es befohlen hast.
Ich bin dein Stellvertreter.
Du hast mich zum Besitzer des Lebens gemacht,
für den es kein Hinscheiden gibt.
Befiehl mich den frühen Nachtstunden an:
Möchten sie ihren Schutz über mich breiten.
Befiehl mich dem Morgen an:
Möge er seinen Schutz über mich setzen!
Ich bin einer, der am Morgen gesäugt wird;
der geboren wird in der Nacht,
dessen Leben gemacht wird in der tiefsten Nacht,
dessen Furcht entstanden ist durch die Würdenträger,

die die Hörner umwenden (Unterweltdämonen).
Der Schutz um mich ist die Röte deines Auges,
du findest mich bei deinem Nahen jubelnd.
O ihr Großen im Westen des Himmels!
O ihr Götter im Westen des Himmels!
O ihr an den Ufern des Westens des Himmels,
die ihr jubelt beim Nahen Hathors (Himmels- und Jenseitsgöttin),
die ihr den Glanz ihrer Schönheit zu sehen liebt!
Ich will von ihrem Wesen künden, und ich sage an ihrer Seite,
daß ich juble, wenn ich sie sehe.
Meine Hände drücken aus:
Komm zu mir, komm zu mir!
Mein Leib spricht, und meine Lippen geben wieder
die reine Musik für Hathor,
Musik, Millionen und Hunderttausende davon!
Weil du die Musik liebst, eine Million von Musik
deinem Ka an allen deinen Plätzen!
Ich bin ja der, der veranlaßt,
daß der Lobsinger Musik Hathor erweckt,
jeden Tag und zu jeder Stunde, in der sie es wünscht!
Dein Herz sei befriedigt mit Musik!
Komm doch schön und in Frieden!
Möchtest du dich des Lebens in Fröhlichkeit erfreuen
zusammen mit Horus, der dich liebt,
der sich zusammen mit dir von deinen Opfern nährt,
der zusammen mit dir von deinen Speisen ißt.
Möchtest du mich jeden Tag dabei berücksichtigen!
Horus Wahankh, der bei Osiris Selige,
Sohn des Rê: Antef der Große, den Neferu geboren[13].«

Welch inniges Vertrauen spricht aus diesen Strophen, die auch ein Lebender an die Götter in Verehrung und Anbetung richten könnte, die aber hier einem Toten in den Mund gelegt sind, wie der letzte Vers zeigt: Antef ist hier ein ›bei Osiris Seliger‹. Dies ist aber auch zugleich das einzige Mal, daß Osiris überhaupt erwähnt wird. Antef steht noch dem Sonnenglauben des Alten Reiches nahe; er erhofft sich im Jenseits Hilfe und Rettung von Rê, der nachts dessen Dunkel erhellt und neues Leben spendet, und von Hathor, der Himmels- und Liebesgöttin von Denderah, deren Kult im Theben jener Zeit schon mit dem einer uralten Jenseitsgöttin verschmolzen war, die, ebenfalls in Kuhgestalt, aus dem Wüstengebirge des Westens tritt.

Ganz anders als in dieser Hymne ist die Sprache auf den Stelen seiner Zeitgenossen. Dort herrscht wieder der übliche Ton jener Zeit vor: militärisch, prahlerisch, wenngleich auch soziale Taten besonders hervorgehoben werden.

Da rühmt sich etwa ein Palastoberst Dari, daß er im Auftrag Antefs »mit dem Haus des Kheti im Westen von Thinis gekämpft« habe und anschließend mit der

34. Die ›Hunde-
stele‹ des Kö-
nigs Antef.

Aufgabe betraut worden sei, im ganzen Land Getreide zu sammeln – offenbar, um
einer der üblichen Hungersnöte zu begegnen. Allem Anschein nach war Dari auch
einer der Befehlshaber bei dem Schlag gegen Abydos, denn er berichtet fast mit
denselben Worten wie die Hundestele Antefs, daß er »die Grenze zum Wadi des
Hesi verlegt« habe[14].

Wie immer in Zeiten kriegerischer Auseinandersetzungen, wo die Fürsten mehr
denn je auf erprobte Vertraute angewiesen waren, konnte man im Theben der
Antefs Karriere machen. Die ausführlichste Schilderung eines solchen Werde-
gangs findet sich auf der Stele eines hohen Beamten namens Teti, der unter der
kurzen Regierung von Antefs II. Bruder Antef III. Nachtnebtepnefer Kanzler
war, nachdem er unter Antef II. ganz klein angefangen hatte: »... während das
Land unter seiner (Antefs II.) Kontrolle stand, südlich bis Elefantine und nördlich
bis Thinis im thinitischen Gau, während ich sein wirklicher Leibdiener und
Aufwärter war. Er machte mich groß, er brachte meinen Platz nach vorn; er nahm
mich in sein Privatkabinett ins Vertrauen. Der Schatz war in meiner Hand unter
meinem Siegel (er wurde Schatzmeister) ... aber niemals stieß mir, wegen der
Größe meiner Sachkenntnisse, etwas Bestrafenswürdiges zu.« Auch Teti legt
Wert auf die Feststellung, daß er sich sozial verdient gemacht habe: »... Jedes
Geschäft, das mir befahl, nahm ich nachhaltig wahr, etwa in der ordentlichen
Bearbeitung der Sache eines Bittstellers oder beim Anhören eines Armen ...« Er
bekennt: »Ich war nicht anmaßend, wie es meine Macht hätte mit sich bringen
können ...«, und für alle seine verschiedenen Ämter und Aufträge stellt er
lapidar fest: »Ich verbesserte alle ihre Verfahren[15]!«

Interessant ist noch der Schluß dieser Stele, denn er zeigt, daß gleichzeitig
verschiedene Jenseitsvorstellungen nebeneinander bestehen konnten: Stellten

wir bei König Antef fest, welch beherrschende Stellung dem Gott Rê im Jenseits-
glauben dieses Herrschers zukam, so machen wir bei seinem Kanzler Teti die
Beobachtung, daß sein Denken ganz auf Osiris und die Götter von Abydos –
Khontamenti, Upuaut und Anubis – ausgerichtet war: »... möge man ihm
›Willkommen in Frieden!‹ sagen von seiten der Großen von Abydos; möge er
schön und in Frieden hinwandeln zu der Stelle, an der Osiris ist[16].«

Die kurzen Regierungsjahre Antefs III. Nachtnebtepnefers haben nur wenige
geschichtlich bedeutende Daten hinterlassen: So veranlaßte der König beispielsweise die Erneuerung der Tempel des Heqaib und der Göttin Satis in Elefantine
und unterstrich damit die große Bedeutung, die gerade dieser südlichste, an
Nubien grenzende Gau für die Dynastie hatte. Außerdem kam es unter seiner
Regierung zu einer Hungersnot schrecklichen Ausmaßes, von der offenbar
erhebliche Teile des Landes bis hinab nach Abydos betroffen waren; auch Teti
berichtet davon auf seiner Stele. Als drittes und letztes Zeugnis aus der Regierungszeit Antefs III. wäre noch der Name von einem seiner Gefolgsleute zu
erwähnen, der uns überliefert ist. Er lautet *Amenemhêt*, das heißt: ›Amun ist an
der Spitze‹. Es ist das erste Mal, daß wir auf jenen Namen treffen, den später die
großen Könige der XII. Dynastie so berühmt machen sollten.

Die furchtbare Hungersnot, von der eben schon die Rede war, wird auch auf der
Stele eines gewissen Thuti erwähnt, der einen Plan zu ihrer Bekämpfung aufgestellt hatte: »Horus Nachtnebtepnefer, König von Ober- und Unterägypten, Sohn
des Rê: Antef der Große (man sieht, wie schnell diese Bezeichnung inflationierte)
– er lebe ewig! – sagte zu meinem Plan, diese Stadt (wahrscheinlich Abydos, wo
die Stele gefunden wurde) mit Lebensmitteln zu versorgen: ›Er hat alles, was ich
gesagt habe, vor den Augen des ganzen Landes durchgeführt ...[17]‹«

Mit dem vorhin erwähnten Hofbeamten Amenemhêt taucht erstmals hier in
Theben der Gott Amun in einem Namen auf – jener Gott, mit dem sich die
Dynastien des Mittleren Reiches aufs engste verbunden fühlten und der dann im
Neuen Reich sogar der Reichsgott schlechthin, ›Amun-Rê-der-Götterkönig‹,
werden sollte. Wir müssen uns daher kurz mit ihm beschäftigen, denn das
Heraufkommen von Göttern und besonders deren enge Verbindung mit be-
stimmten Dynastien ist in Ägypten von gleichermaßen religiöser wie politischer
Bedeutung und gibt Einblick in die jeweiligen geistigen Strömungen einer Epoche.
Wie so oft beim Auftauchen neuer Götter in Ägypten, ist der Weg, den sie bis
dahin genommen haben, schwer nachzuzeichnen – diese Erfahrung hatten wir
beispielsweise bereits bei Osiris gemacht. Ähnlich liegen die Dinge auch bei
Amun. Immerhin wird er, wenn auch nur an einer einzigen Stelle, in den
Pyramidensprüchen erwähnt: »Dein Opfer gebührt dir, Amun, zusammen mit
Amaunet ...[18]« Er wird hier in Verbindung mit einer Reihe anderer Begriffsgöt-
ter wie *Schu* = ›Luft‹ oder *Nun* = ›Urwasser‹ genannt, und Amun ist offenbar
ebenfalls ein vergöttlichter Begriff und heißt: ›der Unsichtbare‹. Ansonsten
spielte Amun jedoch im Alten Reich überhaupt keine Rolle, weder in Namen noch
im Kult, außer in Hermopolis im Rahmen einer Achtheit von Urgöttern – hier
vermutlich abermals in seiner eigentlichen Namensbedeutung, wovon wir aber
auch erst durch Sargtexte aus der Herakleopolitenzeit Kenntnis haben[19].

→ 35. Statue
des Königs
Antef.

160

Vielleicht lassen sich die Anfänge und die weitere Entwicklung des Amun-Glaubens eher erschließen, wenn wir das äußere Erscheinungsbild des Gottes betrachten: Wie alle spät entstandenen Götter ist er meist menschengestaltig, mit einer Federkrone auf dem Haupt, mit einer über der linken Hand schwebenden Geißel und mit erigiertem Phallus dargestellt. Das bestätigt zwei Vermutungen: einmal, daß er zunächst von Nilschiffern als Windgott (Federn!), ›der Unsichtbare‹, verehrt wurde, und zweitens, daß er in der Schiffer- und Fischerstadt Koptos in enge Verbindung zu dem alten Königsgott *Min* kam, dessen fruchtbarkeitsbringende Symbole (Phallus und Geißel) er in der typisch ägyptischen Art des Verschmelzens zweier Götter als *Amun-Min* zeigte. Weshalb nun die Fürsten der XI. Dynastie ihn allmählich ihrem alten Gaugott vorzogen, läßt sich nur vermuten. Eine große Rolle spielte dabei sicherlich die Umsiedlung nach Theben mit seinem bedeutenden Nilhafen, der den Schiffergott schnell populär machte. Dazu kam vielleicht eine gezielte und planmäßige Verbreitung des Amun-Glaubens durch die Fürsten der XI. Dynastie, die für die Bildung eines neuen Staates einen Gott als Symbolfigur setzen wollten, der noch nicht mit anderen Dynastien verbunden war[20]. Und schließlich mag die religiöse Unrast dieser Zeit, die uns bereits in vielen Ausdrucksformen begegnet ist – so etwa im ›Vorwurf an Gott‹, im Skeptizismus und im Gefühl der Gottverlassenheit, nicht zuletzt auch im Aufkommen des Osiris –, gerade im ›unsichtbaren‹ Gott eine Kraft erkannt haben[21], die dem Suchen ein neues, vergeistigtes Ziel geben konnte.

Die Tierformen Amuns sind zweifellos erst später, als Zeichen seiner bereits größeren Popularität, mit ihm vereint worden: Da ist der Widder, der in Anklang an den Schöpfergott Chnum jetzt auch Amun den Rang eines Schöpfergottes gab. Auch die Nilgans, als die wir ihn bisweilen dargestellt finden, und zwar gerade an hochbedeutsamen Stellen wie in Gräbern, ist weniger ein Überbleibsel aus der Zeit des Schiffergottes als vielmehr ein Bild des ›großen Schnatterers‹, der schon in den Pyramidensprüchen das Urei legt – einer der geheimnisvollsten Urgötter, die bereits waren vor aller Schöpfung und vor allem Anbeginn. So verschmilzt Amun auch schnell in Medinet Habu, auf der Westseite Thebens, am ›Heiligen Ort von Djeme‹ mit der Urschlange *Kematef* (›der seine Zeit vollendet hat‹), und sein Götterbild in der Götterbarke besuchte dreimal monatlich diesen hochheiligen Platz, um sich selbst als seinen Urvater zu besuchen[22] – eine für unser Denken befremdliche, dem Ägypter aber durchaus vertraute und geläufige Vorstellung.

Amuns frühestes, bis heute erhaltenes Kultzentrum – im Tempel von Karnak stammen die frühesten datierbaren Spuren erst aus der Zeit von Sesostris I., sind also rund ein Jahrhundert jünger – ist die Kapelle im Totentempel Mentuhoteps II. Wir werden sie genauer betrachten, wenn wir das Leben dieses bedeutendsten Herrschers der XI. Dynastie kennengelernt haben.

Das aber stellt uns zunächst einmal vor große Schwierigkeiten. Denn aus dem in Frage kommenden Zeitraum sind uns drei verschiedene Horusnamen bekannt, alle in Verbindung mit dem Sohn-des-Rê-Namen *Mentuhotep*. Wenn man dazu noch die vielen Antefs nimmt, dann wird die Verwirrung begreiflich, die in der Ägyptologie über Anzahl und Namen der Könige bis zur Reichseinigung herrscht. Lange Zeit rätselte man herum, welcher Horusname zu welchem König gehörte und ob sich womöglich gar zwei auf ein und dieselbe Person bezogen. Heute indessen haben sorgfältige Forschungen unter Verwendung kleinster Bruchstücke von Stelen, Türstürzen und sonstigen beschrifteten Steintrümmern jener Zeit ergeben, daß die drei Horusnamen ein und demselben Pharao zukommen, der sie nacheinander benutzte[23]. Der Grund dafür dürfte in bis heute noch nicht bekannten Wandlungen des Königsdogmas liegen[24]; für diese Zeit des geistigen Umbruchs wäre das nichts Verwunderliches. Vielleicht hat bei dem letzten Namenswechsel, den der Pharao vornahm, auch sein endgültiger Sieg über Herakleopolis eine Rolle gespielt, denn der neue Horusname lautete: ›Horus Sematauwi‹, das heißt: ›Vereiniger der Beiden Länder‹.

Mentuhoteps Vater war Antef III. Das geht auch aus der Stele seines Gefolgsmannes Henun hervor, auf der es heißt: »Ich diente drei Königen . . . Horus Wahankh, Sohn des Rê Antef eine an Jahren lange Zeit . . . dann diente ich seinem Bruder, Horus Nachtnebtepnefer, Sohn des Rê Antef. Als er dann zu seinem Horizont gegangen war, an den Ort, wo die Götter sind (also nicht zu Osiris in die Unterwelt!), da diente ich seinem Sohn, Horus Sankhibtauwi (›der die Herzen Beider Länder beruhigt‹ – der älteste von den Horustiteln Mentuhoteps), Sohn des Rê Mentuhotep, eine an Jahren lange Zeit . . .[25].«

In einer anderen Inschrift finden wir ebenfalls den Horusnamen *Sankhibtauwi* und dazu den Vermerk: »Regierungsjahr 14«; mindestens bis zu diesem Zeitpunkt muß also der erste Name gegolten haben[26]. Im Wadi Schatt er-Rigal findet sich dagegen eine mit Inschriften versehene Darstellung, die den König, gefolgt von einer Frau, zeigt, ihm gegenüber zwei Männer. Der König ist beschriftet mit »Horus Sematauwi, König . . . Mentuhotep, er lebe ewig!«, woraus sich ersehen läßt, daß der König den Titel ›Vereiniger Beider Länder‹ schon zu Lebzeiten trug und nicht etwa, wie vermutet wurde, erst nach seinem Tode verliehen bekam. Aus der Beschriftung der Frauenfigur geht hervor, daß es sich um »die von ihm geliebte Königsmutter Jah« handelt[27].

Über die Einzelheiten der Kriegshandlungen zwischen den Thebanern und den Herakleopoliten wissen wir leider wenig. Es müssen sehr harte Kämpfe mit zunächst noch wechselndem Ausgang gewesen sein, denn jeder – ob Beamter oder Bauer – nahm Waffen mit ins Grab und rühmte sich seiner Waffentüchtigkeit[28]. Eine Art Staatsbegräbnis erhielten sechzig Soldaten oberhalb des Totentempels ihres Königs Mentuhotep. Sie waren wohl beim Angriff auf eine herakleopolitanische Festung gefallen, denn sie wiesen Pfeilschüsse in Kopf und Oberkörper auf, die von oben her auf sie abgegeben worden sein müssen; zuletzt waren sie allesamt mit Keulen erschlagen worden.

Auf der kurzen Inschrift, die die Angabe »Regierungsjahr 14« enthält, wird auch ein Ereignis erwähnt, das ebenfalls in dieses Jahr fällt: Das vierzehnte Regierungsjahr wird dort nämlich als das ›Jahr des Aufstandes in Thinis‹ bezeichnet[29]. Offenbar hatte ein mit den Herakleopoliten – ob es noch Merikarê war oder schon sein Nachfolger, wissen wir nicht – Verbündeter eine Rebellion gegen die Thebaner angezettelt. Mentuhotep griff schnell und entschlossen ein, warf Assiut und seinen mit den Herakleopoliten verbündeten Fürsten nieder, besetzte erneut den thinitischen Gau, und es ist durchaus möglich, daß er in einem Zug wie ein

→ 36. Mentuhoteps Siegesrelief in Gebelen.

Sturm durch das Niltal brauste und den letzten schwachen Herakleopoliten hinwegfegte. Im Deltagebiet kam es wohl nicht einmal mehr zum Versuch eines Widerstandes, und im Jahr 2045 v. Chr. war Ägypten wiedervereinigt[30]!

Seinen Sieg ließ Mentuhotep in einem Relief verewigen, das auf einem Steinblock einer Kapelle eingemeißelt ist, die der König in Gebelein errichtete: König Mentuhotep, mit Königsschurz und weißer oberägyptischer Krone, erschlägt mit erhobener Keule einen vor ihm hingesunkenen Gefangenen – die uralte Siegespose der Pharaonen, die wir bereits ganz am Anfang der ägyptischen Geschichte finden, beispielsweise in der berühmten Schmuckpalette Narmers; ja schon mehr als ein Jahrhundert vor der ersten Reichseinigung tritt sie uns im ›Bemalten Grab von Hierakonpolis‹ entgegen. Auf dem Relief Mentuhoteps aber ist der vor dem König kniende Gefangene nicht etwa ein Ausländer – so wie die drei anderen abgebildeten Gefangenen, die ihrer Exekution entgegensehen –, sondern ein Ägypter, wie sein Schurz erkennen läßt[31], und entsprechend heißt die Inschrift: »Niederwerfen der Oberhäupter der Beiden Länder. Neubegründung Oberägyptens und des Deltas, der Fremdländer, der Beiden Ufer, der Neun Bogen (Fremdländer in Syrien, Libyen und Nubien – entsprechend sind die drei übrigen Gefangenen bezeichnet) und der Städte.« Die Inschrift vor dem König lautet: »Der Sohn der Hathor, der Herrin von Denderah: Mentuhotep[32].«

Ähnlich kriegerisch ist die Sprache der Inschriften in einer Kapelle Mentuhoteps in Denderah. Hier ist auf einem Relief der König dargestellt, wie er die Wappenpflanzen von Ober- und Unterägypten niederschlägt, und die zugehörige Inschrift sagt: »Horus, der die Fremdländer niederschlägt, der Sohn des Rê: Mentuhotep, er lebe ewig. Niederstrecken der östlichen Fremdländer mit dem Wurfholz; Niederwerfen der vier Berge (Weltgegenden). Unterwerfen der Wüsten. Tributpflichtigmachen der Nubier, der Libyer . . . durch Horus Netscherihadschet[33].« Die Form des Horusnamens, die noch nicht der letzten entspricht, zeigt, daß die Inschrift, die leider kein Datum trägt, nur kurz nach dem Sieg über Unterägypten, noch vor der endgültigen Neuformung des Horusnamens verfaßt worden sein muß.

Mit der Wiedervereinigung Ägyptens aber waren für Mentuhotep keineswegs alle Probleme gelöst, denn nun begann die eigentliche Arbeit des Wiederaufbaus in diesem so schwer heimgesuchten und total verwüsteten Land. Es mußten Wege gefunden werden, die Gefahr von Hungersnöten ein für allemal zu unterbinden. Eine weitere Aufgabe bestand darin, den Handel mit der Außenwelt neu in Gang zu bringen – mit Byblos wegen der Lieferungen von Zedernholz und Öl, besonders aber mit Nubien, dessen Ochsen und Getreide, Edelhölzer und Gold, vor allem aber seine in Polizei und Armee unentbehrlichen Söldner zu den grundlegenden Voraussetzungen für ein blühendes Ägypten gehörten.

Dem Wiederaufbau widmete sich Mentuhotep mit der gleichen Entschlossenheit und Tatkraft wie zuvor dem Kampf. Er unterstellte die Gaufürsten von Mittel- und Unterägypten wieder der Zentralgewalt, ohne dabei die Institution des Gaufürstentums anzutasten. In einigen Gauen, wie Hermopolis und Beni Hassan, blieben sogar die alten Fürstenfamilien weiterhin in Amt und Würden, was sich anhand ihrer Felsgräber nachweisen läßt[34].

Bei der Wiederherstellung von Ruhe und Ordnung und der Schaffung eines zumindest anfänglich noch recht bescheidenen Wohlstandes war der König auf die Mitwirkung jedes einzelnen angewiesen. Wenn das Volk in keinem Teil des Reiches Hunger litt, war schon viel gewonnen, und selbst dieses Ziel zu erreichen, dürfte seine Zeit gebraucht haben. Inschriften aus dieser Periode sprechen von letzten Säuberungsaktionen im Fayum und im Delta. Natürlich wurden Beamte versetzt, vor allem in die einst gegnerische Residenz Memphis und in den Gau von Herakleopolis. Wir wissen dies zum Beispiel aus der Stele eines Antef, Sohn des Tefi: »... sein wirklicher Lieblingsdiener, Burgkommandant des Großen Tores ... mein Herr hatte mich ja in den herakleopolitanischen Gau versetzt als Beamten, der in ihm die Hofhaltung für den König selbst führte[35].« Die Oasen der westlichen Wüste dagegen waren noch nicht der Staatsgewalt Thebens unterworfen, denn ein ›Chef der Westpatrouille‹ Kay berichtet, wie er Flüchtlinge aus der Oase Dachla gefangennahm[36].

Zusätzliche Stärkung erfuhr die Zentralregierung durch die Einrichtung des Kanzleramtes, das wohl in erster Linie für alle Finanz- und Versorgungsprobleme zentral zuständig war. Der bedeutendste Kanzler, Achthoes mit Namen (was ihm nicht geschadet hat), Sohn der Satrê, berichtet, daß er aus Wawat (Obernubien) Schiffsladungen voll Waren und Lebensmitteln nach Theben gebracht habe.

Bei der Straffung und Neuorganisation der Verwaltung griff der König nicht nur auf bewährte Mitarbeiter aus den eigenen Reihen zurück, sondern stellte auch fähige Leute aus dem einst gegnerischen Lager ein. Inschriftlich dokumentiert ist dies freilich nur in einem einzigen Fall – dies mag am Zufall der Erhaltung liegen oder möglicherweise auch daran, daß viele von denen, die ehemals im Dienst der Herakleopoliten gestanden hatten, es nicht wagten, ihre früheren Herren zu erwähnen. Im hier zitierten Fall jedoch hat dieses Bekenntnis offenbar nicht geschadet.

Der Betreffende, ein gewisser Antefnacht, erklärt nach Aufzählung der sämtlichen Königstitel des Mentuhotep-Nebheteprê, sein »wahrhafter Lieblingsdiener« gewesen zu sein, gesteht aber gleich darauf: »Ich verbrachte eine lange Zeit im Haus des Achthoes (X. Dynastie). Das Königshaus mit allen seinen Kammern stand dabei dauernd unter meiner Aufsicht ... Der Vorsteher der Bildhauer, Antefnacht[37].« Es ist gewiß kein Zufall, daß es sich hier gerade um einen bildenden Künstler handelt: Mentuhotep war zweifellos bemüht, durch Import von Hofhandwerkern und -künstlern aus der einstigen Residenz der zunächst sehr darniederliegenden und reichlich provinziellen Kunstausübung in Theben neuen Auftrieb zu geben.

Mentuhotep war einer der größten Bauherren der an solchen wahrlich nicht armen ägyptischen Geschichte. Es war sein Bestreben, einen neuen Hof- und Residenzstil schaffen zu lassen, was ihm auch weitgehend gelungen ist. Einige Reliefs etwa aus dem von ihm restaurierten Denderahtempel oder seinem Totentempel lassen sich durchaus Werken aus der hohen Zeit der XII. Dynastie, deren Kunst später als klassisch galt, an die Seite stellen.

Für Mentuhotep, wie für jeden großen ägyptischen Herrscher, bedeutete Wiederaufbau eben nicht nur Beseitigung von Hunger, Wiederherstellung der Bewässe-

→ 37. Vor der Felswand die Terassentempel Hatschepsuts (r) und Mentuhoteps (l).

rungsanlagen und Errichtung von Festungen, sondern allem voran die Erneuerung der Göttertempel ringsum im Lande. Sie, die gleichermaßen Bild wie auch Wirkkraft der Weltschöpfung schlechthin waren, also weit mehr als nur Gotteshaus und Gebetssaal, sollten teilhaben an seiner Neuschöpfung und sie ins Metaphysische heben – so drücken wir es unvollkommen aus; der Ägypter sah beides stets zusammen. Und so gibt es vom Satis-Tempel in Elefantine über den Tempel der oberägyptischen Geiergöttin Nekhbet in el-Kab, den Hathor-Tempel von Denderah, das Month-Heiligtum von el-Tod bis zum Tempel von Abydos kaum einen großen Tempelbau in Oberägypten, der nicht Spuren der Bautätigkeit Mentuhoteps trüge. Im Karnaktempel freilich lassen sich solche Spuren bislang noch nicht nachweisen; das liegt daran, daß die Tempelbauten des Mittleren Reiches hier über Jahrtausende hinweg immer wieder neu- und umgebaut worden sind.

Mentuhoteps bedeutendstes Bauwerk aber ist sein Grabtempel auf Thebens Westufer. Wenn der Tourist heute von den Hotels in Luxor aus mit der Fähre den Nil überquert und das Steilufer erklommen hat, sieht er sich in einem grüngelben Meer von Zuckerrohrfeldern, die von Kanälen durchschnitten werden. Mit dem Taxi oder noch viel besser in einer Pferdekutsche, die eine weite Sicht und gemächliche Betrachtung des quirlenden Lebens der Fellachendörfer ermöglicht, führt eine kurze Fahrt zum Rande des Fruchtlandes, das ganz plötzlich und mit scharfer Begrenzung in den graubraungelben Wüstenboden übergeht. Die beiden mächtigen Memnonskolosse, riesige Sitzstatuen Amenophis' III. aus dem Neuen Reich, wirken wie unheimliche Wächter des Totenreiches. Doch will eine entsprechend feierliche Stimmung sich nicht einstellen, denn das Gebiet von Theben-West, in dem die Toten über Jahrtausende hinweg ihre letzte Ruhe fanden, quillt über von emsigem Leben: Fellachen hausen in einstigen Grabkammern, weil das Fruchtland selbst zu kostbar ist, um Wohnbauten darauf zu errichten (und um eine ›Familiensparkasse‹ von Antiken aus der Tiefe des Grabes zur Hand zu haben – aber das gehört natürlich längst der Vergangenheit an . . .); da laufen Händler und rufen Dragomane, und überall sieht man Scharen von Touristen, Deutsche aus dem Ruhrgebiet und Deutsche aus Leuna, Engländer und Amerikaner, Japaner und Franzosen.

Aber am frühen Morgen, wenn die Sonne gerade aufgegangen ist, herrscht hier noch Stille, und die noch fast staubfreie Luft läßt einen Blick auf die hohen Kliffs zu, mit denen das Plateau der Libyschen Wüste parallel zum Nil in das Urtal des Flusses abfällt. An einer Stelle zeichnet sich deutlich eine Bucht ab, und beim Näherkommen bietet sich dem Betrachter ein unbeschreiblicher Anblick: Im Glanz der Morgensonne leuchtet der in drei Terrassen sich den Berg hinaufschwingende Hatschepsut-Tempel in seiner ganzen Großartigkeit und Anmut[38]. Aber wer weiß schon, daß dieses Juwel der Baukunst nach dem Vorbild eines weitaus älteren Heiligtums geschaffen wurde, dessen Reste gleich daneben liegen – von Touristen kaum beachtet und von Dragomanen unerwähnt gelassen. Mehr als fünfhundert Jahre vor Hatschepsut hat hier ein König, wie sie aus oberägyptischem Geschlecht, als erster jene großartige Bauidee verwirklicht: Säulenhalle vor der Bergwand, geteilt durch den Aufweg, der zur Terrasse emporführt, auf der sich der von Pfeilern eingesäumte Kernbau erhebt. Neben einigen Pfeilerresten der unteren und besonders der oberen Pfeilerhalle ist heute nur noch etwas von der Terrasse und dem Kernbau zu sehen. Die beste Sicht hat man zweifellos, wenn man von der zweiten Terrasse des Hatschepsut-Tempels vor dem Hathor-Heiligtum hinabblickt.

Der Kernbau, der massiv und ohne Innenräume war, soll angeblich einst über seiner Pfeilerumrandung eine Pyramide getragen haben – zu diesem Ergebnis kam jedenfalls der Schweizer Archäologe Edouard Naville aufgrund seiner Ausgrabungstätigkeit zu Beginn unseres Jahrhunderts. Mit großer Mühe hat in den Jahren 1968–1970 der deutsche Ägyptologe Dieter Arnold die Sandmassen entfernt, die die Ruinen inzwischen erneut bedeckt hatten. Nach umfangreichen Grabungen und genauesten Untersuchungen konnte er schließlich feststellen: Mit an Sicherheit grenzender Wahrscheinlichkeit war der Kernbau niemals von einer Pyramide bekrönt, sondern schloß mit einem Flachdach über dem Pfeilerumgang und einer Hohlkehle ab[39]. Wie alle hochragenden Sakralbauten in Ägypten, so war auch dieses Heiligtum ein Bild des ›Urhügels‹, der nach dem ägyptischen Schöpfungsmythos einst aus dem Chaos der Urflut auftauchte und auf dem der Schöpfergott das erste Leben – göttliches, menschliches, tierisches und pflanzliches – schuf. Diesen Schöpfungsakt nicht nur zu versinnbildlichen, sondern ihn, indem man ihn im Bilde darstellte, täglich neu zu bewirken, war der Sinn dieses Kernbaues auf der Terrasse.

Die Terrassenform mag sich von der alten ›Saff‹-Grabform der Vorgänger Mentuhoteps herleiten, die bereits am Ende des Hofes eine Pfeilerstellung vor den Wüstenbergen zeigte. Hier hat sie die Rolle der ›Treppe des Gottes‹ übernommen, auf der der Geist des zum Gott gewordenen toten Pharaos ebenso emporschreiten kann wie die in diesem Heiligtum verehrten Gottheiten Amun-Rê, Month und Hathor, um Kult und Opfergaben entgegenzunehmen[40]. Zugleich – und zwar in jenem typisch ägyptischen Sinne von ›zugleich‹, wie es uns schon so oft im Zusammenhang mit ägyptischen Denk- und Glaubensformen begegnet ist – erfüllte sie aber auch eine ganz praktische Funktion: Sie diente nämlich als Aufgang für den Begräbniszug Mentuhoteps II. wie für die hohen Beamten und Priester, die die kultischen Handlungen vollzogen.

Eigenartigerweise sind in die Pfeilerumgänge des Kernbaues Grabschächte für Königinnen und engste Verwandte des Königs eingelassen[41], und zwar insgesamt zwölf; das ist in dieser Form bei einem Totentempel einmalig. Gewiß ist dies eine Erinnerung an die uralte Sitte, die Königsfamilie in nächster Nähe des Herrschers zu bestatten – so, wie es sich auch bei den Saff-Gräbern der Antef-Könige beobachten läßt. Zugleich aber sind diese Bestattungen Bild gewordener Ausdruck von Vorstellungen, die aufs engste mit der Osiris-Mythe zusammenhängen – stellen doch Terrasse und Kernbau auch Grab und Reich des Osiris dar[42]! So gesellt sich zu den Deutungen, die wir bereits gegeben haben, noch eine weitere, abermals im Sinne des für ägyptisches Denken so typischen ›Zugleich‹.

An den Pfeilerumgang schließt im Westen, in Richtung auf die Bergwand, der Bauteil an, der dem Opfer und dem Kult für den toten König und bestimmte Götter geweiht war. Er beginnt mit einem Mittelhof, dessen Sandsteinwände und

→ 38. Blick vom Felsgrat auf Mentuhoteps Totentempel.

-säulen sich von dem Kalkstein des Zentralbaues und des Pfeilerumgangs deutlich abheben. Zum Zentralbau hin ist der Hof von einer doppelreihigen Säulenhalle, an den Längsseiten je von einer einreihigen flankiert. Er diente wohl als Sonnenheiligtum. Hier dürfte einst, wie im Sonnenheiligtum des Hatschepsut-Tempels, die Kultinschrift zu finden gewesen sein, die sich auf die allnächtliche Jenseits-Fahrt des Sonnengottes Rê bezog und diese mit Tod und Auferstehung des verstorbenen Pharaos verband. Im Tempel der Hatschepsut, der ja in vielen kultischen Aspekten den Mentuhotep-Tempel zum Vorbild genommen hat, ist uns die hierzu gehörende Anrufung erhalten geblieben:

> *»Zur Ruhe gehen im Lebensland*
> *seitens der Majestät dieses großen Gottes.*
> *Licht und Helligkeit verbreiten in der Finsternis.*
> *Die Tore des Westhimmels öffnen.*
> *Fackeln anzünden in der Erde.*
> *Das Seilende des Gottesschiffes ergreifen*
>   *durch die Mannschaft.*
> *Ovationen darbringen durch die Götter der Unterwelt,*
> *ankommen am ersten ›Tor des Schreckens‹*
> *zur zweiten Stunde ›Kluge, die ihren Herrn schützt‹[43].«*

Der Hof ist mit einem sorgfältig verlegten Plattenpflaster bedeckt – nur die Mitte ist freigelassen: Hier beginnt, verhältnismäßig steil abfallend, der Zugangsweg zum eigentlichen Königsgrab, der unmittelbar nach dem Begräbnis bis zum Rand mit Schutt und Steintrümmern aufgefüllt worden war[44], aber dennoch eine Verbindung zwischen Sonnenreich und Totenreich, zwischen dem Reich des Rê und dem Reich des Osiris, herstellte.
Unmittelbar an den Hof schließt die Wand einer Säulenhalle an; sie liegt eine Stufe höher als der Hof, und man gelangt zu ihr durch einen schmalen Durchgang. Der Raum für die Halle wurde durch Eintiefung in die Bergwand gewonnen – sie muß einst eher wie ein Höhlentempel als wie die Hallen etwa der Tempel von Karnak oder Luxor gewirkt haben[45]. Die Hallenwände, heute weitgehend eingestürzt, sind aber ringsum sehr sorgfältig errichtet worden, so daß ursprünglich nirgends der nackte Fels in dem Raum anstand.
Ein Bodenbelag aus feinem Kalkstein kontrastierte in der Halle geschmackvoll zu den achteckigen Sandsteinsäulen. Diese Säulenhalle, die als Bild der Welt (Boden = Erde und Wasser, Säulen = Pflanzen und Leben, Dach = Himmel) beim Vollzug des Götterkultes eine große Rolle spielte, ist wiederum ziemlich einmalig in der ägyptischen Baugeschichte, weil ihre Ausgestaltung in mehreren Etappen vor sich ging. An ihrem äußersten Ende war von Anfang an eine Höhle im Fels als Kultnische, als Standplatz für das Götterbild, geplant gewesen. Später wurden dann die beiden innersten Säulenreihen (von insgesamt acht) bis zur fünften Querreihe mit Wänden verbunden, die ein eigenes Dach trugen und in deren Mitte ein hoher Altar stand, auf den vom Osten, vom Eingang dieses Bauteils her, eine leicht getreppte Rampe hinaufführte. Hier ist einmal besonders sinnfällig, daß sich die Bautätigkeit insgesamt über einen langen Zeitraum hinweg erstreckte

und daß sie in mehreren Etappen erfolgte, wobei sogar die Planung verschiedentlich noch geändert wurde: Dieter Arnold hat allein vier solcher Bauphasen aus dem Ausgrabungsbefund nachgewiesen.

Warum wurde das Sanktuar erst nachträglich in die damals bereits fertiggestellte Säulenhalle eingebaut, was doch bautechnisch gesehen gewiß ein keineswegs so leicht zu lösendes Problem gewesen ist? Bei der Beantwortung dieser Frage können uns einige Stücke der ursprünglichen kultischen Ausstattung weiterhelfen, die dank eines für uns glücklichen Zufalls erhalten blieben: Ein Bergrutsch, der das Sanktuar verschüttete, bewahrte die unter ihm begrabenen Gegenstände selbst über die Zeiten hinweg, in denen der Bau seit der spätramessidischen Epoche der XX. Dynastie als gigantischer Steinbruch ausgeplündert wurde. Die so geretteten Fundstücke bestehen im wesentlichen aus Teilen von Statuen Mentuhoteps und Amuns sowie von mehreren Altären und Opfertafeln des Königs[46]. Damit ist sehr wahrscheinlich geworden, daß ursprünglich die Kultnische und folglich der gesamte Tempel allein der Verehrung des verstorbenen Königs dienen sollte, wie dies auch bei den Pyramidentempeln des Alten Reiches der Fall war. Später aber verlagerte sich der kultische Schwerpunkt auf die Verehrung des Gottes Amun. Ihm wurde das neue Sanktuar gewidmet, und die Königsstatue stand seitdem vor dem Sitzbild des Gottes. Zum ersten Male können wir hier beobachten, wie sich die Einführung der Verehrung des neuen Gottes in Baumaßnahmen eines Staatstempels – denn das war jeder königliche Totentempel – niederschlug[47].

Das eigentliche Grab Mentuhotep Nebheteprês beginnt, wie wir schon sahen, im Mittelhof mit dem dort nach oben hin noch offenen, geneigten Grabkorridor, der nach einer Länge von etwa 14,50 Metern unter das Niveau des Tempelsockels fällt und nun in immer gleicher Neigung von etwa 16° nach insgesamt 150 Meter Länge auf die Grabkammer tief im gewachsenen Fels trifft[48]. Der lange Gang ist nicht etwa in erster Linie eine Schutzmaßnahme, sondern er zeichnet den täglichen Weg des Sonnengottes in das Jenseitsreich nach. »Korridor des Sonnenweges« hießen diese langen Stollen deshalb selbst noch bei den Königsgräbern des Neuen Reiches[49], als das Grab schon weit entfernt von den Totentempeln mit ihren Rê-Heiligtümern in jenem hinter der Bergwand versteckten Wadi lag, das heute »Tal der Könige« heißt. Auch Hatschepsuts Terrassentempel weicht ja in diesem Punkt ganz entscheidend von dem Vorbild des Mentuhotep-Tempels ab – insofern, als er eben *nicht* das Grab der Königin enthielt.

Der mit einer Höhe von 2,60–2,90 Metern ziemlich hohe Korridor ist vom Eintritt in den Felsen an nur noch 2,30 Meter breit; im Altertum war er durch eine Blockierungsplatte aus hartem Gestein verschlossen, von der heute nur noch die in den Fels gearbeiteten Nuten zu sehen sind. Drei flache Wandnischen enthielten Modellfiguren und -gegenstände aus Holz, die bei einem schon im Altertum begangenen Grabraub nicht entdeckt worden waren und die unter dem Schutt der Wände auch späteren Räubereien und Grabungen entgangen sind, so daß erst Arnold sie fand. Sie sind natürlich durch Verschüttung und Zeitläufte stark zerstört; aber es war erkennbar, daß es sich ursprünglich um Schiffsmodelle mit Besatzung, Bäckereien, Getreidespeicher, Schlachtereien und ähnliches handel-

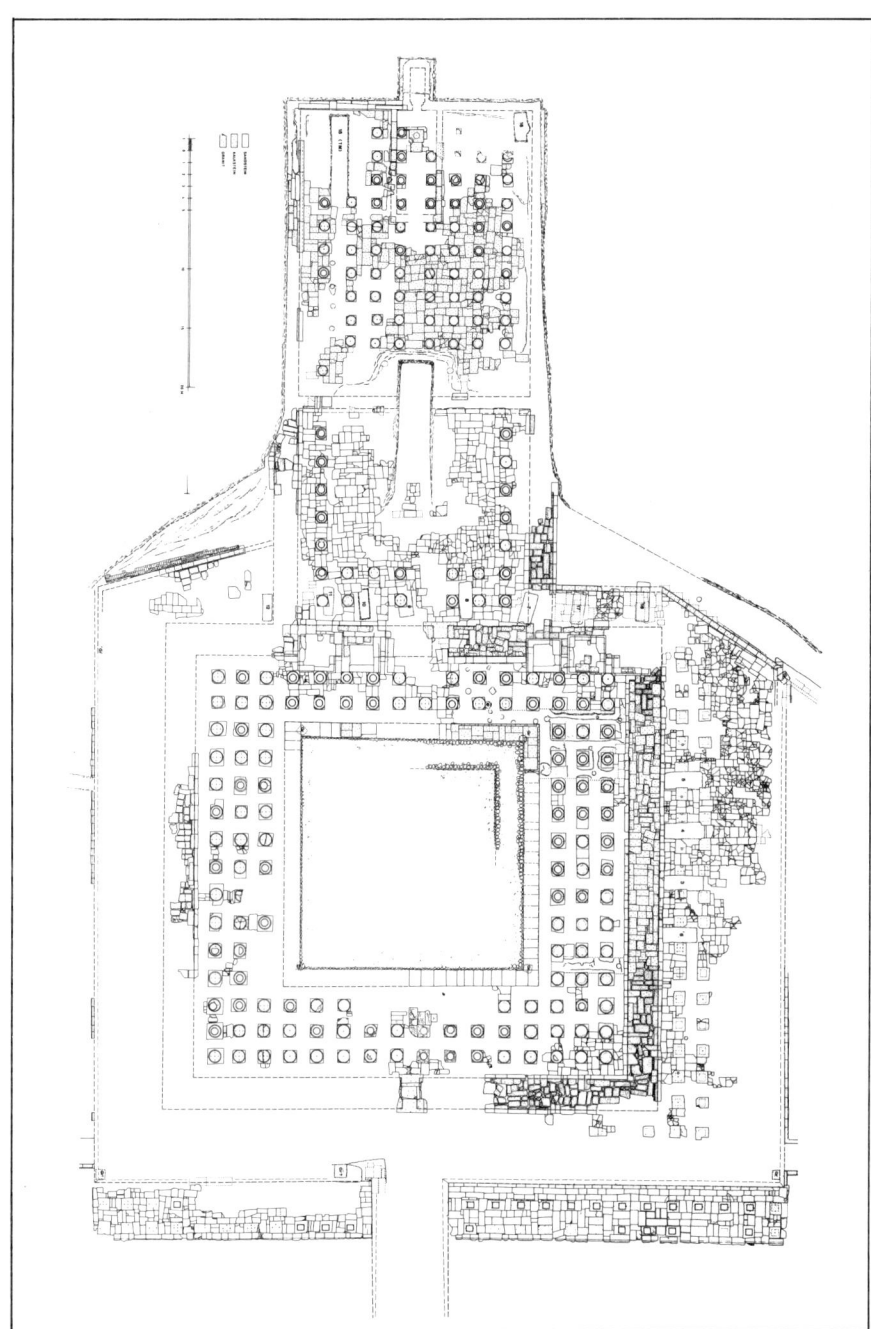

← 38a. Blick
auf die Tempel-
ruinen vom
Grabschacht
aus.

39. Plan des
heutigen Zu-
stands des
Mentuhotep-
Tempels.

te[50]. Die Anlage solcher Modellkammern war im Mittleren Reich nicht selten. Damit sich der Tote selbst bei Wegfall des Totenopferdienstes magisch mit allem Lebensnotwendigen versorgen konnte, hatte man schon in früheren Zeiten die Wände seines Grabes mit Reliefs geschmückt, deren Thema die Erzeugung und Verarbeitung von Nahrungsmitteln war. In der Ersten Zwischenzeit war man immer mehr dazu übergegangen, die Wandreliefs durch richtige Modelle zu ersetzen, die damals noch zumeist aus Holz gefertigt wurden und – was angesichts des Niedergangs der bildenden Kunst auf allen Gebieten keineswegs verwunderlich ist – zunächst noch recht roh und unbeholfen wirken. Auch die Figuren im Mentuhotep-Grab machen hiervon keine Ausnahme.

Im Gegensatz zu den späteren Königsgräbern des Neuen Reiches, deren Felswände auf dünnem Lehm- und Stuckbewurf die schönsten Wandbilder zeigen, sind Wände und Decke des Grabganges bei Mentuhotep frei von jeder Darstellung, dafür aber von der Mitte des Ganges an bis zu seinem Ende mit sorgfältig gemauerten Sandsteinplatten verkleidet. Die Deckenbalken sind bogenförmig ausgeschnitten und bilden so eine Art Gewölbe – eine sehr alte Besonderheit ägyptischer Baukunst.

Derartige Gewölbe dienten aber fast ausschließlich der Deckenkonstruktion im Allerheiligsten der Tempel und in Gräbern. Ab hier, so haben wir uns etwa vorzustellen, begann die Zone des Jenseits, des Totenreichs im Erdinnern. Unmittelbar vor der eigentlichen Grabkammer hört diese Wand- und Deckenverkleidung plötzlich auf, wohl aus ganz praktischen Gründen: Hier mußten beim

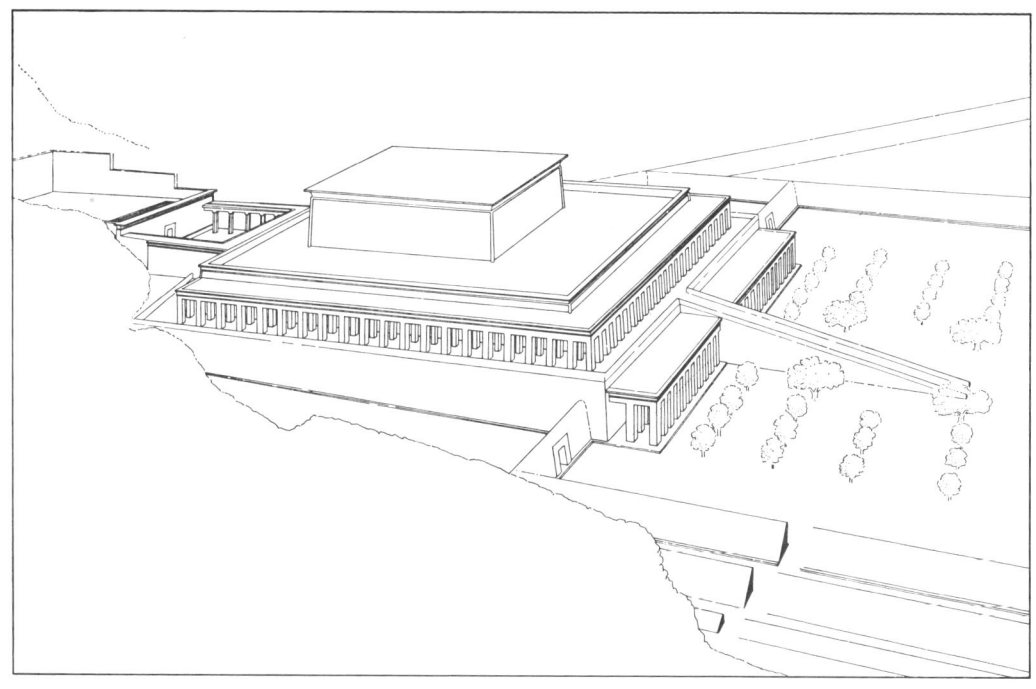

40. Moderne
Rekonstruktion
des Mentu-
hotep-Tempels.

Bau und während des Begräbnisses die riesigen Blöcke abgestellt werden, die danach die Grabkammer verschließen sollten[51].

Noch kunstvoller ist die Grabkammer selbst gebaut worden. Man hat erst eine große Höhle in den Fels gebrochen, und zwar quer zur Richtung des Ganges, so daß die Hauptachse der Kammer von Nord nach Süd verläuft. Der Eingang trifft an der nördlichen Seite der Ostwand auf die Kammer. In diese Höhle war nun ein mächtiges Granitgehäuse eingearbeitet. Auf einer Lage von 35 cm starken Granitplatten erheben sich die Wände – ebenfalls aus fast fugenlos verlegten Granitplatten, die sich stark nach außen neigen und bis zu einem Meter dick sind. Das Dach schließlich bilden je zwölf von jeder Seite schräg zum First eines Walmdaches zusammengelegte Granitplatten[52]. Allein der Transport der riesigen, viele Tonnen schweren Steinplatten durch den engen Gang und ihre Aufrichtung in einer Zeit, die weder Kran noch Flaschenzug noch Rad kannte, stellt den Baumeistern und Handwerkern Mentuhoteps ein vorzügliches Zeugnis aus, und trotz Bergverschiebungen und Erdbeben in den vergangenen vier Jahrtausenden ist kein Stück aus ihrem Werk auch nur gesprungen, geschweige denn eingestürzt!

Das Kammerinnere wurde, bis auf den Eingang und einen ihm folgenden Gang, fast ganz von einer Alabasterkapelle eingenommen, die gesondert eingebaut werden mußte. Sie diente zugleich als Sarkophag. In ihrer äußeren Form mit dem nach hinten geschwungenen Dach mit umlaufender Hohlkehle bildet sie den oberägyptischen Palast, das sogenannte ›Reichsheiligtum Oberägyptens‹ nach; der Holzsarg, den sie enthielt, hatte hingegen die Form des unterägyptischen

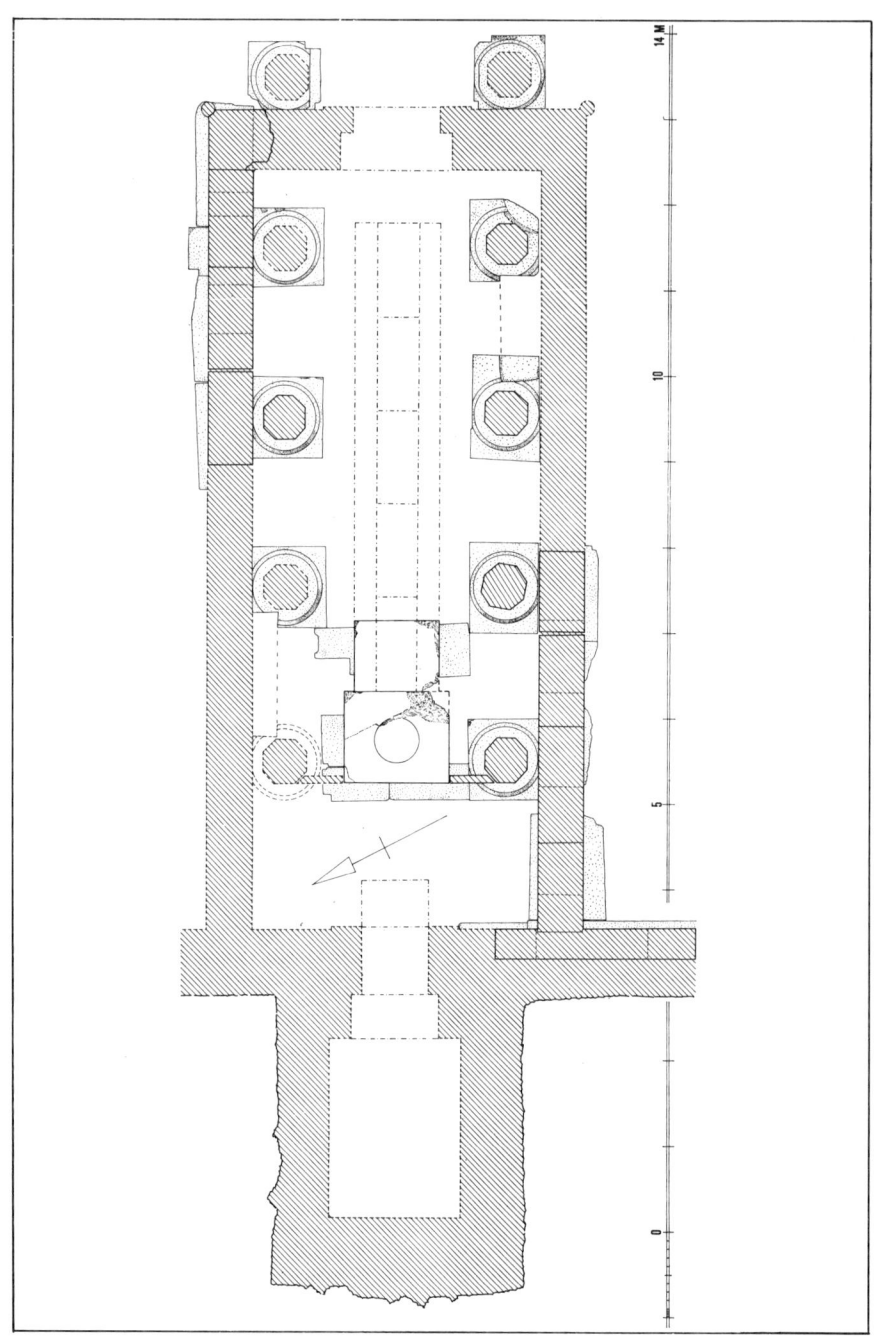

41. Plan-Rekonstruktion des Sanktuars mit Amun-Altar.

Palastes[53], so daß beide zusammen dem toten König zur ewigen Residenz wurden.

Die Wandplatten der Kapelle sind aus besonders feinem Stein und glatt poliert. Sie stehen auf einem Fundament aus Alabasterplatten; das Dach bildet ein aus einem Stück bestehender mächtiger, gerade aufliegender Granitblock. Die Schräge ergibt erst ein darauf liegender Alabasterbalken. Ein höchst kunstvolles, kompliziertes Gebilde also, zumal es an der Vorderseite zwei Holztüren mit entsprechenden Einarbeitungen in die Fuß- und Dachbalken für die Türzapfen besaß.

Eine Überlegung mag noch einmal deutlich machen, mit welcher Sorgfalt und Bedachtsamkeit jedes einzelne Grabteil, fast möchte man sagen jeder Stein, angebracht wurde: Vor der – natürlich längst zu Staub zerfallenen – Holzflügeltür klaffte im Granitboden der Kammer ein schmaler Spalt, der ursprünglich mit Kalksteinblöcken verschlossen war. Sie ragten so weit über den Fußboden, daß sie eine Öffnung der Flügeltüren nach außen verhinderten – können also erst nach dem Begräbnis angebracht worden sein! Ähnlich raffiniert wirkt die Anbringung von kleinen, aber wegen der Härte des Steines sehr schweren Dioritplatten zwischen Längswänden beziehungsweise Rückwand der Kapelle und dem Granit der Raumwände. Diese Dioritplatten wurden gleichfalls erst nachträglich angebracht, was ein mühsames Einzwängen in den engen Spalt zwischen den Wandplatten erforderlich machte. Wahrscheinlich dienten sie der Abstützung der Dachkonstruktion; wegen des nachträglichen Einbaues und des engen Raumes, der nun nur noch zur Verfügung stand, wählte man das härteste in Ägypten bekannte und zugängliche Steinmaterial, eben Diorit, mit all den Schwierigkeiten, die wiederum dessen Bearbeitung, etwa bei den nötigen Hohlformen für Rundstäbe und Hohlkehle der Kapelle, mit sich brachte.

Von dem Holzsarg in der Alabasterkapelle sind keinerlei Reste gefunden worden; aber seine einstige Existenz steht außer Frage, denn der ja verhältnismäßig weiche Alabasterfußboden hat uns die Abdrücke von zweien seiner Querbalken bewahrt. Danach dürfte der Sarg ungefähr 60 cm breit und 2,10 m lang gewesen sein, also ein recht eindrucksvolles Stück. Über dem Sarg lag ein Bahrtuch, wie wir es auch von Tutanchamun kennen. Von der Leiche des großen Königs fand sich keine Spur. Ob er schon einer der früheren Grabräubereien zum Opfer fiel oder vielleicht, wie so viele andere Königsmumien, in einem noch unbekannten Grab verborgen wurde – wir wissen es nicht. Es wäre für jene Zeit auch durchaus denkbar, daß der König gar nicht mumifiziert worden ist!

Ein zunächst die Entdecker sehr verblüffender Bauteil des Mentuhotep-Tempels wurde vom Finder des Tutanchamun-Grabes, Howard Carter, im Jahre 1900 ausgegraben. Im Vorhof des Tempels stieß er auf einen bis oben mit Steinschutt und Sand gefüllten Einschnitt, der sich als Eingangsöffnung eines etwa 150 Meter langen Schachtes herausstellte, der genau parallel zur Tempelachse in Ost-West-Richtung schräg in den Boden hinabführte. Nach dem arabischen Wort für Türöffnung ›Bab‹ und dem Namen seines Reitpferdes benannte Carter das merkwürdige Gebilde ›Bab el Hosan‹, und unter diesem Namen hat es bis heute die Phantasie der Ägyptologen angeregt. Es muß nach dem Befund schon in einer der ersten Bauphasen des Tempels angelegt worden sein.

Carter war zunächst überzeugt, ein Königsgrab gefunden zu haben, und um so hoffnungsvoller, als in einer Tiefe von siebzehn Metern der Gang in ganzer Breite durch eine völlig unversehrte Schlammziegelmauer von nicht weniger als 3,75 Meter Stärke blockiert war, hinter der sich noch Reste eines Schlachtopfers, Kopf und Schenkel eines Kalbes, fanden. Der anschließende Korridor ist zunächst auf 120 Meter etwas abgewinkelt, um dann wieder in die ursprüngliche Ost-West-Richtung einzubiegen. An dieser Knickstelle fand sich ein Schacht von etwa zwei Meter Tiefe, der ein leeres Kästchen aus Sykomorenholz enthielt[54]. An seinem Ende geht der Korridor in die sechs Meter lange und viereinhalb Meter breite Hauptkammer über, deren Decke leicht gewölbt ist; das Ganze war also offensichtlich ein Gegenstück zum Grab des Königs hinter dem Tempel.

Aber es fand sich keine Spur einer Bestattung. Auf einem Sandhaufen lag ein über mannshohes Sitzbild Mentuhoteps aus Sandstein, noch völlig mit der Originalbemalung versehen: schwarze Hautfarbe, rote Krone und weißes, knielanges, anliegendes Gewand. Die Statue war ganz in feines Leinen gehüllt und zeigte etwas plumpe, derbe Proportionen. Diese Figur gibt ziemliche Rätsel auf. Sicher ist sie ursprünglich für einen anderen Standort bestimmt gewesen. Schon die dicke Sockelplatte zeigt, daß sie zunächst aufrecht aufgestellt werden sollte. Sie ähnelt stark zwei Königsstatuen, deren Reste im Vorhof gefunden wurden, dasselbe Gewand zeigen und deren Grundplatten etwa die gleichen Abmessungen haben. Warum aber wurde gerade diese eine Figur schwarz bemalt und regelrecht begraben?

Neben der Statue stand ein bemalter Holzsarg, der zur Enttäuschung Carters völlig leer war und auch offensichtlich nie einer Beisetzung gedient hatte. Skelette von zwei Wasservögeln und der Vorderbeine eines Kalbes, also wiederum Reste eines kultischen Opfers, lagen davor. Ansonsten enthielt dieser Raum nur noch ein altes Palmfaserseil, einen Steinmetzschlegel und zerbrochene, rohe Krugreste – ohne Zweifel die Hinterlassenschaft der Arbeiter, die Sarg und Statue hineingeschleppt hatten. In der Mitte des Sargraumes entdeckte Carter einen mit Schutt gefüllten, engen Schacht. Hier stieß er in dreißig Meter Tiefe auf eine Ausbuchtung, die aber zu Carters Enttäuschung nur einige recht rohe Modellboote aus Holz und wieder ein paar zerbrochene Krüge enthielt.

Die Deutung dieser ganzen Anlage hat viel Kopfzerbrechen bereitet und ist auch jetzt noch nicht ganz widerspruchsfrei gelungen. Zunächst ergaben genaue Vermessungen, daß durch den oben beschriebenen Knick in der Korridorachse die Kammer so exakt unter die Mitte des den Urhügel darstellenden Tempelkernbaues zu liegen kam, daß man den Vermessungskünsten der alten Baumeister höchstes Lob spenden muß. Weshalb man sich diese zusätzliche Schwierigkeit auflud, anstatt den Korridor von Anfang an in die Mittellinie des Gesamtkomplexes zu verlegen, was ja das Einmessen der Kammer wesentlich erleichtert hätte, ist nicht bekannt. Ein Versehen kann es nicht sein – einmal, weil dies in einer Königsanlage kaum denkbar wäre, und zum anderen, weil solche seitenverschobenen Korridore auch sonst in thebanischen Felsgräbern des Mittleren Reiches vorkommen[55]. Es dürfte sich also letztlich um kultische Gründe handeln.

Wir wollen hier nicht die vielen verschiedenen Überlegungen und ihre Begrün-

→ 42. Sitzbild Mentuhoteps aus dem Scheingrab von Bab el Hosan.

dungen anführen, was es mit dem Bab el Hosan auf sich habe, sondern uns auf eine Darstellung der neuesten Ergebnisse nach den Forschungen von Dieter Arnold beschränken. Danach hat das Bab el Hosan eine so auffallend starke Ähnlichkeit mit dem eigentlichen Königsgrab, daß alles dafür spricht, daß es sich um eine – wenn auch wesentlich einfachere – Vorstufe zu diesem handelt und es auf eine der früheren Planungen des Tempels zurückgeht. Verwendet wurde es als Scheinbegräbnis – offenbar anläßlich des *Hebsed*-Festes, von dem wir sicher wissen, daß Mentuhotep es mindestens einmal, und zwar in seinem 39. Regierungsjahr, gefeiert hat. Dieses auf uralte Zeremonien zurückgehende, ein bloßes Jubiläum an Bedeutung weit überschreitende Fest diente der Erneuerung der Kraft des Königs, von der das Gedeihen und die Fruchtbarkeit des Landes und aller Pflanzen, Tiere und Menschen darin, ja die Erhaltung des gesamten Kosmos abhing. Vielleicht war in Urzeiten einmal das aus der Völkerkunde bekannte Ritual des Mordes am altgewordenen König[56] mit diesem *Hebsed* verbunden, wobei man im Laufe der Zeit dazu überging, diese rituelle Tötung nur noch symbolisch zu vollziehen, so daß Begräbnisrituale, bei denen stellvertretend für den König eine Statue bestattet wurde, zum Fest dazugehörten.

Aber die komplizierte Anlage hat wohl noch einen weiteren religiösen Aspekt: Als Grab unter dem Urhügel galt sie zugleich als Osiris-Grab, und so war die Statue des Königs darin eine Sicherung seines Einswerdens mit dem Jenseitsgott. Auch der Sandhügel, auf dem sie lag, und ihre Einhüllung in Leintücher entsprechen dem Osiris-Ritual, und auch die schwarze Hautfarbe der Statue, von zahlreichen Osiris-Darstellungen her bekannt, spricht für diese Deutung.

Beide Aspekte aber – die symbolische Bestattung des Königs im Hebsed-Ritual wie seine symbolische Beisetzung im Osiris-Grab unter dem Urhügel – weisen letztlich auf das gleiche Ziel: die Kraft und Fruchtbarkeitsmacht des toten Königs für das gesamte Land wirksam zu machen und auf Ewigkeit zu sichern[57]. Somit stellt das ganze mächtige Königsgrab ein Denkmal des wiedergewonnenen Vertrauens der Ägypter in die Vorsorge für das Jenseits dar. Zugleich macht es aber auch den tiefen Einschnitt deutlich, den die Revolutionszeit in den Vorstellungen von Jenseits und Königtum bewirkt hatte: keine hochragende Pyramide mehr, keine Pyramidensprüche in der Sargkammer; statt dessen der lange, in den Felsen führende Gang und vor allem die Verwendung des zentralen Heiligtums für einen gemeinsamen Kult Gottes und des Königs, während die königlichen Grabanlagen des Alten Reiches nur Kultstellen für den verstorbenen König selbst enthielten. Diese deutliche Abkehr von der memphitischen Tradition hat damit über die rein geographischen Gegebenheiten des neuen Königshauses hinausreichende, geistesgeschichtliche Wurzeln im tiefgreifenden Wandel des Königsbildes und der Jenseitsvorstellungen. Schon in der nächsten, der XII. Dynastie, und damit noch innerhalb des Mittleren Reiches, werden wir abermals in Zusammenhang mit geistigen Veränderungen eine Rückkehr der Könige ab Amenemhêt I. zur Bestattung in einer Pyramide und zu dem allein dem Totenkult des Herrschers vorbehaltenen Verehrungstempel finden.

Der Machtstärkung des Königs dienten auch die Beigaben, die Dieter Arnold 1970 unter den vier Ecken des Kernbaus entdeckte[58]. In sorgfältig mit Lehmziegeln ausgekleideten Gruben waren hier Gegenstände regelrecht begraben, die magisch die Herrschaft des Königs sichern sollten. Manche entsprachen dem üblichen Inhalt der Gründungsgruben des Mittleren Reiches: Reste von Opfertieren und Modelle von Werkzeugen, wie sie beim Tempelbau Verwendung fanden. Aber einige unterschieden sich deutlich davon und sind völlig einmalig. Da fanden sich dicke Packen von Leintüchern als Zeichen der Vergöttlichung – so, wie ja auch die Mumienbinden in erster Linie nicht etwa einem praktischen Zweck, sondern gleichfalls der Vergöttlichung dienten[59]. Diese Leintücher waren durch Aufschrift als aus dem Besitz des Horus Wahankh Antef stammend gekennzeichnet und wurden wohl aufgrund ihres hohen Alters und ihrer Herkunft als magisch besonders wirksam betrachtet. Bronzefigürchen von Männern, Frauen und Rindern sollten als Symbole allen Lebens in Ägypten wiederum die Fruchtbarkeitsmacht beschwören. Schließlich gehören in diesen Zusammenhang noch Fayence-Nachbildungen von Königsszeptern, und zwar mit Blüten- beziehungsweise Fruchtköpfen, die den Sinn hatten, den Toten vor Osiris als seinen Sohn Horus zu legitimieren – eine weitere Sicherung des Fortbestands der Königsherrschaft[60]!

Es gibt also genügend Beweise dafür, daß diese gewaltige Anlage nicht nur eine Kultstätte für Amun, Osiris, Rê und andere Gottheiten war, sondern zugleich auch ein kolossales Denkmal des ewigen Königtums – geschaffen, um dessen immerwährenden Fortbestand zum Wohle des gesamten Landes zu sichern. Das geht auch aus den Inschriften hervor, die uns Auskunft geben über die Zusammensetzung der Priesterschaft, die hier im Tempel ihren Dienst versah: So wurde der Amun-Kult beispielsweise von der Priesterschaft des Tempels in Karnak ausgeführt; daneben aber gab es ein eigenes Korps von Reinigungs- und Vorlesepriestern, das mit dem Kult des Königs betraut war.

Als Mentuhotep II. etwa im Jahre 2009 v. Chr. starb, hinterließ er seinem Sohn Mentuhotep III. ein geordnetes und gestärktes Reich, in dem die Königsherrschaft wieder befestigt war. Es gab freilich noch einige fortwirkende Probleme aus der Zwischenzeit, die noch nicht ganz gelöst waren: Noch immer mußte der Pharao seine Macht mit den Gaufürsten in Ober- und Mittelägypten teilen, wenn diese auch loyal erschienen. Auch die Gefahr von Hungersnöten war noch nicht völlig gebannt, wofür es eindeutige Zeugnisse sowohl aus der Zeit Mentuhoteps II. wie auch aus der seines Sohnes gibt. Ob das neugeschaffene Reich einer starken Belastung standhalten konnte, war noch nicht erwiesen. Aber die Leistungen Mentuhoteps II. als Vereiniger des Reiches und beim materiellen und moralisch-religiösen Wiederaufbau sind unbestritten, und bis zum Ende des Neuen Reiches, also fast tausend Jahre hindurch, wurde er als einer der Schöpfer des Reiches neben Menes, dem sagenhaften Urkönig am Anfang der Geschichte, und Ahmose, dem Begründer des Neuen Reiches, kultisch verehrt[61].

Mentuhotep III. nahm den Thronnamen *Sankhkarê* an, unter dem er zwölf Jahre lang regierte. Er führte keine größeren Kriege; bis auf einige Scharmützel in Nubien und im Sinai herrschte im Lande selbst wie auch jenseits der Grenzen Ruhe. Berühmt wurde der König vor allem als großer Bauherr und Förderer der Kunst: Besonders die Reliefs, die unter seiner Herrschaft in vielen Tempeln rundum im Land entstanden, werden wegen der Feinheit ihrer Modellierung und der Zartheit ihrer Farben von Kennern hochgerühmt; die Zeit des plumpen Provinzialismus in der Kunst war vorbei, und mit Mentuhotep III. beginnt jene Blütezeit der bildenden Kunst, die das Mittlere Reich auszeichnet.

Typisch für das Mittlere Reich ist auch eine Ausweitung des geographischen Horizonts: So wurde beispielsweise Nubien immer weiter nach Süden hin für den ägyptischen Handel erschlossen; in regelmäßigen Abständen erfolgten Expeditionen in die Ostwüste und zum Sinai, um dort die wundervollen Bausteine und die kostbaren Halbedelsteine zu beschaffen.

Von den zahlreichen Berichten, die uns die Leiter solcher Expeditionen gerade aus der Zeit Mentuhoteps III. hinterlassen haben, wollen wir hier nur einen herausgreifen, weil wir dabei an einem Zug in das Land Punt teilnehmen können, jenes fast sagenhafte Land des Weihrauchs und des Goldes, bewohnt von Menschen, die in Pfahlbauten lebten und den Ägyptern im Aussehen so ähnlich waren, ein Land, wohl einst gelegen am Horn von Afrika:

»... Der königliche Siegler, Einzige Freund und Gutsverwalter Henenu sagt: Mein Herr – er lebe, sei heil und gesund! – schickte mich aus, um Byblosschiffe (die ägyptische Bezeichnung für einen hochseegängigen, schlanken Schiffstyp mit Spanntrossen und mächtigem Rechtecksegel am Doppelmast) nach Punt zu schicken, um frische Myrrhen von den Häuptlingen in der Wüste zu holen ...[62]«

Das Unternehmen war schwierig, denn zunächst galt es, mit den zerlegten Schiffen und den Tauschwaren vom Nil durch die von allerlei zweifelhaftem Beduinenvolk bewohnte, fast wasserlose Wüste an einen Hafen des Roten Meeres zu gelangen. Dementsprechend sahen die Zurüstungen aus:

»Darauf zog ich von Koptos (am Nil) auf dem Weg aus, den Seine Majestät mir befohlen hatte. Eine Truppe war mit mir aus Oberägypten ... alle Behörden des Königshauses folgten mir ... Pioniere, vier Abteilungen aus vier verschiedenen Garnisonen, machten den Weg vor mir frei und schlugen die Rebellen in Königs Namen nieder; Jäger, Einheimische aus den Bergländern, waren als Leibgarde zugeteilt ...

Da also zog ich mit einem Heer von 3000 Mann aus und verwandelte den Weg in einen Strom, die Wüste zum Begrenzungsstreifen eines Feldes (sie stellten ihr Licht nicht unter den Scheffel, die Expeditionsleiter des Königs!). Weiter gab ich jedem davon täglich einen Wasserschlauch voll und einen Brotbeutel voll: zwei Maße Wasser und 20 Brote; Esel waren mit Sandalen beladen; riß eine Sohle los, stand eine andere bereit[63].«

Henenu hatte also wirklich an alles gedacht und war, ganz im Sinne seiner Zeit, ein fürsorglicher Vorgesetzter. Weiter rühmt er sich, allein vierzehn neue Brunnen gebaut zu haben, die noch tief unten an der Wasserfläche 5×5 Meter maßen.

»... Dann erreichte ich das Meer. Darauf baute ich die mir aufgetragene Flotte, sandte sie mit allem versehen aus ...« Die Fahrt nach Punt machte Henenu selbst nicht mit, aber er holte, Monate später, die Flotte nach ihrer Rückkehr wieder ab und »brachte alles, was sich von den Ufern des Gotteslandes (Punt) mitbringen ließ ...[64].«

Er zog durch das Wadi Hammamat, noch heute die Hauptverbindung vom Roten

43. König Men-
tuhotep umarmt
eine Harems-
dame.

Meer zum Nil, und brachte von dort prachtvolle Steinblöcke für Statuen mit. Und
voller Selbstbewunderung schließt Henenu: »Nie ist dergleichen zu den Königen
der alten Residenz (Memphis) heruntergekommen[65].«

Nach Mentuhotep Sankhkarês offenbar sehr plötzlichem Tode – denn auch sein
Grabtempel war unvollendet geblieben – folgte ihm Mentuhotep IV. Nebtauwirê
auf dem Thron, Sohn des Verstorbenen und einer Haremsdame namens Imi. Da
er also nicht Sohn einer Großen Königlichen Gemahlin war, die ihrerseits
Königstochter sein mußte, war die Legitimität seiner Thronbesteigung womöglich nicht unumstritten. Zwar besitzen wir keinerlei Zeugnisse, die uns hierüber
Aufschluß geben könnten, doch scheint das spätere Ende diesen Verdacht zu
rechtfertigen.

Zunächst, im zweiten Jahr seiner Regierung – also etwa im Jahre 1995 v. Chr. –,
schien alles noch völlig normal zu verlaufen. Dafür sprechen eine Inschrift bei
einer Amethystmine im Wadi el-Hud sowie vor allem die eines Wesirs namens
Amenemhêt im Wadi Hammamat. Letztere beginnt sogar mit einem genauen
Datum:

187

»Jahr 2, zweiter Monat der Überschwemmungszeit, Tag 3. Horus Nebtauwi, König von Ober- und Unterägypten Nebtauwirê, Sohn des Rê Mentuhotep, dem Leben, Dauer und Macht wie Rê auf ewig gegeben sind; der von Min dem Koptiten (dem die östlichen Wüstenwege unterstanden) Geliebte ...

Dies Wunder, das für Seine Majestät geschah: Herabkommen des Bergwildes, das Kommen einer Gazelle in großen Sprüngen, wobei ihr Gesicht auf die Menschen gerichtet war, und ihre Augen schauten aus beim Vorausstürmen. Sie wendete sich überhaupt nicht zurück, bis sie an diesen hehren Berg kam, an diesen Stein, der noch an seiner Stelle lag für den Deckel dieses ›Herrn des Lebens‹ (Königssarkophag). Da gebar sie auf ihm, und die Truppe des Königs sah zu[66].«

Nachdem die Gazelle geopfert worden war, brachte der Wesir die mächtigen Steinblöcke für Sarkophag und Deckel ohne Zwischenfall ins Niltal hinab. Damit bricht die Schilderung ab, und es folgt ein Hymnus auf den König, den wir wieder wörtlich zitieren wollen, erstens, weil er sehr charakteristisch für die damalige Zeit ist, und zweitens, weil er aufschlußreich ist im Hinblick auf spätere Ereignisse:

»Es kann ja wahrhaftig nur die Majestät dieses Gottes, des Herrn der Wüste (Min), gewesen sein, der hier für seinen Sohn Nebtauwirê, er lebe ewig, gewirkt hat, damit er (der König) sich freue. Möge er immer und ewig auf seinen Thronen leben und Millionen von Sed-Festen feiern! Der Fürst, Graf, Bürgermeister, Verwalter dessen, was der Himmel gibt, dessen, was die Erde hervorbringt und dessen, was die Überschwemmung bringt, Vorsteher aller Dinge in diesem ganzen Land, der Wesir Amenemhêt (Amun steht an der Spitze)[67].«

Dieser Schluß klingt freilich ein bißchen seltsam. Oder könnte man sich vorstellen, daß ein noch so hochrangiger Beamter unter Mentuhotep II. sich als ›Vorsteher und Verwalter von allem im ganzen Land‹ zu bezeichnen gewagt hätte? Tatsache ist jedenfalls, daß kurz nach dem Entstehungsdatum dieser Inschrift Mentuhotep IV. Nebtauwirê verschwindet. Es gibt kein Grab von ihm, nicht einmal ein begonnenes, es gibt keine Erwähnung mehr, und im Turiner Königspapyrus wird er sogar völlig übergangen und statt dessen ein Interregnum von mehreren Jahren verzeichnet, eine königslose Zeit. Was sich damals tatsächlich ereignet hat, bleibt im dunkeln – wir wissen lediglich, was danach kam: Im Jahre 1991 v. Chr. besteigt Amenemhêt (griechisch: Ammenemes) mit dem Thronnamen Sehetepibrê (›der das Herz des Rê befriedigt‹) den Thron Ägyptens und wird damit zum Begründer der glanzvollen XII. Dynastie. Es besteht kaum ein Zweifel, daß dieser Amenemhêt kein anderer war als jener Wesir Mentuhoteps IV., der sich als energischer und umsichtiger Organisator und Truppenführer bei seinen Expeditionen erwiesen hatte und dessen Inschrift ein so überaus hohes Maß an Selbstbewußtsein bezeugt – einen wissenschaftlich eindeutigen Beweis für diese These gibt es freilich nicht.

Wie aber ist er auf den Thron gekommen? Hat er Mentuhotep IV. ermordet, oder ist dieser eines frühen, aber natürlichen Todes gestorben? Warum aber dann das Interregnum? Die Rätsel werden nur noch größer durch ein Gefäß, das in der Nähe der Pyramide Amenemhêts I. bei Lischt gefunden wurde und auf der Außenseite Horus- und Thronnamen Mentuhoteps IV., auf der Innenseite den

Amenemhêts trägt, beide mit dem Zusatz: »geliebt von Hathor, Herrin von Denderah[68]«. Solche Nennungen von zwei Pharaonen nebeneinander lassen jedoch in der Regel auf eine Mitregentschaft schließen. Hat also Mentuhotep Amenemhêt zum Mitregenten ernannt, vielleicht als ihn die Krankheit befiel, der er so früh erlag, und bezog Amenemhêt daraus seine Legitimität? Aber warum wurde dann die Erinnerung an Mentuhotep IV. gelöscht, so daß er nicht im Turiner Königspapyrus erscheint, während doch Amenemhêt und seine Nachfolger der XII. Dynastie die Könige Mentuhotep II. und III. als Vorfahren verehrend erwähnen?

Vielleicht werden diese Fragen nie eindeutig zu beantworten sein. Es besteht auch ein merkwürdiger Gegensatz zwischen der starken Loyalität, mit der der Wesir Amenemhêt von seinem König spricht und die auch in der gemeinsamen Inschrift auf dem Lischter Gefäß zum Ausdruck kommt (vorausgesetzt natürlich, daß die beiden Amenemhêts identisch sind!), und der Verfemung Mentuhoteps IV., wie sie ganz deutlich in einem Literaturwerk ausgesprochen wird, der sogenannten ›Prophezeiung des Neferty‹. Diese ›Prophezeiung‹ ist ein Propagandapamphlet, verfaßt von einem unterägyptischen Vorlesepriester, der darin Amenemhêt I. als Messias und Retter Ägyptens feiert und vorgibt, die ›Prophezeiung‹ gehe bereits auf die Zeit des noch immer hochverehrten und höchst volkstümlichen Königs Snofru, des Begründers der IV. Dynastie, zurück. In diesem Schriftstück wird die Zeit vor der Inthronisation Amenemhêts als Unruhezeit voll Mord und Totschlag, Not und fremder Invasion im Delta beschrieben – interessanterweise oft in Formulierungen, die den ›Mahnungen des weisen Ipu‹ entnommen sind, so daß wir nicht einmal wissen, ob seine Schilderungen auf eigener Erfahrung beruhen und wir damit eine historische Quelle über das Ende der XI. Dynastie besitzen, oder ob es sich nur um eine literarische Entlehnung handelt[69]. Jedenfalls wird die Absicht des Verfassers deutlich, ein so negatives Bild von der Zeit Mentuhoteps IV. zu zeichnen wie möglich, um vor diesem Hintergrund das Heil um so heller strahlen zu lassen, das Amenemhêt über Ägypten bringt.

»Ein König wird von Süden kommen«, so prophezeit Neferty angeblich vor Snofru, »mit Namen Ameni (Kurzform für Amenemhêt). Er ist der Sohn einer Frau aus dem Gau von Elefantine. Er ist gebürtig in Oberägypten ... Freut euch, ihr Menschen seiner Zeit! Der Sohn eines (angesehenen) Mannes (also nicht eines Königs!) wird sich für alle Ewigkeit einen Namen machen. Die zum Bösen neigen und Aufruhr planen, haben ihre Rede aus Furcht vor ihm unterdrückt ... Das Recht wird wieder an seinen Platz kommen und das Unrecht ausgetrieben. Es freue sich, wer dies sehen wird und wer dann im Dienst des Königs stehen wird ...[70].«

Was an dieser Schrift, die offensichtlich die noch wankende Autorität des neugekrönten Amenemhêt I. festigen sollte, besonders auffällt, ist die Tatsache, daß nicht einmal der Versuch unternommen wird, Amenemhêt eine königliche Abkunft auch nur anzudichten. Für seinen Vater werden weder ein Rang noch irgendwelche Titel aufgeführt, und man darf annehmen, daß Amenemhêts einfache Herkunft allgemein bekannt war. Aus viel späterer Zeit, nämlich dem frühen Neuen Reich, stammt ein sehr interessanter Steinblock, auf dem in einer

Opferliste die Namen früherer Herrscher aufgezählt werden, und zwar genau in der richtigen Reihenfolge: Mentuhotep II. und Mentuhotep III., dann aber nicht Mentuhotep IV., sondern vor Amenemhêt I. ein ›Gottesvater Senwosrê (griechisch: Sesostris)‹, freilich ohne Kartusche, den Königsring um den Namen, geschrieben. Daß hier anstelle von ›Königsvater‹ die Bezeichnung ›Gottesvater‹ steht, weist abermals darauf hin, daß der Vater Amenemhêts keinen anderen Titel hatte. Immerhin erfahren wir aus dieser Inschrift den Namen des Vaters – einen Namen, den dann eine ganze Reihe von bedeutenden Herrschergestalten der XII. Dynastie ebenfalls tragen sollte.

In der ›Prophezeiung‹ ist von Aufruhr die Rede; das läßt darauf schließen, daß der Machtwechsel von inneren Unruhen begleitet war. Vielleicht wollten Anhänger der XI. Dynastie sich nicht mit dem Staatsstreich abfinden und planten ihrerseits eine gewaltsame Absetzung des neuen, ihnen als Usurpator erscheinenden Pharaos. Doch offensichtlich verstand es Amenemhêt, sich durchzusetzen. Allerdings dürfte es ein harter Kampf gewesen sein, zumal ja die Zeit der Revolution und der stark geschwächten Königsautorität erst wenige Generationen zurücklag.

Amenemhêt I. war ein äußerst selbstbewußter Herrscher, der bei der Verwirklichung seiner Ziele genau nach Plan vorging. Sein Bestreben war es – und alle seine Nachkommen auf dem Thron folgten ihm darin –, den Stil seiner Herrschaft von dem der XI. Dynastie deutlich abzuheben. Die XII., die ›klassische‹ Dynastie Ägyptens fand ihre Vorbilder eher im Alten Reich und bei den Herakleopoliten als in den Traditionen, die sich in Theben herausgebildet hatten. Amenemhêt verlegte seine Residenz in eine neugegründete befestigte Stadt 30 km südlich von Memphis beim heutigen Lischt, der er den Namen ›Itsch-tauwi‹, ›Ergreifer Beider Länder‹ gab[71]. Und wie hier der Name ein Programm ist, so legt er auch sich selbst einen neuen Thronnamen zu: ›Wehem-Meswet‹, das heißt: ›Wiederholer von Geburten‹, womit Amenemhêt zum Ausdruck bringen wollte, daß er in der Tat kein geringeres Ziel hatte als das, eine Renaissance des Alten Reiches herbeizuführen. Daß er auch bei seinem Totenmal bewußt vom Vorbild des Mentuhotep-Tempels abging und sich nahe seiner neuen Hauptstadt eine Pyramidenanlage nach Art derer der VI. Dynastie errichten ließ, hatten wir schon bemerkt. Wie uns die ›Prophezeiung‹ verrät, sah sich Amenemhêt als den eigentlichen Wiedererneuerer Ägyptens, dem das Verdienst zukomme, die Wirren der Ersten Zwischenzeit endgültig beendet zu haben.

Übrigens geht auch eine ganze Reihe anderer Literaturwerke auf die Zeit Amenemhêts zurück. Mit Recht darf man daher diesen Herrscher zu den großen Förderern der – freilich stark propagandistisch gefärbten – Literatur der XII. Dynastie zählen, der damit auch erheblich zur Entwicklung des Mittelägyptischen zur Hof- und Literatursprache beigetragen hat[72]. Diese Sprachentwicklung, die wesentlich weiter geht als beispielsweise die vom Alt- zum Mittelhochdeutschen, trägt unverkennbar die Züge des in der Zwischenzeit herausgebildeten Bewußtseins der Persönlichkeit: Während das Altägyptische keinerlei Raum für subjektives Empfinden gab, weder Konjunktiv noch Irrealis noch indirekte Rede kannte, sind im Mittelägyptischen durch Verwendung von Hilfsverben viel geschmeidigere Abschattierungen von Zeiten und Aktionsarten möglich, und so kann das

44. Schmuck-
kästchen Ame-
nemhêts I.

›Ich‹ des Erzählers sich deutlich ausdrücken[73]. Diese Sprache des Mittleren Reiches blieb bis ins Neue Reich, bis zur Amarna-Zeit, alleinige Hof- und Literatursprache und wurde erst danach vom Neuägyptischen abgelöst. Für Königsinschriften wie für religiöse Texte blieb sie aber weiterhin gültig, bis in die ptolemäische und römische Zeit, also insgesamt über mehr als zwei Jahrtausende hinweg und damit länger als das Latein der katholischen Kirche, wenn wir das Zweite Vaticanum als Grenze für die Alleingültigkeit der lateinischen Messe nehmen!

Vor allem aber hat Amenemhêt I. energisch alle Unruhen im Innern und Einfälle von außen unterdrückt. In Begleitung des Gaufürsten Khnumhotep I. von Beni Hassan und dessen Truppe fuhr er mit einer Flotte von zwanzig Schiffen nilaufwärts bis Elefantine. Schon ihr Erscheinen dürfte Hitzköpfe abgekühlt und Nubien gewarnt haben. Asiatische Eindringlinge vertrieb er von der Ostgrenze des Deltas und legte am Ostende des Wadi Tumilat zu den Bitterseen hin ein Befestigungswerk an, die sogenannte ›Fürstenmauer‹, die allerdings aus befestigten Ortschaften und dazwischenliegenden Wachttürmen, nicht aus einem durchgehenden Wall bestand[74].

Um die Unruhen wirksam zu bekämpfen, benötigte der König die Hilfe der Gaufürsten. Er gab ihnen viele der Würden und Privilegien zurück, die sie vor der XI. Dynastie besessen hatten, und so finden wir gerade unter ihm und seinen unmittelbaren Nachfolgern wieder Inschriften in den Felsgräbern der Gaufürsten, die deren eigene Regierungsjahre und auch ihre volle Titulatur angeben, wie wir sie bereits aus der Zwischenzeit kennen. Ganze Dynastien sind aus Elefantine und Kusae, aus Assiut und anderen Hauptstädten bekannt. Inhaltlich jedoch unterscheiden sich diese Biographien deutlich von denen der Zwischenzeit: Die Fürsten waren trotz ihrer Titel jetzt straff an die Weisungen der Zentrale gebunden, sie mußten Nahrungsmittel liefern und Schiffe und Truppenteile stellen[75]. Zugleich wurden die Gaugrenzen genau festgelegt – davon zeugen auch die Inschriften einer Kapelle von Amenemhêts Nachfolger Sesostris I. – und ebenso die Wasserrechte für die Nilflut, um die andauernden Streitigkeiten zwischen den einzelnen Gauen ein für allemal zu beenden. Außerdem gelang es dem König, bei Erbfällen das Belehnungsrecht wieder durchzusetzen.

Nicht ganz geklärt ist die Frage, ob Amenemhêt zehn Jahre vor seinem Tod seinen Sohn Sesostris zum Mitregenten ernannt hat. Einiges spricht dafür, zumal gleichzeitige Zählung nach verschiedenen Regierungsjahren nachzuweisen ist[76]. Damit wäre Amenemhêt der Begründer einer Tradition, die die ganze XII. Dynastie hindurch fortbestand, ja, deren Spuren sich noch im Anfang der XVIII. finden, als Hatschepsut sich zur Legitimierung ihrer Herrschaft als weiblicher Pharao auf ihre Mitregentschaft mit ihrem Vater Thutmosis I. berief[77].

Ohne daß wir darüber Einzelheiten erfahren würden, kam es ganz offensichtlich auch im weiteren Verlauf von Amenemhêts Herrschaft zu Auseinandersetzungen mit Anhängern der XI. Dynastie. So gibt es beispielsweise einige Ächtungstexte gegen Aufrührer, die im Namen Amenemhêts und Sesostris' erlassen worden sind. Vor allem aber besteht der begründete Verdacht, daß der König einem Mordanschlag zum Opfer gefallen ist!

Zu dieser Schlußfolgerung gelangt man jedenfalls, wenn man die ›Lehre Amenemhêts‹ für seinen Sohn liest, ein Werk, das natürlich erst nach Amenemhêts Tod abgefaßt wurde – obwohl auch diese Meinung nicht von allen geteilt wird[78] –, um die Legitimität seines Sohnes und Nachfolgers Sesostris I. zu stützen. Zum ersten Mal in der Geschichte ist hier ein Königsmord Thema der Literatur! Aber auch darüber hinaus ist dieses Werk inhaltlich hochinteressant. Kaum weniger sensationell als sein Inhalt ist jedoch die Tatsache, daß wir in diesem Fall sogar den Verfasser kennen, und das gibt es sonst nur ganz selten in der ägyptischen Literaturgeschichte. Die wenigen Ausnahmen, bei denen dies der Fall ist, stammen wohl nicht ohne Grund allesamt ebenfalls aus der Zeit der XII. Dynastie mit ihrem durch die Revolutionszeit geprägten, nunmehr voll erwachten Bewußtsein der eigenen Persönlichkeit. Der Autor, der in königlichem Auftrag dieses – wie alle zeitgenössischen Literaturwerke auf ägyptische Art ›gereimte‹ – Kunstwerk verfaßt hat, hieß Kheti, also Achthoes wie der Begründer der herakleopolitanischen Dynastie, was übrigens angesichts der engen Verbindung des Autors Kheti zum Königshaus wieder ein Zeichen dafür ist, daß diese jetzt, in der XII. Dynastie, nicht mehr als verfemt galt. Kheti werden auch noch andere Werke zugeschrie-

→ 45. Pektoral aus Gold und Lapislazuli einer Prinzessin der XII. Dynastie.

194

ben, und noch sechshundert Jahre später gilt er – einem Papyrus zufolge – als einer der größten und bedeutendsten Weisen der Vergangenheit. Ihm sei, so heißt es, eine königliche Himmelfahrt und Eintritt in die Gemeinschaft der Götter zuteil geworden, und zwar ausdrücklich in seiner Eigenschaft als Verfasser der ›Lehre Amenemhêts‹. Selbst von unserem heutigen Standpunkt aus betrachtet verdient er unter die Großen der Weltliteratur eingereiht zu werden[79]. Doch wenden wir uns nun dem Text der Lehre selbst zu, der uns übrigens in einer ganzen Anzahl von Papyri aus der XVIII. und XIX. Dynastie, dazu auf einer Lederrolle, auf Holztafeln sowie auf zahlreichen Kalksteintäfelchen in allerdings unterschiedlicher Vollständigkeit erhalten ist. Der Anfang lautet:

»Dies ist der Anfang der Lehre, die die Majestät des Königs von Ober- und Unterägypten Sehetepibrê, Sohn des Rê Amenemhêt selig, verfaßt hat . . .« Der König wird also als verstorben vorgestellt, so daß auch diese Lehre – genauso wie die für Merikarê – zu den ›Briefen von Toten‹ gehört, von denen ja bereits ausführlich die Rede war[80]. Aber lassen wir den König selbst wieder zu Wort kommen:

». . . indem er sie sagt als eine Botschaft der Wahrheit zu seinem Sohn, dem Allherrn (hier im Sinne von ›Regent‹, ›Mitherrscher‹ gebraucht). Er sagt: Du, der du als Gott erschienen bist, höre auf das, was ich dir sagen werde, damit du als König herrschst und die Länder regierst und ein Übermaß an Wohlsein erhältst. Halte dich fern von deinen Untergebenen, die nichts sind und deren Schrecken unbeachtlich ist. Nähere dich ihnen nicht in deiner Einsamkeit. Fülle nicht dein Herz mit einem Bruder, kenne keinen Freund, schaffe dir keinen Vertrauten; denn es kommt nichts dabei heraus[81]!«

Selten ist die Einsamkeit des Herrschers in ihrer ganzen Tragik so ausgesprochen worden wie hier. Eine derart pessimistische Betrachtung des Lebens und der Menschen, wie sie sich durch das ganze Werk zieht, entspricht freilich der Literatur der Ersten Zwischenzeit, in deren Nachfolge diese Lehre deutlich noch steht. Der pessimistische und tragische Grundton dieser Zeit hat vor allem auch das Bild von der Rolle des Königs entscheidend mitgeprägt, und die Worte, die der Autor findet, um das mit dem Herrscheramt untrennbar verbundene Schicksal in seiner ganzen Schwere sichtbar zu machen, sind von einer Ausdruckskraft, die einen selbst heute noch in ihren Bann zieht. Die ›Lehre von Amenemhêt‹ ist literarisch noch kunstvoller als die für Merikarê, reich an neuen Bildern und mit recht komplizierter Gedankenführung. Auf die Einleitung folgt gleich das in unserem Zusammenhang wichtigste Stück:

»Wenn du schläfst, behüte selbst dein Herz, denn ein Mann hat keinen Anhänger am Tage des Unheils. Ich gab dem Armen und zog die Waise auf. Ich ließ Erfolg haben den, der nichts hatte, wie den, der nichts besaß. Aber wer meine Speise aß, stellte Truppen auf. Der, dem ich meine Arme gereicht hatte, der schuf Schrecken damit.«

Das klingt doch nach sehr viel mehr, als habe hier nur eine Haremsverschwörung vorgelegen, wie manche Ägyptologen glauben[82]; da müssen vielmehr ganz handfeste politische Gegnerschaften sich Luft gemacht haben, wobei man sich möglicherweise auch der Haremsintrigen zur Inthronisation eines anderen Erben

← 46. Sedfest-Kiosk Sesostris' I. aus Karnak.

195

bediente, um Zutritt zum Palast zu erhalten. Denn so geht die Attentatsschilderung weiter:

»Nach dem Abendessen war es, als die Nacht gekommen war. Ich hatte mir eine Stunde der Erholung gegönnt und lag auf meinem Bett; denn ich war müde geworden (solche Zeichen von Alter und Schwäche eines Königs werden nur in dieser Zeit so unverhohlen ausgesprochen; auch in der ›Lehre für König Merikarê‹ spricht ja König Achthoes von einem Versagen). Mein Herz hatte begonnen, dem Schlaf zu folgen. Da wurden Waffen zu meiner Bewachung gezückt. Ich aber war (bewegungslos) wie eine Schlange der Wüste.

Ich erwachte zum Kampf und kam zu mir ... Hätte ich schnell die Waffen mit meiner Hand ergriffen, dann hätte ich die Feiglinge Hals über Kopf zurückgetrieben. Doch niemand ist tapfer in der Nacht (wieder Eingeständnis eines Versagens!), und man kann nicht allein kämpfen. Keine Heldentat kann ohne Helfer geschehen. Siehe, der Mord geschah, als ich ohne dich war, bevor die Höflinge gehört hatten, daß ich dir die Herrschaft übergeben und zusammen mit dir auf dem Thron gesessen hätte ...[83]«

Der Mord am König wird – vorsichtig umschrieben, wie in Ägypten üblich – noch in zwei anderen Quellen erwähnt. Ehe wir diesen Spuren nachgehen, wollen wir noch einige Sätze aus dem Schluß der ›Lehre‹ zitieren, die zeigen, daß Amenemhêt I., ähnlich wie Achthoes in seiner ›Lehre für Merikarê‹, das Königtum als vererbbares Amt wie jedes andere und als rein irdische Institution betrachtet. Erst Sesostris I. sollte in seinem Thronbesteigungsdekret wieder die Erwählung durch Rê, die Gotteskindschaft betonen[84] und damit erneut an eine Tradition anknüpfen, wie sie im Alten Reich bestanden hatte und die nun auch für seine Nachfolger wieder uneingeschränkte Gültigkeit besaß. Doch Amenemhêt übergibt seinem Sohn den Thron noch mit den folgenden Worten: »Sesostris, mein Sohn! Obwohl meine Füße weggehen, gehört doch dir allein mein Herz, seit meine Augen dich gesehen haben ... Ich habe dir das, was in meinem Herzen ist, übergeben, du aber setzest nun die Weiße Krone des Göttersprößlings auf, und das Siegel ist an seinem Platz als eins, das ich dir zugewiesen habe ...«

Wir wiesen bereits darauf hin, daß es noch zwei weitere Quellen gibt, die die Vermutung stützen, daß an Amenemhêt tatsächlich ein Mord geschah. Der eine Hinweis stammt aus sehr später, nämlich ptolemäischer Zeit, und zwar vom Priester Manetho, der erwähnt, daß »König Ammenemes durch seinen eigenen Eunuchen ermordet« worden sei[85]. Eunuchen als Haremswächter hat es nun freilich in Altägypten nicht gegeben; Manethos Aussage mag aber eine ferne Erinnerung enthalten daran, daß Palastbewohner beim Mord mitgewirkt hatten.

Der zweite Hinweis auf den Königsmord ist besonders interessant, denn er findet sich wiederum in einem zeitgenössischen Werk der Literatur, nämlich in der berühmten ›Geschichte des Sinuhe‹, einem literarischen Meisterwerk aus der Zeit Sesostris' I. und ebenfalls in mehreren Papyri und vielen Steintäfelchen überliefert. Stilistisch ist das Werk äußerst kunstvoll und in enger Anlehnung an die Form der Grab-Biographien geschrieben:

> »Der Fürst und Graf,
> der Siegelbewahrer des Königs (und weitere Titel),

← 46a. Sesostris I. wird vor Amun-Min geführt – Relief von seinem Kiosk.

der Gefolgsmann Sinuhe spricht:
Ich war ein Gefolgsmann seines Herrn,
ein Angestellter der Verwaltung der Königin
bei der hochbegnadeten Fürstin,
der Gemahlin des Königs Sesostris
und Tochter des Königs Amenemhêt, Nofru.
Regierungsjahr 30, 3. Monat der Achet-Jahreszeit, Tag 7.
Der Gott (tote König) stieg empor zu seinem Lichtreich,
der König Sehetepibrê wurde zum Himmel entrückt
und vereinte sich mit der Sonne,
der Gottesleib war vermischt mit seinem Erzeuger.
Die Residenz war in Schweigen,
die Herzen in Trauer,
die großen Portale geschlossen.
Der Hofstaat saß, den Kopf auf den Knien,
das Volk klagte.
Seine Majestät hatte aber eine Truppe nach Libyen ausgesandt
unter dem Kommando seines ältesten Sohnes,
des ›Vollkommenen Gottes‹ (Königstitel) Sesostris.
Er war ausgeschickt, die Fremdländer zu schlagen,
um die Libyer zu bestrafen.
Nun aber kam er zurück,
nachdem er Gefangene von den Libyern erbeutet hatte
und zahllose Herden Vieh.
Die Beamten des Palastes sandten Botschaft nach Westen,
um den Königssohn über die Lage zu unterrichten,
die im Königskabinett entstanden war.
Die Boten begegneten ihm auf dem Weg,
sie erreichten ihn um die Abendzeit.
Keinen Augenblick zögerte er:
Der Falke flog auf mit seinem Gefolge,
ohne sein Heer zu unterrichten.
Es war auch zu den anderen Königssöhnen Nachricht geschickt worden,
die unter seinem Kommando beim Heer weilten.
Einem von ihnen rief man zu,
während ich dabei stand,
und ich hörte seine Stimme, als er sprach,
als ich gerade in der Nähe war.
Mein Herz schlug heftig, meine Arme fielen herab,
ein Zittern überlief alle meine Glieder.
Ich entfernte mich in großen Sprüngen,
um mir ein Versteck zu suchen.
Ich setzte mich zwischen zwei Büsche,
um mich vom Weg zu trennen und den Leuten,
die auf ihm gehen[86].«

198

In höchst kunstvoller Steigerung von dem fast hölzernen Anfang, der dem üblichen Biographie-Modell folgt, bis zum Königstod, dann – wieder etwas verhaltener werdend – über die Lage des Heeres Sesostris' bis zum sofortigen heimlichen Aufbruch des ›Falken‹ (Thronfolgers) kommt unser Autor zum äußerst spannend geschilderten Höhepunkt, wie Sinuhe zufällig die nicht für ihn bestimmte Botschaft vom Königsmord und seinen Hintergründen hört, sich als Beamter des Harems verwickelt, ja verdächtig vorkommt, die Fassung verliert und davonläuft. Aus der Schilderung solcher Details spricht großes psychologisches Einfühlungsvermögen und eine genaue Menschenkenntnis des Autors, der seine Geschichte keineswegs zur Unterhaltung erzählt, sondern sie als Warnung verstanden wissen möchte – als Warnung, nicht zu lauschen und vor allem nicht die Fassung zu verlieren, denn daraus folgt alles Unglück.

Aber das Schicksal des Sinuhe ist zu ergreifend, um seine Lebensgeschichte mit der Nachricht vom Königsmord und seiner anschließenden Fahnenflucht enden zu lassen, und so schildert denn der Autor nun den weiteren Verlauf dieser abenteuerlichen Flucht: Sinuhe hastet bei Dunkelheit weiter; mit Mühe gelingt ihm schließlich in der Höhe von Gizeh eine Kanalüberquerung und weiter südlich bei Dahschur die Überfahrt ans andere Ufer des Nils »in einem Kahn, der keine Ruder hatte«. Fast humorvoll wirkt sein Zusammentreffen mit einem Mann, der genausoviel Furcht hatte wie unser Held, so daß beide einander höchst ehrfürchtig begrüßten und machten, daß sie schleunigst in verschiedenen Richtungen davonkamen. Nach langer Wanderung erreicht Sinuhe die ›Fürstenmauer‹ am Wadi Tumilat und verbirgt sich zitternd in Sträuchern, damit die Wächter auf den Türmen ihn nicht sehen. In der Dunkelheit entkommt er über die Bitterseen, um schließlich in Sand und Sonne zusammenzubrechen:

> »Ein Durstanfall ereilte mich, fast verschmachtete ich,
> meine Kehle war ausgedörrt,
> und ich meinte, dies sei der Vorgeschmack des Todes.
> Ich erhob aber mein Herz und raffte meine Glieder zusammen,
> als ich das Brüllen einer Viehherde hörte und Beduinen erblickte.
> Ihr Scheich erkannte mich,
> denn er war in Ägypten gewesen.
> Da gab er mir Wasser,
> während er Milch für mich kochte.
> Ich ging mit ihm zu seinem Stamm,
> und vortrefflich war alles, was sie mir taten[87].«

Ein Stamm gab ihn an den anderen weiter, wie es auch heute noch der Brauch ist und wie es jeder Wanderer in der Wüste erleben kann, wenn er die Regeln der Gastfreundschaft einhält. So kam Sinuhe bis Byblos und weiter nach Syrien hinein. Nach anderthalb Jahren holte ihn der Großscheich eines Stammesverbandes, namens Amunenschi, und bot ihm Aufenthalt bei sich an. Der Scheich war ein durchaus weltläufiger Mann, dessen Verbindungen bis nach Ägypten reichten. Auf die Frage, was denn in Ägypten eigentlich vorgefallen sei und zu seiner

Flucht geführt habe, erzählt Sinuhe zunächst vom Tod Amenemhêts und danach von seiner eigenen Rolle, die er allerdings etwas verbrämt und beschönigend darstellt:

>>*Ich weiß nicht, was mich in dieses Land gebracht hat;*
es ist wie der Plan eines Gottes,
wie wenn ein Deltabewohner sich in Elefantine sieht
oder ein Mann der Sümpfe im Nubierland[88].<<

Auf des Scheichs Frage nach dem jetzigen Zustand Ägyptens antwortet Sinuhe mit einem langen, hymnischen Lob auf König Sesostris, das uns zwar etwas überschwenglich erscheinen mag, doch auf das es dem Autor zweifellos besonders ankam. Hier wird deutlich, daß die Sinuhe-Geschichte nicht nur ein Schicksal mit all seinen psychologischen Hintergründen darstellen soll und daß sie auch nicht allein der moralischen Belehrung dient, sondern daß sie vor allem auch ein Propagandawerk ist und jeden Leser von der Legitimität des neuen Herrschers wie auch von dessen Tüchtigkeit und Güte überzeugen soll. Gerade in dieser propagandistischen Zielsetzung aber steht das Werk in unmittelbarer Nachfolge der Revolutionszeit und ist Ausdruck jenes tiefgreifenden Wandels, der sich im Königsbild vollzogen hatte. Denn kein einziger von den Herrschern des Alten Reiches wäre je auf den Gedanken gekommen, die tief unter ihm stehenden Untertanen mit Propaganda für sich zu gewinnen!
Nach seinem Loblied auf den neuen König fordert Sinuhe seinen Gastgeber Amunenschi auf, sich Sesostris ganz zu ergeben, um seine Güte zu erfahren, worauf der Scheich ihm trocken erwidert:

>>*Nun ja, Ägypten geht es gut, da es seine Tüchtigkeit kennt.*
Aber du bist nun hier und sollst bei mir bleiben,
Gutes werde ich dir tun!<<

Er verheiratet Sinuhe mit seiner ältesten Tochter, gibt ihm Land, Vieh und eine feste Apanage an Brot und Wein und setzt ihn zum Oberhaupt eines seiner Stämme ein. Viele Jahre verbrachte Sinuhe nun als Beduinenscheich, zeugte Kinder und schien glücklich. Von Zeit zu Zeit traf er Boten aus Ägypten und war so nicht ohne Nachrichten aus der Heimat. Da passiert eine Geschichte, die lebhaft an die fast ein Jahrtausend später spielende Geschichte von David und Goliath erinnert:

→ 47. Eine Königin der XII. Dynastie.

>>*Es kam ein Held von Retenu (Syrien),*
damit er mich herausfordere an meinem Zeltlager.
Er war ein Draufgänger ohne Beispiel,
das ganze Land hatte er schon bezwungen.
Er sagte, er wolle mit mir kämpfen,
denn er nahm an, er werde mich besiegen,
und er hatte die Absicht, all mein Vieh zu rauben
auf den Rat seines Stammes[89].<<

200

Sinuhe nimmt die Herausforderung an, die Waffen für den Zweikampf werden vorbereitet, und die beiden Kontrahenten treten zwischen ihren Heeren zum Kampf an. Sinuhe besiegt den ›Helden von Retenu‹ mit einem Pfeilschuß, daß er »brüllend auf die Nase fiel«, und dessen gesamte Reichtümer, Waffen und Herden fallen nun ihm zu. Da aber, auf dem Höhepunkt seines Erfolges, verspürt unser Held wohl den Hauch des Todes, und in einem ergreifenden Gebet macht sich sein Heimweh Luft, das ihn insgeheim bedrückte – so wie es jeden Ägypter bedrücken würde, der außerhalb Ägyptens zu leben gezwungen ist und sich daher ungeachtet seiner Lebensumstände im Elend, in der Verbannung fühlt. Die Rückkehr zum Ursprung schließt nicht nur jenen großen, umspannenden Bogen, der dem ganzen Werk seinen formalen Rahmen gibt; es handelt sich hierbei vielmehr um ein Motiv, das auch das uralte Bestreben und die Sehnsucht jedes Ägypters ausdrückt, mit der Sonne und nach ihrem Vorbild ewig den Zyklus neu beginnen zu können, damit aber zugleich auch ein Vorausahnen des Todes in der Heimat[90].

> »So hat ein Gott gehandelt, um dem Gnade zu erweisen,
> gegen den er aufgebracht war, den er ins Ausland geleitet hat,
> heute ist sein Herz wieder besänftigt.
> Ein Flüchtling floh wegen seiner schwierigen Lage –
> jetzt zeugt man für mich in der Heimat.
> Ein Schleichender schleppte sich hungrig dahin –
> jetzt gebe ich Brot meinen Nachbarn . . .
> Vortrefflich ist mein Haus, weit meine Wohnstatt –
> aber ach! meine Gedanken weilen im Palast.
> O Gott, wer immer du bist, der diese Flucht bestimmt hat,
> sei gnädig und gib mich der Heimat zurück[91]!«

Inzwischen hatte der Pharao durch die Königsboten, die bei Sinuhe gewesen waren, von dessen Schicksal erfahren und sandte nun eilends Boten nach ihm aus, um ihn wissen zu lassen, daß nichts gegen ihn vorliege, daß er und auch die Königin seine Desertion vergessen hätten und daß Sinuhe unbesorgt in seine Heimat, an den königlichen Hof zurückkehren könne, denn:

> »Es soll nicht so sein, daß du im Fremdland stirbst,
> nicht Asiaten sollen dich bestatten,
> nicht in ein Widderfell sollst du eingehüllt,
> keine Steinmarkierung soll für dich errichtet werden.
> Dies alles vergeht ja!
> Sorge für das (ewige) Fortleben und kehre zurück[92]!«

Da gibt es für Sinuhe kein Zögern mehr. In einem demütigen Antwortbrief entschuldigt er noch einmal sein Verhalten:

→ 48. Eine Königin der XII. Dynastie.

> »Diese Flucht, die meine Wenigkeit unternommen hatte –
> sie war nicht überlegt, entsprang nicht meinem Willen . . .

Mein Körper schauderte,
meine Beine liefen davon,
mein Herz lenkte mich,
der Gott, der diese Flucht bestimmte, zog mich fort ...[93]«

Er übergibt all seine Habe und seine Herrschaft an seinen ältesten Sohn und reist nach Ägypten. An der Grenzstation gibt es allerdings noch einmal einen Aufenthalt: Der dortige Befehlshaber muß erst seine Ankunft zum Palast melden, und Sinuhe wartet solange, bis ihn ein Bote Seiner Majestät abholt, um ihn mit Geschenken des Königs willkommen zu heißen und zum Palast zu geleiten. Dort aber wird er am nächsten Morgen schon früh zur Audienz geholt. Königskinder und Hofbeamte beobachten ihn auf dem Wege, denn die Ankunft eines fremdländisch gekleideten Besuchers ist immer ein großes Ereignis.

»Ich traf Seine Majestät auf dem goldenen Thron an,
in der goldenen Nische.
Ausgestreckt lag ich auf dem Bauch
besinnungslos vor ihm.
Als dieser Gott mich freundlich begrüßte,
war ich wie ein Mann, der in der Dämmerung fortgeholt ist.
Meine Seele war dahingeschwunden,
mein Leib war ohnmächtig,
ich ahnte: Aus Leben wird Tod.
Da sprach Seine Majestät zu einem der Hofbeamten:
›Hebe ihn auf und laß ihn zu mir reden!‹
Dann sagte Seine Majestät: ›Siehe, da bist du ...
Aber du hast nicht gesprochen, obwohl dein Name genannt wurde!‹[94]«

Hier ist die zweite Krise im Leben des Sinuhe, denn er begeht mit seiner psychologisch wieder treffend beobachteten Ohnmacht vor Aufregung nicht nur einen schweren Protokollverstoß trotz der gütigen Anrede des Königs, sondern er verliert wiederum die Fassung und verstößt so gegen alles, was die ägyptischen Weisheitslehren vom besonnenen, vorbildlichen Menschen erwarten. In diesen wiederholten Schilderungen des Versagens des Helden ist Sinuhe durchaus ein Kind seiner Zeit: doch unterscheidet sich gerade hierin diese Geschichte grundlegend von der üblichen Grabbiographie, die auch in Zwischenzeit und Mittlerem Reich stets Idealbiographie bleibt.

Bebend vor Angst und mit stotternder Stimme kann Sinuhe nur ein paar unzusammenhängende Worte stammeln. Der König, obzwar nun zornig, läßt Königin und Königskinder kommen, damit sie den Unglückswurm sehen, »einen Asiaten, ein Geschöpf der Beduinen«. Nun folgt eine sehr zu Herzen gehende Szene: Die Königsfamilie, die – wie es das Hofzeremoniell für das Erscheinen vor dem ›Vollkommenen Gott‹ auf seinem Thron verlangte – ihre Kultinstrumente, Sistren und Rasseln, mitgebracht hatte, singt dem Herrscher ein Beruhigungslied zu, das einem Götterhymnus aus dem Tempelkult nachgebildet ist:

→ 49. Königinnenkopf einer Sphinx aus der XII. Dynastie.

204

>*Nimm an das Schöne, langdauernder König,*
den Schmuck der Himmelsherrin (die Kultinstrumente, die als Schmuck der
  Hathor gelten)!
Die Goldene (Hathor) gebe deiner Nase Leben,
so daß du vereint bist mit der Herrin der Sterne!
Die südliche Krone kommt nach Norden, die nördliche nach Süden,
sie sind vereint und versöhnt durch den Spruch Deiner Majestät,
die Kobra ist an deine Stirn gesetzt,
du hast die Schutzflehenden fern vom Bösen gehalten.
Gnädig sei dir Rê, der Herr der Beiden Länder,
und Jubel sei dir, wie der Herrin des Alls!
Spanne ab deinen Bogen und lockere deinen Pfeil,
gib Luft dem, der in Atemnot ist!«

Der König läßt sich besänftigen und redet dem verstörten Sinuhe gütig zu. Diese wiederholte Unterstreichung der Gnade und Güte Sesostris' ist wieder Teil der propagandistischen Zielsetzung des ganzen Werkes. Erstmalig in der ägyptischen Literatur spricht und handelt hier der König als Person, außerhalb von Staatsarchiven und offiziellen Annalen. Typisch ägyptisch ist dabei, daß es die königlichen Frauen sind, die Sinuhe retten. Nun wird alles gut:

>*Nun ging ich also hinaus aus dem Audienzsaal,*
und die Königskinder reichten mir die Hand,
dann gingen wir zusammen zu den großen Portalen.
Ich wurde in das Haus eines Königssohnes gebracht.
Wunderbares gab es dort: Es hatte ein Badezimmer[95].«

Das gab es tatsächlich in Altägypten, und nicht nur im Königspalast – ein rundum mit einem Steinsockel gegen die Nässe eingefaßter Raum mit einem Abfluß nach außen. Dort wurde unser Held nun geschrubbt und rasiert: »... eine ganze Ladung wurde der Wüste übergeben«, und danach brachte man ihm zur Bekleidung einen ägyptischen Schurz aus feinstem Leinen. Sinuhe wurde zum Hofrat ernannt, erhielt ein eigenes Haus und reichlich Verpflegung. Vor allem aber: Der König stiftete ihm ein steinernes Grab im Umkreis der königlichen Pyramide, »der Oberzeichner malte in ihm, der Oberbildhauer meißelte in ihm, der Bauleiter der Nekropole kümmerte sich darum!« Hiermit hat Sinuhe das Ideal ägyptischen Lebens erreicht: Auf Erden wie im Jenseits darf er sich des Schutzes und der Gunst der Majestät des Königs gewiß sein, und so kann er seine Geschichte beruhigt schließen in der Art aller Grabbiographien:

>*Ich blieb in der Gunst des Königs,*
bis der Tag des Hinscheidens gekommen war[96].«

Dieses Kunstwerk, das zu den großartigsten der Weltliteratur überhaupt zählt und von dessen kunstvoller Form mit ihrer Verschränkung der Sätze, ihren

Parallelismen, ihren Anspielungen, Zitaten und Wortspielen und der Fügung der Verse zu den jeweiligen Geschehnissen genau angemessenen Strophen die Übersetzung allenfalls eine schwache Ahnung vermitteln kann, führt uns noch einmal als strahlendes Finale die geistigen Auswirkungen der Revolutionszeit vor Augen: den Wert der Persönlichkeit, die Entdeckung psychologischer Feinheiten, die Verpflichtung aller, auch des Königs, zum sozialen Handeln und Abkehr von rücksichtsloser Willkürlaune[97]. Aber es steht zugleich mit seinen propagandistischen Zielsetzungen auch am Ende einer geistigen Entwicklung, und gerade diejenigen Probleme, die am stärksten an die Grundfragen menschlicher Existenz rührten, so etwa das des ›Vorwurfs an Gott‹ oder des Skeptizismus gegenüber den Begräbnisvorkehrungen, scheinen nun überwunden. So nehmen wir hier auch von der geschichtlichen Entwicklung Abschied, die durch die Revolution in Gang gesetzt worden war. Die XII. Dynastie ab Sesostris bildet neue Traditionen, und das ist Stoff genug für ein anderes Buch. Wir wollen uns aber noch die Frage stellen, wie denn die einfachen Leute in Ägypten mit den Folgen der Revolution fertig wurden.

8
Der Bauer und die Gerechtigkeit

> »*Es gab einen Mann, Khuinanup (›der von Anubis Geschützte‹) mit Namen,*
> *das war ein Bewohner der Salzoase (Wadi Natrun),*
> *und er hatte eine Frau namens Merit*[1].*«*

Mit dieser in ihrer klassischen Einfachheit an die Erzählungen der Edda erinnernden Einleitung beginnt eine nur auf den ersten Blick einfache Geschichte. Schon ihre komplizierte metrische Form und ihre Aufteilung in neun Reden (die Neun ist in Ägypten das Symbol für Ganzheit) zeigen, daß die Naivität nur vorgespielt ist. Bedient sich also hier ein Schreiber nur der unteren Volksschichten, um die herrschenden Kreise auf Kosten der einfachen Leute zu unterhalten? Wir werden sehen, daß die Dinge sehr viel komplizierter und interessanter liegen.

Zunächst noch ein Wort zur Text-Überlieferung, die ja für die Datierung der Entstehungszeit bei undatierten Werken wie dem vorliegenden sehr wichtige Hinweise geben kann. Allein in vier Papyri aus dem Mittleren Reich ist die Geschichte auf uns gekommen, dazu in vielen *Ostraka* (Steintäfelchen), deren jüngstes aus der Zeit Ramses' III. stammt. Diese Erzählung ist also mindestens neunhundert Jahre lang bekannt und beliebt gewesen! Die angewandte Metrik stammt aus der XII. Dynastie, aber vieles weist auf eine wesentlich frühere Entstehungszeit des Urtextes, wobei vor allem die Zeit der herakleopolitanischen Dynastie in Frage käme. Überarbeitungen von Literaturwerken, inhaltlich wie auch nach den jeweils geltenden Sprach- und Metrikregeln, waren durchaus üblich. Ein Copyright gab es in Altägypten nicht, und von diesem wie von den meisten Werken kennen wir nicht einmal einen Autor; die ›Lehre Amenemhêts‹ ist in dieser Hinsicht eine seltene Ausnahme. Doch folgen wir nun dem Fortgang der Geschichte:

> »*Einst sprach der Oasenmann zu der Frau:*
> ›*Du, ich will hinab nach Ägypten,*
> *um von dort Speise für unsere Kinder zu holen . . .*‹
> *Dann stieg der Oasenmann hinab nach Ägypten,*
> *nachdem er seine Esel beladen hatte*
> *mit Palmzweigen, Matten, Natron und Salz,*
> *mit Holz und Mandeln aus Farafra,*
> *mit Leopardenfellen und Fuchsbälgen,*
> *mit schönem Schilfrohr und verschiedenen Heilkräutern,*
> *mit Tauben, Straußen und anderen Vögeln,*

50. Schon zur Zeit Khuina-nups war das Niltal Anbau-zentrum für Ge-treide – Kon-trolle des Ern-teertrags durch Schreiber.

mit Dornpflanzen, Papyrussamen und Anis –
kurz, mit allen schönen Produkten der Salzoase[2].«

Unser Oasenmann war offensichtlich ein Kleinbauer, denn er läßt sich von seiner Frau eine Wegzehrung aus eigenem Korn zumessen; zugleich aber war er auch ein kleiner Händler, der selber und ohne Gehilfen die in den umliegenden Oasen eingehandelten Waren einmal im Jahr zum Markt der Hauptstadt brachte, die von dem Wadi Natrun aus eine ganze Strecke entfernt im Südosten lag:

> *»Der Oasenmann reiste gegen Süden nach Herakleopolis*
> *(hier ist der erste Hinweis darauf, daß sich die Geschichte in der Zeit der*
> *Herakleopoliten ereignet).*
> *Er gelangte zum Bezirk Per-Fefi, der nördlich von Medenit liegt.*
> *Dort traf er auf einen Mann, der auf dem Dammweg stand,*
> *Thotnacht mit Namen, Sohn einer gewissen Iseri –*
> *das waren Leute des Oberverwalters Rensi, Sohn des Meru.«*

209

Dem Titel nach zu urteilen, handelt es sich um ein Gut des Königs, das von einem Beamten mit Namen Thotnacht im Auftrag des Oberdomänenverwalters Rensi bewirtschaftet wird.

> *»Da sprach der Thotnacht, als er die Esel des Oasenmannes sah,*
> *wohlgefällig bei sich wie folgt:*
> *›Hätte ich doch ein wirksames Zaubermittel,*
> *mit dem ich diesem Oasenmann da seine Sachen abnehme!‹³«*

Da fällt Thotnacht ein Trick ein: Über den auf einer Seite durch das Haus, auf der anderen durch einen Kanal eingeengten Weg legt er ein Leintuch, und als ein Esel darauf tritt, ein anderer einige Kornhalme des Thotnacht beim Halt der kleinen Karawane frißt, beschlagnahmt er die Esel und ihre Ladung und verprügelt den Oasenmann auch noch. Trotz dessen lebhaften Protestgeschrei behält er Khuinanups gesamtes Hab und Gut, und so macht der Oasenmann sich auf nach Herakleopolis zu dem Oberverwalter Rensi, um Klage zu erheben. Das Gericht aber wollte die Klage nicht zulassen, weil es sich nur um die üblichen Redereien von Oasenleuten handle und man doch nicht einen Mann wie Thotnacht wegen ein bißchen Salz und Natron bestrafen könne. In seiner Verzweiflung fleht Khuinanup schließlich den Oberverwalter Rensi selbst an:

> *»›Oberverwalter, mein Herr,*
> *Größter der Großen,*
> *Führer des Seienden und des Nichtseienden –*
> *wenn du herabsteigst zum See der Gerechtigkeit,*
> *dann segelst du auf ihm mit günstigem Wind ...*
> *Denn du bist der Vater der Waisen,*
> *der Gatte der Witwe,*
> *der Bruder der Geschiedenen,*
> *der Schutz dessen, der keine Mutter hat ...*
> *Ich rede, du hörst.*
> *Verwirkliche das Recht, du Gelobter, den die Gelobten loben,*
> *vertreibe die Not!*
> *Siehe, ich bin beladen mit Kummer,*
> *siehe, ich bin schwach deswegen –*
> *zähle mich und sieh, wie wenig ich bin!‹*
> *Der Oasenmann tat aber diese Rede*
> *zur Zeit des Königs Nebkaurê,*
> *und der Oberverwalter Rensi, Sohn des Meru,*
> *begab sich vor Seine Majestät ...⁴«*

→ 50a. Grabmodell eines Brotbäckers.

→ 51. Ein Marktdieb wird von dressiertem Affen festgehalten.

Nach der bewegenden Klage des Bauern, die über diesen Einzelfall hinaus ein Flehen um Gerechtigkeit überhaupt ist, erhalten wir einen konkreten Hinweis auf die Zeit, in der die Geschichte spielt: Es ist die Regierungszeit des Pharao Achthoes II. Nebkaurê, des vierten Herrschers der IX., herakleopolitanischen

210

52. Landarbeiter mit der Hakke – Holzmodell des Mittleren Reiches.

Dynastie. Diese Angabe muß echt sein, denn in der Zeit der XII. Dynastie, aus der die frühesten Handschriften der Geschichte stammen, wäre niemals ein Herakleopolit als Held einer Geschichte erfunden worden[5].

Oberverwalter Rensi unterrichtet den König über den so erstaunlich redegewandten Oasenmann, und Seine Majestät ordnet an, den Kläger hinzuhalten, um noch mehr solch schöne Reden von ihm zu hören, zugleich jedoch dafür zu sorgen, daß es dem Bauern und seiner ganzen Familie an nichts fehle – allerdings ohne ihm zu sagen, woher die Gaben kämen.

Diese Reaktion wirft ein Licht auf das Königsbild der Ersten Zwischenzeit: Als Herrscher mag Nebkaurê sich zwar die Freude an der ›schönen Rede‹ nicht versagen, aber diese Zeit fordert zugleich ein soziales Herz und die Befolgung der Fürsorgepflicht durch den König. Man sieht auch schon, daß die Geschichte nicht etwa zur Erheiterung der Hofgesellschaft von einem dummen Bäuerlein handelt, sondern im Gegenteil: Gerade dieser einfache Mann ist es, der den Großen und Vornehmen den Spiegel der *Maat*, der Weltordnung – ein Begriff, der weit umfassender ist als das, was wir mit Begriffen wie ›Gerechtigkeit‹ oder ›Wahrheit‹

214

ausdrücken würden –, vorhält, und dies in einer Sprache, die zwar ganz bewußt einfach, aber höchst bilderreich ist und äußerste Klugheit verrät. Noch heute besitzen im Niltal nicht wenige Fellachen die Gabe der ›schönen Rede‹ – man lausche nur einmal vor einer Behörde oder auch nur einer Auseinandersetzung zwischen ägyptischen Dorfbewohnern!

So erhielt also unser Oasenmann fortan täglich zehn (kleine) Brote und zwei Krüge Bier, und auch um das Wohlergehen seiner Familie brauchte er sich keinerlei Sorgen zu machen. Bald erhob Khuinanup erneut seine Klage und sprach den Oberverwalter Rensi an:

> »Steuerruder des Himmels,
> Mastbaum der Erde,
> Schnur des Lotes.
> Steuerruder, falle nicht!
> Mastbaum, stürze nicht!
> Lot, wanke nicht! ...

53. Pflüger und Sämann aus dem Mittleren Reich.

215

Ist das nicht etwas Schlimmes:
eine Waage, die schiefsteht,
ein Lot, das fehlgeht,
ein Rechtschaffener, der verwirrt ist?
Siehe, die Gerechtigkeit (Maat) flieht vor dir,
da sie von ihrem Platz verdrängt ist.
Die Beamten tun Unrecht,
wer richtig rechnen sollte, tut etwas auf die Seite.
Die Richter rauben gestohlenes Gut.
Wer einer Sache auf den Grund gehen sollte,
bringt sie in Verwirrung ... [6]«

Khuinanup scheut sich also nicht, die korrupten Beamten anzuklagen, und als Rensi ihn – um ihn zu reizen – fragt, ob er denn so Schreckliches erlitten habe, bekommt er zur Antwort:

»Der die Kornhaufen mißt, unterschlägt für sich,
der für einen anderen abfüllt, beschneidet dessen Anteil,
der nach dem Gesetz regieren soll, befiehlt den Raub –
wer also soll der Gemeinheit wehren [7]?«

Wenn also die Gerechtigkeit auch nur im kleinsten verletzt wird, dann ist sie insgesamt in Gefahr, und damit letztlich die Weltordnung. Nach einer weiteren Rede läßt Rensi zwei Diener mit Peitschen zum Schein gegen Khuinanup vorgehen, und jetzt wird der Oasenmann noch deutlicher:

»So geht denn der Sohn Merus in die Irre:
Seine Sinne sind blind gegen das, was er sieht,
taub gegen das, was er hört,
vergeßlich gegen das, woran er erinnert wird ...
Wahrlich, du bist Polizist und Räuber zugleich,
eine Respektsperson, die Geschenke annimmt,
ein Gouverneur, der dem Raub Einhalt gebieten soll,
aber zum Vorbild wurde für den, der ihn ausübt [8]!«

Diese lebhaften Anklagen gelten – weit über den konkreten Fall hinaus – letztlich den Zuständen der Zeit und stellen so die vorliegende Geschichte in eine Reihe mit der sogenannten Auseinandersetzungsliteratur wie den ›Ermahnungen‹ oder dem ›Zwiegespräch des Lebensmüden‹, ja sie rücken die Geschichte vom schlichten Oasenmann sogar in die Nähe der ›Lehren‹ der Könige. Immer deutlicher wird dabei auch, daß der einfache Mann aus dem Volke in dieser Ersten Zwischenzeit eine ganz andere Stellung gewonnen hat als die des Hörigen, in der er im Alten Reich verharrte!
Zum vierten Mal kam der Oasenmann, um Gerechtigkeit zu erflehen, und traf Rensi, als dieser gerade aus dem Tempel des Ortsgottes von Herakleopolis,

Harsaphes (wörtlich: ›der über seinem See‹; der Gott wurde in Gestalt eines Widders verehrt), heraustrat. Geschickt weiß Khuinanup diesen Anlaß zu nutzen:

> »Du Belohnter, dich belohne Harsaphes,
> aus dessen Haus du gekommen bist!
> Das Gute ist zerstört, und niemand kann sich rühmen,
> daß er die Lüge zu Boden geworfen hat ...
> Gestört sind das Gehen in der Nacht
> und das Wandeln am Tage
> und daß ein Mann eintritt für sein gutes Recht.
> Ohne Ende muß man dir all das predigen,
> denn die Milde ist an dir vorbeigegangen –
> wie klagt der Arme, den du zugrunde gerichtet hast!
> Das vierte Mal schon flehe ich dich an,
> wie lange soll ich noch warten⁹?«

So oder ähnlich klingen die Vorhaltungen auch beim fünften und sechsten, beim siebten und achten Male: Flehen um Gerechtigkeit auf Erden, Klagen über den erlittenen Verlust und die Verderbtheit der Zeit, Vorwürfe gegen die korrupte Beamtenschaft. Als Höhepunkt zitiert der Oasenmann schließlich das »herrliche Wort, das aus dem Mund des Sonnengottes selbst hervorging:

> ›Sprich Gerechtigkeit und übe Gerechtigkeit,
> denn sie ist groß, gewaltig und dauernd‹.«

Seine neunte Klage aber schließt er mit einer Drohung:

> »Siehe, ich flehe dich an, aber du kannst nicht hören.
> Nun gehe ich fort, damit ich deinetwegen den (Totengott) Anubis anflehe!
> Die Sehnsucht des Dürstenden ist Wasser,
> das Verlangen des Säuglings ist Milch.
> Was er zu sehen hofft, ist nicht zu ihm gekommen,
> nun kommt zögernd sein Tod zu ihm¹⁰!«

In seiner Verzweiflung sieht also der Bauer nur noch einen Ausweg: Er will sich das Leben nehmen und Rensi und Thotnacht vor das Jenseitsgericht zitieren. Hieran läßt sich die außerordentliche Bedeutung ableiten, die das Totengericht in der Ersten Zwischenzeit angenommen hat, und zwar zunächst als Prozeßgericht mit Klägern und Angeklagten. Das ist eine gefährliche Drohung, die Rensi sehr ernst nimmt, und so gibt er das Spiel auf: Er lädt Khuinanup in sein Haus ein und zeigt ihm die Texte aller seiner Klagen – niedergeschrieben »auf einer frischen Papyrusrolle«, nicht etwa auf einer alten, abgewaschenen, woran man ermessen kann, wie wertvoll sie für ihn waren. Dann sandte Rensi die Papyrusrollen an

König Nebkaurê, »und das war erfreulicher für das Herz Seiner Majestät als alles andere auf der ganzen Welt«. Der Pharao entschied, daß Rensi den Richtspruch selbst fällen solle. Dieser ließ Thotnacht kommen, nahm ein Protokoll über dessen Eigentum auf und gab es, zusammen mit dem Geraubten, an Khuinanup.

So endet die Geschichte märchenhaft im Erzählton, wie sie begann, und sie ist dennoch alles andere als ein Kindermärchen. Ihr Hintergrund ist vielmehr eine philosophische und religiöse Ethik: die Geltung der Maat, der gerechten Weltordnung, für alle Menschen. Gerade die sozialen Aspekte sind nicht zu übersehen: Der Arme ist besonders schutzbedürftig durch die Mächtigen – das ist die Lehre nicht nur dieser Geschichte, sondern der ganzen damaligen Zeit unmittelbar nach der Revolution.

Aber auch die Gestalt des Bauern ist mehr als eine bloße Erzählfigur. Zum einen ist er Ägypter, und also behält er trotz allen Unheils die Fassung. In den heftigsten Klagen wird er weder zu einem Hiob noch zu einem Michael Kohlhaas. Wohl aber finden wir in seinem Bild Spuren einer anderen Zeiterscheinung: das Auftreten des wortgewandten Angehörigen einer unteren (durch die Revolution abgesunkenen?) Gesellschaftsschicht, häufig wohl auch in der Gestalt des Unruhestifters – denken wir nur an die entsprechenden Warnungen in der ›Lehre für Merikarê‹[11]! Auch hierin erkennen wir wieder den weit über nur formale Ähnlichkeit hinausreichenden, geistes- und sozialgeschichtlichen Zusammenhang mit der großen Auseinandersetzungsliteratur der Ersten Zwischenzeit.

Von ganz anderer Art hingegen sind die folgenden Briefe, die unter dem Namen des Hauptbriefschreibers als ›Heqanachte-Papiere‹ bekannt geworden sind. Allein schon die Tatsache, daß sie Jahrtausende hindurch erhalten blieben und schließlich wiederentdeckt wurden, ist höchst bemerkenswert und eine Geschichte voller Glücksfälle. Heqanachte war Totenpriester am Grab des Wesirs Ipi in der Nekropole von Theben zur Zeit des zweiten Herrschers der XI. Dynastie, Mentuhotep Sankhkarê. In diesem Amt hatte er aber nur zeitweise zu tun; sonst lebte er in einem Dorf etwa zwanzig Kilometer stromauf von Theben auf dem Westufer des Nils, Neboseyet mit Namen. Dort besaß er einen kleinen Bauernhof, den er zusammen mit seiner Familie, einem Knecht und dessen Familie bewirtschaftete. Er gehörte also keineswegs zu den Großgrundbesitzern, sondern lebte schlicht, wenn auch auskömmlich von seinem bescheidenen Besitz, dessen Erträge er jedoch durch kluges Hinzupachten zu steigern suchte.

Eines Tages mußte er geschäftlich nach Süden reisen, und sein ältester Sohn Merisu vertrat ihn bei der Verwaltung des Hofes wie auch als Totenpriester. Heqanachte aber war mißtrauisch und schrieb übellaunige, ärgerliche Briefe. Diese las Merisu, zusammen mit Abrechnungen und anderen Papieren, während seines Dienstes am Grab des Wesirs Ipi. Dabei saß er auf dem Mäuerchen am Grab eines Gefolgsmannes von Ipi namens Emsah. Wenn er nun einen Brief oder ein Papier gelesen hatte und nicht mehr benötigte, warf er es in den Grabschacht. Als man kurz darauf an dieser Stelle eine Korridormauer errichten ließ, wurde diese ganze Korrespondenz miteingegraben, bis eine Expedition des Metropolitan Museum of Art in New York unter Leitung von T. G. H. James sie vor etwa zwanzig Jahren nach fast vier Jahrtausenden wieder ans Licht brachte[12].

Dieser Fund ist ein Zeitdokument von unschätzbarem Wert, denn er vermittelt ein lebendiges Bild vom Leben im Ägypten der frühen XI. Dynastie. Die Schriftstücke enthielten zum Teil so konkrete Angaben, daß es möglich war, sie genau zu datieren: Danach sind sie zwischen dem 18. Mai und dem 17. Juli des Jahres 2002 v. Chr. abgefaßt worden[13]! Hier geht es natürlich nicht um große Staatsaktionen, sondern um die ganz alltäglichen Sorgen eines kleinen Bauern, ob die Söhne auch guttun und fleißig sind, ob sie sich bei Kauf oder Verkauf auch nicht übers Ohr hauen lassen, wie hoch die Lebenshaltungskosten sind und so fort, bis hin zu Familienkrächen um Dienstboten, Konkubinen und verzogene Lieblingssöhne.

Was immer Heqanachte auch zu seiner Reise bewogen haben mag – er spricht sich nirgends darüber aus. Seine Sorgen und Gedanken kreisen einzig und allein um seinen Haushalt und um seine recht umfangreiche Familie. Da gab es zunächst einmal mehrere Söhne: Merisu, Sihathor, Sinebnut, Anupu und Snofru, wobei die letzteren beiden deutlich jünger waren als die anderen und daher kaum schon irgendwelche Verantwortung trugen. Vor allem Snofru ist der Liebling Heqanachtes, und sein Bruder Merisu wird wiederholt vom Vater ermahnt, den Jüngsten tun zu lassen, was er möchte. Es gibt aber auch noch drei Töchter: Siinut, Nofret und Sitweret. Bei all seiner Sorge um das Wohlergehen seiner Familie kehrt Heqanachte andererseits doch sehr den Herrn heraus, dem unbedingt zu

53a. Der Melker nimmt der Kuh die für das Kalb bestimmte Milch fort. XI. Dynastie.

219

gehorchen ist und der höchst ungnädig werden kann, wenn ihm etwas gegen den Strich geht – und ihm geht vieles gegen den Strich!

Dem ältesten Sohn Merisu unterstand Nachte, Sohn des Heti (da er nicht zur Verwandtschaft gehört, wird bei seiner Nennung immer der Vatersname hinzugefügt), Knecht oder, besser gesagt, Vorarbeiter auf dem Gut Heqanachtes und – soweit er nicht mit selbständigen Aufgaben betraut war – ausdrücklich angewiesen, dem Merisu bei seiner Arbeit zur Seite zu stehen.

Schließlich gehörten zum Haushalt noch Heqanachtes Mutter Ipi, die er mit größtem Respekt und Zuneigung grüßen läßt, sowie zwei weibliche Verwandte, Hetepet und Nofret, und – nicht zu vergessen – Jutenheb, die Konkubine Heqanachtes; seine Frau und Mutter seiner Söhne ist offenbar bereits gestorben. Besonders um Jutenheb macht sich Heqanachte Sorgen, ob sie auch mit dem gebührenden Respekt behandelt wird. Offenbar hatte Jutenheb sich in einem – leider nicht erhaltenen – Brief über dauernde Schikanen von seiten des Hausmädchens Senen beschwert, die vermutlich schon seit langem zum Haushalt gehörte und als Vertraute der einstigen Hausherrin nun die ›Neue‹ nicht als Herrin anerkannte[14].

Aber lassen wir nun den Briefschreiber selbst zu Wort kommen:

»Mitteilung vom Totenpriester Heqanachte an Merisu: Was an unserem Land unter Wasser ist – ihr seid es, die es bebauen – wehe allen meinen Leuten und euch! Siehe, ich betrachte dich als dafür verantwortlich. Sei sehr tatkräftig beim Anbau; gib sehr acht! Achte auf mein Saatgetreide – auf mein ganzes Eigentum muß geachtet werden! Siehe, ich betrachte dich als verantwortlich dafür. Gib bloß acht auf mein ganzes Eigentum[15].«

Nach dieser etwas übellaunigen Einführung gibt Heqanachte ganz genaue Anweisungen, wie und für wieviel Pacht (in Stoffballen zu zahlen) welches Land zu bebauen ist. Vom guten eigenen Land sind 2½ Aruren (1 Arure = 2735 m²) mit Weizen, 2½ Aruren mit Gerste zu bebauen. Er fährt fort:

»Jetzt paß auf! Als ich hierher südwärts kam, hast du mir die Pacht von 7 ½ Aruren Land in Gerste berechnet. Gib bloß acht! Entwende nicht ein Maß Gerste davon. Säe nicht davon aus, denn du hast die Pacht für mich unerfreulich gemacht . . .[16]«

»Was nun aber das Senden von Sihathor zu mir mit ganz alter, vertrockneter Gerste angeht, die noch aus (alten Beständen) in Djedisut (Pyramidenstadt bei Memphis; wahrscheinlich haben die siegreichen Pharaonen der XI. Dynastie aus den dort gelagerten Vorräten ihre Paladine versorgt, und offenbar ist über den Wesir Ipi aus diesem Bestand auch eine Ladung an Heqanachte als Entgelt für seinen Dienst als Totenpriester gelangt, nun freilich nicht mehr ganz frisch . . .) stammt, anstatt mir diese 10 Maß in guter, neuer Gerste zu geben: Ist's etwa so, daß du fröhlich die frische Gerste ißt, während ich schlecht behandelt werde? Wenn du die alte Gerste geschickt hast, um diese neue zusammenzuhalten, kann ich nur sagen: Gut so! Aber wenn du für mich nicht ein einziges Maß von der neuen Gerste berechnet hast, werde ich dir davon niemals etwas zurechnen! Achte sehr auf Snofru. Gib ihm genug Kost. Und grüße Snofru – wie Khentykhe (ein Nachbar) zu sagen pflegt – tausendmal, eine Million mal. Achte auf ihn und

→ 54. Aus der Gerste wurde auch Bier bereitet.

220

schreib mir darüber! Wenn aber mein Land überflutet ist, während er es mit dir und Anupu bestellt, wehe dir und Sihathor! Achte sehr auf ihn. Du sollst ihn zu mir nach der Bestellung schicken. Laß ihn mir drei Maß Weizen bringen mit allem, was du an Gerste erübrigen kannst, natürlich nur, was eure Verpflegungszuteilung bis zur Ernte übersteigt[17].«

Nach weiteren Anweisungen, welche Felder womit eingesät werden sollen – im Falle einer hohen Nilflut anders als bei einer gewöhnlichen –, kommt Heqanachte wieder auf sein Lieblingssöhnchen zurück:

»Achte sehr auf Anupu und Snofru; du stirbst mit ihnen und du lebst mit ihnen – keiner ist in diesem Hause wichtiger! Übrigens laß das Hausmädchen Senen entlassen, sobald Sihathor (mit diesem Brief) ankommt . . . Schuld bist du, daß sie meiner Konkubine übel mitgespielt hat. Siehe, warum soll ich es unangenehm für euch machen? Was kann sie (die Konkubine) euch, den fünf Kindern, schon anhaben? Und grüße meine Mutter Ipi tausendmal, millionenmal! Und grüße Hetepet und den ganzen Haushalt und Nofret. Aber was soll das, meiner Konkubine Übles zu tun. Bist du mein Partner oder nicht? Wenn du damit aufhörst, um so besser! Und schicke eine Abrechnung über alles, was das Gut einbringt. Paß auf und vernachlässige nichts. Was der Totenpriester Heqanachte seinem Haushalt in Neboseyet mitteilt[18].«

Hier ist nichts kunstvoll: Es gibt weder Metren noch irgendwelche Wortspiele, und auch die Gedanken gehen wirr durcheinander. Aber gerade dadurch wird der Eindruck besonders lebendig, den wir von den Sorgen eines Bauern aus der Zeit der XI. Dynastie bekommen. Interessant ist, daß Staat und Verwaltung zu dieser Zeit für die Führung eines Gutsbetriebes gar keine Rolle spielen. Das war im Alten Reich anders und sollte wohl schon in der XII. Dynastie, mit Sicherheit aber spätestens im Neuen Reich wieder anders werden – insofern nämlich, als man weder zu dieser noch zu jener Zeit neben dem Großgrundbesitz überhaupt von einem selbständigen Bauernstand sprechen kann. Und noch etwas verdient hervorgehoben zu werden: Heqanachte konnte offensichtlich schreiben, und er setzte bei seinem Sohn Merisu das gleiche voraus. Gewiß mag Heqanachte sich allein schon durch seine Tätigkeit als Totenpriester, aber auch durch Geschick und Bildung vor den Mitbauern in seinem Dorf ausgezeichnet haben; seine Schriftkundigkeit indessen scheint doch sehr dem Bild zu widersprechen, das oft von den sozialen Verhältnissen in Altägypten gezeichnet wird, als ob nur die Verwaltungsbeamten und die ›hauptamtlichen‹, an Tempeln diensttuenden Priester hätten lesen und schreiben können und als habe es darunter nur eine in Unwissenheit und dumpf dahinvegetierende Masse gegeben. Falls dieses Bild überhaupt auf irgendeine Epoche der altägyptischen Kultur zutreffen sollte – am allerwenigsten gilt es für die Epoche nach den Umwälzungen der Ersten Zwischenzeit! Aber auch aus späteren Zeiten haben wir zahlreiche Hinweise darauf, daß nicht nur Künstler und Handwerker schriftkundig waren, sondern sogar auch Arbeiter, wofür die Funde in der Siedlung der Grabarbeiter von Der el-Medine genügend Zeugnisse enthalten. Auch noch im Neuen Reich pflegen begabte Bauernsöhne die Schreiberschulen zu besuchen, und von schreibkundigen Bauern haben sich wohl einfach nur die Belege nicht erhalten – mit Ausnahme der Heqanachte-Papiere.

Alles spricht auch dafür, daß Heqanachte seine Briefe nicht etwa durch einen Schreiber verfassen ließ, denn dann wären sie stilistisch und im Aufbau kunstvoller. Und was Merisu betrifft, so darf man auch bei ihm voraussetzen, daß er die Briefe ohne fremde Hilfe las; andernfalls wäre ihr Fundort kaum zu erklären.

Wir dürfen also für die Zeit, aus der die Heqanachte-Papiere stammen, die Existenz einer Schicht kleiner und mittlerer Bauern annehmen, die zum Teil sogar über eine gewisse Bildung verfügten. Ihr Land trug ihnen bei genügend hoher Nilflut eine auskömmliche Menge an Getreide, Flachs und anderen Saaten ein, um ihre zahlenmäßig recht großen Familien gut ernähren, kleiden und mit allem zum Leben Notwendigen versorgen zu können.

Wie sehr der bisweilen recht mißmutig wirkende Heqanachte an seiner Familie hing – darin übrigens den meisten Ägyptern der pharaonischen Zeit ähnlich, die immer wieder den zärtlichsten Familiensinn beweisen –, zeigt der Anfang seines zweiten Briefes:

»Ein Sohn spricht zu seiner Mutter; der Totenpriester Heqanachte zu seiner Mutter Ipi und zu Hetepet: Wie geht es euch? Seid ihr lebendig, wohl und gesund? In der Gunst des Month (des alten Gottes der Region Theben), des Herrn von Waset (Theben)! – und an den ganzen Haushalt: Wie geht es euch, wie steht's? Seid ihr am Leben, wohl und gesund? Keine Sorgen um mich: Siehe, ich bin gesund und lebendig ...

Seht, das ganze Land geht zugrunde, während ihr nicht hungert. Bevor ich hierher nach Süden kam, hatte ich eure Rationen ausreichend festgelegt. So bin ich unter euch und ernähre euch[19]!«

Und nun folgt auf diese gefühlsbetonten Worte eine ganz trockene Aufzählung der Rationen für die einzelnen Haushaltsmitglieder, die wir hier nicht wiedergeben, weil weder die Zeitdauer, für die die genannten Rationen gelten, noch die Maßangaben ganz klar sind. Auf jeden Fall erhalten Mutter Ipi und ihre Dienerin und Hetepet samt Dienerin genausoviel wie Hetis Sohn Nachte, der Vorarbeiter, mitsamt seiner ganzen Familie und Merisu mit Familie, während die übrigen Söhne und Töchter weniger erhalten. Heqanachte, der diese Rationen wohl selbst nicht als allzu großzügig empfindet, fährt daher beschwichtigend fort:

»Nun ärgert euch nicht hierüber. Siehe, man nennt Hunger ›Hunger‹. Hier fangen sie schon an, (vor Hunger) Menschen zu essen. Es gibt sonstwo keine Leute, die solche Rationen hätten ... Anordnung vom Totenpriester Heqanachte an Merisu und in seiner Vertretung an Hetis Sohn Nachte: Ihr habt diese Rationen meinen Leuten zu geben, solange sie arbeiten. Paßt bloß auf; hackt mir all mein Land, siebt mit dem Sieb, hackt mit euren Nasen ...[20]!«

Der Hinweis auf eine Hungersnot ist keineswegs abwegig – im Gegenteil: Gerade aus der Zeit der XI. Dynastie sind uns Hungersnöte mehrfach bezeugt, zum Teil zweifellos als Folgeerscheinung der revolutionären Wirren und kriegerischen Auseinandersetzungen der Zwischenzeit. Und wenn auch der Hinweis auf Menschenfresserei wohl eher eine literarische Metapher ist – wir kennen sie aus den ›Mahnungen‹ und anderen Werken der Revolutionszeit –, so mag sich die Familie Heqanachtes mit ihren bescheidenen, aber sicheren Rationen auf jeden Fall in einer besseren Lage befunden haben als so manche andere im Lande.

55. »Auch bei der Magd am Mahlstein findest du die Gabe der ›Schönen Rede‹« – aus der Lehre des Ptahhotep.

Natürlich benutzt der Schreiber gleich die Gelegenheit, Merisu und Nackte zur Arbeit anzutreiben, kommt aber bald darauf – nachdem er noch einige Anweisungen erteilt hat – wiederum auf seine Lieblingssöhne zu sprechen:

»Also, wenn ihr etwas aus Anupus Eigentum habt, gebt es ihm zurück; was verloren ist, ersetzt ihm! Laßt mich darüber nicht nochmals schreiben müssen; ich habe schon zweimal dieserhalb an euch geschrieben. Wenn Snofru gern mit den Bullen arbeitet, laß ihn! Er wollte wohl nicht mit euch beim Ackern sein, immer hin- und herlaufend, noch wollte er hierher zu mir kommen (entgegen dem Wunsch des Vaters im ersten Brief); was immer er sonst möchte, laß ihn sich darüber freuen[21]!«

Aber auch auf verschiedene Frauen des Haushalts kommt Heqanachte zu sprechen, sichtlich um ihr Wohlergehen besorgt. Gerade Passagen wie diese, in denen der Briefschreiber seinen ganz persönlichen Gefühlen Ausdruck verleiht, sind ein wahres menschliches Dokument, das uns sogar ermöglicht, uns in die Seele eines Bauern des zwanzigsten vorchristlichen Jahrhunderts hineinzuversetzen und seine Sorgen wie seine Freuden mitzuempfinden:

224

»Ich hatte dir gesagt: Halte keinen Gesellschafter von Hetepet fern, ob ihren Friseur oder ihr Hausmädchen. Kümmere dich sehr um sie. Dann magst du in allem gedeihen. Also, wenn du sie nicht haben willst, solltest du Jutenheb zu mir schicken. Sie ist schließlich meine Konkubine, und jeder weiß, was sich ihr gegenüber gehört. Wäre wohl jemand von euch geduldig, wenn seine Frau bei ihm angeschwärzt würde (was Merisu offenbar nach dem letzten Brief des Vaters getan hatte, um sein Verhalten zu erklären)? Dann wäre ich auch geduldig, aber so kann ich nicht unter einem Dach mit dir sein[22].«

Der Brief schließt wieder mit Anweisungen für Pacht und Anbau. Interessant ist dabei, daß Heqanachte sich auf die Übersendung mit gleicher Post von 24 Kupferdeben (1 Deben = ca. 91 g) bezieht, die zur Pacht von weiteren fünf Aruren Land dienen sollen (also pro 2735 m^2 fast 450 g Kupfer), die aber je nach Marktlage auch in Stoffballen oder Gerste getauscht werden können, wenn damit der Pachtpreis günstiger wäre, alles auf der Basis von Öl berechnet. Man sieht also, daß auch in einer Zeit, in der Geld als Zahlungsmittel noch unbekannt war, das Geschäftsleben um nichts weniger kompliziert war als heute. Das anstelle von Geld als Tausch- und Verrechnungseinheit dienende Öl, von dem in mehreren Briefen Heqanachtes die Rede ist, war schon in der Frühzeit der ägyptischen Zivilisation, also bereits gut ein Jahrtausend vor der Zeit, in der Heqanachte lebte, die offizielle ›Währung‹, in der sämtliche Steuern des Landes bezahlt oder über die sie zumindest berechnet wurden[23].

Der dritte Brief der Sammlung ist nicht an Merisu, sondern an einen »Aufseher des Deltas, Hrunufe« gerichtet, der trotz seines Titels wohl nicht im Delta wohnte – der Titel dürfte ein reiner Rangtitel sein –, sondern auf einem Gut, das ihm gehörte und nicht allzu weit von Heqanachtes Besitz entfernt lag. Da es sich hier um einen Gleich- oder gar Höhergestellten handelt, ist im Gegensatz zu den Briefen an Sohn Merisu die Anrede höchst förmlich und umfangreich; auch bezeichnet sich Heqanachte als »dein Diener« und spricht Hrunufe in der dritten Person an, um freilich gegen Schluß seines Briefes wieder in die gewöhnliche Anrede zu verfallen, was zeigt, daß Hrunufes Rang keinesfalls sehr viel höher als der Heqanachtes gewesen sein kann. Inhaltlich geht es um die Rückgabe eines Gerste-Kredits, um den Sinebnut und Nachte geschickt würden. Auf die näheren Einzelheiten können wir diesmal verzichten, da sie nicht viel Interessantes für uns bringen außer der Tatsache, daß also auch in der Zeit ohne Geldwährung komplizierte Kreditvorgänge durchaus möglich und üblich waren und daß wiederum die Rückzahlung in Gerste oder zu einem besonders aufgeführten Tauschsatz in Öl erfolgen konnte.

Der nächste Brief der Sammlung stammt nicht von Heqanachte, sondern von einem Mädchen namens Sitnebsekhtu und ist an ihre gleichnamige Mutter gerichtet. Der Brief ist zweifellos von einem Schreiber auf Bestellung geschrieben, denn die Handschrift stimmt mit der des vorigen Briefes, den Heqanachte wohl wegen der Bedeutung des Adressaten durch einen Schreiber verfassen ließ, überein. Daraus kann man schließen – und auch der Fundort spricht dafür –, daß die Tochter Sitnebsekhtu ebenfalls zum Haushalt in Neboseyet gehörte, wenn sie auch in den übrigen Briefen nie erwähnt wird; ihre Mutter dürfte vermutlich auf einem anderen Besitztum Heqanachtes gelebt haben. Die Tochter bittet die Mutter, einem gewissen Gereg etwas auszurichten, und diese adressiert das Schreiben einfach an jenen um; die in anderer Handschrift gehaltene zweite Adresse zeigt dies deutlich.

Interessant ist es für uns, zu erfahren, mit welcher Selbstverständlichkeit in der damaligen Zeit auch die Frauen auf dem Lande ihren Geschäften nachgingen. Ein derart selbständiges Auftreten von Frauen ist speziell für Ägypten typisch – in den orientalischen Kulturen dieser Epoche dagegen sucht man vergeblich nach Parallelen, und selbst im Klassischen Altertum Griechenlands und Roms waren Frauen vom Geschäftsleben weitgehend ausgeschlossen. Um diesen hohen Grad an Selbstbewußtsein, der die Ägypterinnen auszeichnete, voll zu ermessen, wollen wir Sitnebsekhtus Brief im Wortlaut wiedergeben:

»Eine Tochter spricht zu ihrer Mutter, Sitnebsekhtu spricht zu Sitnebsekhtu: Tausend Grüße an dich mit Leben, Wohlergehen und Gesundheit. Dir soll es immer gut und glücklich gehen. Möge Hathor dich für mich erfreuen! Keine Sorge um mich – siehe, mir geht's gut ... Und grüße Gereg mit Leben, Wohlergehen und Gesundheit ... Laß Gereg nicht nachlässig sein bei dem, was ich ihm aufgetragen habe! Und grüße den ganzen Haushalt mit Leben, Wohlergehen und Gesundheit[24]!«

Schließlich gehören zu den Heqanachte-Papieren noch zwei Papyri mit Abrechnungslisten. Einige uns schon aus den Briefen bekannte Namen tauchen auch hier wieder auf und lassen erkennen, daß es sich um eine Aufstellung von Heqanachtes Besitzstand sowie seiner Einnahmen und Außenstände handelt. Diese Listen mögen im einzelnen für einen Wirtschaftsforscher von Interesse sein – uns hingegen sagen sie, außer durch ihre Existenz als Zeugnisse eines unabhängigen, selbständigen und selbstbewußten Bauernstandes, relativ wenig.

Die Abrechnungen sind genau datiert, und diesem Umstand ist es auch zu verdanken, daß wir das Abfassungsdatum sämtlicher Schriftstücke, einschließlich der dazugehörigen Korrespondenz, auf die Regierungsjahre 5 bis 8 des Königs Mentuhotep Sankhkarê und damit nach unserer Zeitrechnung auf die Jahre 2005 bis 2002 v. Chr. festlegen können. Übrigens gehört zu denjenigen, deren selbständiges Eigentum im Rahmen der Aufstellung von Heqanachtes Besitzstand ebenfalls aufgeführt wird, auch Sitnebsekhtu, die Mutter der vorhin erwähnten Briefschreiberin. Dies ist eine weitere Bestätigung dafür, daß die Frau in der bäuerlichen Welt Ägyptens durchaus eigenständig war, um nicht den abgegriffenen Ausdruck ›gleichberechtigt‹ zu verwenden.

Wir sehen also, daß uns die Heqanachte-Papiere ein recht genaues Bild vom Bauerntum in der ersten Hälfte des Mittleren Reiches vermitteln können – ein Bild, das übrigens auch aus anderen Quellen bestätigt wird, wobei diese aber nicht im mindesten die Unmittelbarkeit und Originalität der Heqanachte-Papiere besitzen. Dieser Fund ist ein ganz seltener Glücksfall der Archäologie, die ansonsten ja naturgemäß in erster Linie auf den Inhalt von Gräbern und Tempeln angewiesen ist. Der Vorwurf eines Kritikers meiner bisherigen Bücher, daß »die Faszination des Herrscherlichen und des Goldglanzes ihre Triumphe« gefeiert hätten gegenüber dem Leben der einfachen Bevölkerung, ist in einem gewissen

56. Bierbrauer bei der Arbeit.

Maße berechtigt, aber eben durch die Eigenart des Fundmaterials bedingt. Hier aber haben wir die fast einzigartige, nur noch mit den Funden in der Arbeitersiedlung Der el-Medine aus sehr viel späterer Zeit vergleichbare Möglichkeit des unmittelbaren Einblicks in das bäuerliche Leben jener Zeit.

Dabei müssen wir uns aber immer vor Augen halten, daß die Heqanachte-Papiere nur für die Zeit aussagekräftig sind, in der sie geschrieben wurden, also für die XI. Dynastie. Das unabhängige Bauerntum mit eigenem Besitz hat sich in der Ersten Zwischenzeit aus den Hörigen der einstigen Domänen und Lehen sowie aus einer Schicht von Totenpriestern entwickelt, die – wie wir das ja auch bei Heqanachte sehen – das ihnen zur Versorgung und Bezahlung überlassene Land als persönliches Eigentum behandeln[25]. In der XII. Dynastie wurde dann die alte Domänenverwaltung wieder eingeführt, womit ein Großteil der ländlichen Bevölkerung als ›Achuti‹, das heißt Landarbeiter, zu riesigen Domänen gehörte, die jeweils mehrere Dörfer umfaßten.

Aber nicht nur die bäuerliche Bevölkerung hatte den durch die Revolution bewirkten sozialen Umwälzungen eine immerhin mehrere Generationen währende persönliche Unabhängigkeit zu verdanken – aus diesem Umbruch ging vielmehr auch ein völlig neuer Stand hervor, der von nun an bis zum Ende der ägyptischen Geschichte eine bedeutende Rolle spielen sollte: der Bürger, der ›Stadtmensch‹, wie die Übersetzung des entsprechenden altägyptischen Ausdrucks lautet. Schon in der ›Lehre für Merikarê‹ hatten wir gehört, daß der König »große und volkreiche Städte« anlegte, um die Beduineneinfälle abzuwehren. Zur gleichen Zeit und wohl ebenfalls aus Verteidigungsgründen gegen die Nachbarn konzentrierte sich die Gauverwaltung in Oberägypten jeweils in Siedlungen, die zumeist befestigt wurden, wie wir aus den zahlreichen Biographien der Gaufürsten wissen. Hinzu kamen noch einige der großen Pyramidenstädte um die Totenmale verstorbener Könige. Aus den Heqanachte-Papieren konnten wir ersehen, daß manche dieser Städte noch nach Jahrhunderten ihre Bedeutung als Wirtschaftszentren keineswegs verloren hatten und dementsprechend bevölkert waren. Und wenn man von den Städten spricht, sollte man vor allem auch die jeweiligen Residenzen nicht vergessen, die selbst nach Abzug des Hofes ihre Bedeutung als Zentren städtischen Lebens niemals verloren[26].

Aus einigen Bildern kennen wir ziemlich genau das Aussehen einer solchen Stadtbefestigung. Oft war die Mauer kreisförmig, aber gerade bei den neugegründeten Festungsstädten war sie rechteckig und bestand aus sorgfältig verlegten, mehrere Meter dicken Lehmziegelverbänden, die mit Balken und eingelegten Matten verstärkt waren. Einige dieser Mauern, wie etwa die der Festung Buhen in Nubien, haben sogar die Jahrtausende überdauert, so daß der Ausgräber von heute ihre Konstruktion genau studieren kann. In Ägypten selbst sind freilich die Mauern ebenso wie die von ihnen geschützten Siedlungen bis auf wenige Spuren – so beispielsweise um die alte Festung Elefantine – durch immerwährende Um- und Neubauten all die Jahrtausende hindurch längst verschwunden.

Am wichtigsten bei unserer Betrachtung über die Entwicklung der ägyptischen Städte ist aber das Entstehen einer städtischen Bevölkerung – eben des Bürgertums. Zum ersten Male taucht die Bezeichnung ›Bürger‹ in den ›Ermahnungen des weisen Ipu‹ auf, wobei wir sogar erfahren, aus welchen Berufsgruppen sich dieses Bürgertum im einzelnen zusammensetzt. Da sind vor allem Handwerker jeder Art, die nach oben hin in den nie genau abgegrenzten Stand der Künstler und Schreiber, nach unten in eine Schicht übergehen, die wir heute ›Arbeiter‹ nennen würden, für die es aber im Alten Reich keine entsprechende Standesbezeichnung gibt, also etwa Lederarbeiter oder Straßenreiniger. Dieses Bürgertum nun begann am Ende der VI. Dynastie sich »politisch zu fühlen[27]«. Zunächst äußerte sich dieses neu erwachte politische Bewußtsein auf recht dramatische Weise, nämlich in der sozialen Explosion der Revolution, die ja in der Residenzstadt Memphis begann und sich dort auch am stärksten auswirkte. Aber schon zur Zeit der Herakleopoliten waren die Bürger ein staatstragender und -erhaltender Stand geworden. Der Ausdruck ›Stadtmensch‹ bildet sich, um diese recht breite Schicht von der Hofgesellschaft ebenso wie von der Landbevölkerung abzugrenzen, und diese neue Bezeichnung wird bisweilen geradezu wie ein Titel vor den Namen gesetzt[28].

Ob mit diesem Begriff ein besonderer personalrechtlicher Status verbunden war,

57. Ziegelmauern – wie hier um die Festung Buhên – umgaben auch die Städte, die seit der 1. Zwischenzeit stark anwuchsen.

wissen wir nicht. Die Gliederung erfolgte wohl in erster Linie nach rein berufs-ständischen Gesichtspunkten – unabhängig davon, ob ein Handwerker beispiels-weise selbständig war oder im Dienste des Königs stand. In Memphis jedenfalls galten die Bürger als ›rein und ohne Frondienst[29]‹, und ähnlich dürfte es in anderen Städten gewesen sein. Zu dieser Bürgerschicht gehörten auch die unteren und mittleren Priesterränge, die sich um diese Zeit aus dem allgemeinen Priesterstand des frühen Alten Reiches als eigene Gruppe herauszukristallisieren begannen, während man die höheren Priesterränge eher zur Hofgesellschaft rechnen darf – sehr streng waren die Standesgrenzen in Ägypten allerdings nie.

Bei aller scheinbaren Ähnlichkeit der Verhältnisse müssen wir uns doch hüten, etwa vorschnelle Parallelen zum Aufstieg des Bürgertums an der Wende vom Mittelalter zur Neuzeit oder zu dem des ›Dritten Standes‹ in der Zeit der Französischen Revolution zu ziehen. Der selbständige Künstler oder gar Hand-werker stellt eher die Ausnahme dar[30]; eine gewisse Abhängigkeit bleibt auch weiterhin die Regel. Aber selbst dann, wenn der Handwerker oder Künstler im Auftrag des Hofes oder eines hohen Beamten arbeitet, fühlt er sich doch, und gerade in dieser Zeit nach dem großen Umsturz, als ein auf seine Kunstfertigkeit stolzer und im Vergleich zu anderen weitgehend unabhängiger Mann.

Dies wird vor allem wiederum aus den zeitgenössischen Biographien ersichtlich, und ein besonders schönes Beispiel hierfür ist die Biographie des Bildhauers Irtisen aus der Zeit des Reichsgründers Mentuhotep, der sich auf seiner Stele am Osiris-Tempel in Abydos nach einer Anrufung des Herrschers mit folgenden Worten vorstellt:

»Sein wahrhafter Diener, der im Verlauf jeden Tages alles tut, was er (der König) lobt, der bei dem Großen Gott (Osiris) selige Irtisen ... der Vorsteher der Künstler (identisch mit Handwerker), Schreiber und Bildhauer, der sagt:
Ich kenne das Geheimnis der Gottesworte (d. h. der Hieroglyphen und der kultischen Literatur), das Ausführen der Opferlisten (recht umfangreiche Auf-stellungen, die auf sämtlichen Stelen zu finden sind, auf deren Wiedergabe wir jedoch grundsätzlich verzichtet haben); jeden Zauber habe ich aufgeschrieben. Es gibt nichts dabei, was mir entgangen wäre. Denn ich bin ein vorzüglicher Künstler in seiner Kunst, der an der Spitze steht durch das, was er sich an Wissen angeeignet hat.«

Sehr aufschlußreich für das ägyptische Verhältnis zur Kunst, bei dem ja ästheti-sche Gesichtspunkte erst in zweiter Linie eine Rolle spielten, ist die Feststellung, daß ein so bedeutender Künstler wie dieser Hof- und Oberbildhauer Irtisen ausdrücklichen Wert auf die Hervorhebung seiner Schriftkenntnisse legt. Der Grund dafür ist einleuchtend: Denn abgesehen von den erforderlichen Ritualen waren es gerade die Inschriften – angefangen vom Namen über die Widmung und Anrufung Gottes, die Aufzählung der Opfergaben bis hin zur magischen Be-schwörung und zum reinen Zauberspruch –, die die Lebendigkeit und die kulti-sche Wirksamkeit eines Kunstwerks überhaupt erst ermöglichten.

Doch kehren wir zum Text zurück, denn nun läßt Irtisen eine Aufzählung aller seiner künstlerischen Fähigkeiten folgen, die auch nach unserem Verständnis in den Bereich der Kunst im eigentlichen Sinne gehören – ein Leckerbissen übrigens für jeden kulturhistorisch und kunstgeschichtlich Interessierten, denn wir kennen nur ganz wenige Texte aus dem alten Ägypten, die sich mit den formalen, stilistischen und technischen Problemen der Kunst befassen; hier ist ein solcher: »Ich kenne die Regeln des Reliefs: die Erhebungen, die richtig sind; das Herausheben und Eindringenlassen . . ., so daß ein Körper an seinen richtigen Platz kommt. Ich kenne das Gehen einer Männergestalt und das Schreiten einer Frauenfigur; den Stand von Vogel und Landtier; den ungestümen Lauf dessen, der einen Einzelfeind erschlägt, wenn ein Auge in das andere blickt; die Art, Furcht in das Gesicht gefangener Feinde zu legen; das Armerheben eines, der auf ein Nilpferd (die Harpune) wirft; den Schritt eines Laufenden.

Ich kenne die Herstellung der Farben und der Ingredienzien dazu, ohne daß es möglich wäre, daß sie ein Feuer verbrennen könnte, und ohne daß sie auch vom Wasser abgewaschen würden.«

Nach dieser Aufzählung der wichtigsten Techniken und Disziplinen, die ein Künstler etwa zur Herstellung einer Stele mit Bildteil beherrschen mußte – Schrift- und Textkenntnis, Relieftechnik, Motive, vor allem aber auch das Verfahren der Farbherstellung, denn alle ägyptischen Kunstwerke, seien es Stelen, Reliefs oder Statuen, waren ursprünglich bemalt –, kommt Irtisen darauf zu sprechen, wie geheim seine Kunst sei, denn aufgrund ihres Eingebundenseins in den kultisch-religiösen Rahmen durfte ihre Weitergabe nur an einen besonders ausgewählten und in ihre Geheimnisse eingeweihten Erben erfolgen:

»Es gibt keinen, der Kunde darin erlangt hätte unter allen Leuten, außer mir allein und meinem ältesten leiblichen Sohn, nachdem der Gott befohlen hatte, daß er für ihn darin kundig sein sollte. Da habe ich seine Tätigkeit als Werkmeister an jedem kostbaren Material gesehen, angefangen bei Silber und Gold bis zu Elfenbein und Ebenholz (der bildende Künstler war also nicht nur Bildhauer und Maler, sondern zugleich Juwelier, Kunsttischler und Schnitzer!) . . .[31]«

Neben dem berechtigten Stolz auf die künstlerischen Fähigkeiten spricht aus dieser wie so mancher anderen zeitgenössischen Biographie ein bürgerliches Selbstbewußtsein, das bezeichnend für den neuen Stand der ›Stadtmenschen‹ in Ägypten ist und auch künftig bleiben sollte.

Damit haben wir das Bild vervollständigt, das wir von den durch die Revolution bewirkten Veränderungen zeichnen wollten – betrifft doch dieser Wandel sämtliche Bereiche des geistigen und gesellschaftlichen Lebens: die Religion ebenso wie die Stellung des Königs, die bildende Kunst ebenso wie die Literatur und das Leben des einzelnen wie das der ganzen Gesellschaft gleichermaßen. Viel Leid und Not hatte die Revolution gebracht. Für die Ewigkeit angelegte Institutionen und eine zu höchster Vollendung gelangte Kunst waren zugrunde gegangen, und mit dem Untergang des gesamtägyptischen Königtums schien zeitweise sogar die staatliche Existenz des Landes selbst bedroht. Und dennoch hat dieser Umsturz auf zahlreichen Gebieten auch neue und bis dahin ungeahnte Kräfte zur Entfaltung gebracht – auf manchen Gebieten zwar nur vorübergehend, auf anderen dagegen von einer so prägenden und dauerhaften Wirkung, daß ohne sie die Staats-, Sozial-, Religions- und Kunstgeschichte der folgenden, so außerordentlich fruchtbaren Jahrhunderte des Mittleren und Neuen Reiches gar nicht zu denken wäre.

Literaturverzeichnis

1. Abkürzungen

ADIK – Abhandlungen des Deutschen Archäologischen Instituts Kairo
ASA – Annales du Service des Antiquités en Egypte
ÄgAbh – Ägyptologische Abhandlungen, Wiesbaden
ÄgFo – Ägyptologische Forschungen, Glückstadt
AnOr – Analecta Orientalia, Rom
CAH – The Cambridge Ancient History, 3rd Ed., Vol I Part 2, Cambridge, 1971
HÄgB – Hildesheimer Ägyptologische Beiträge, Hildesheim
JEA – Journal of Egyptian Archaeology, London
JNES – Journal of Near Eastern Studies, Chicago
LÄ – Lexikon der Ägyptologie, Wiesbaden
MÄS – Münchner Ägyptologische Studien, Berlin
MDIK – Mitteilungen des Deutschen Archäologischen Instituts Kairo
ZÄS – Zeitschrift für ägyptische Sprache und Altertumskunde, Berlin
ZDMG – Zeitschrift der Deutschen Morgenländischen Gesellschaft, Leipzig

2. Verzeichnis. Die in den Quellenhinweisen verwendeten Kurztitel sind im folgenden kursiv gesetzt.

Abitz, Friedrich: Die religiöse Bedeutung der sog. Grabräuber*schächte* in den äg. Königsgräbern. ÄgAbh 26, 1974

Ägyptische Kunst aus dem *Brooklyn*-Museum. Katalog d. Ausstellung im Äg. Museum Berlin. Berlin, 1976

Allam, Schafik: Bevölkerungs*klassen*. LÄ, Bd. 1, Sp. 768 ff

Altenmüller, Hartwig: Init red (Verwischen d. *Fußspur*). LÄ, Bd. III, Sp. 155 f

Altenmüller, Hartwig: *Markt*. LÄ, Bd. III, Sp. 1191 f

Altenmüller, Hartwig: Dramatischer *Ramesseum*papyrus. LÄ, Bd. I, Sp. 1132 ff

Anthes, Rudolf: Zur Echtheit der *Lehre* des Amenemhêt. In: Fragen an die altäg. Literatur. Wiesbaden, 1977

Arnold, Dieter, und Settgast, Jürgen: Berichte über vom DIK im *Asasif* unternommene Arbeiten. MDIK 20 ff

Arnold, Dieter: *Grabbau*. LÄ, Bd. II, Sp. 845 ff

Arnold, Dieter: *Grab*. LÄ, Bd. II, Sp. 826

Arnold, Dieter: Bemerkungen zu den *Königsgräbern* der frühen XI. Dynastie von el-Tarif. MDIK 23, 1968

Arnold, Dieter: *Labyrinth*. LÄ, Bd. III, Sp. 905 ff

Arnold, Dieter: Bericht über die vom DIK im Mntw-htp-*Tempel* und in el-Tarif unternommenen Arbeiten. MDIK 28,1, 1972

Arnold, Dieter: Zur frühen *Namensform* des Königs Mntw-htp Nb-hpt-Re. MDIK 24, 1969

Arnold, Dieter: Vom *Pyramiden*bezirk zum ›Haus für Millionen Jahre‹. MDIK 34, 1978

Arnold, Dieter: *Rituale* und Pyramidentempel. MDIK 33, 1977

Arnold, Dieter: Bericht über die im Winter 1971/72 in El-*Târif* durchgeführten Arbeiten. MDIK 29, 2, 1973

Arnold, Dieter: Bemerkungen zu frühen Tempeln in El-*Tôd*. MDIK 31, 2, 1975

Arnold, Dieter: Der Tempel des Königs *Mentuhotep* von Deir el-Bahari, Bd. 1 & 2. Mainz, 1974

Arnold, Dieter: 6. Vorbericht über die vom DIK in *Qurna* unternommenen Arbeiten. MDIK 27, 2, 1971

Arnold, Dorothea: *Wandbild* und Scherbenbefund. Zur Töpfertechnik der alten Ägypter. MDIK 32, 1976

Assmann, Jan: Diesseits-*Jenseits*-Beziehungen. LÄ, Bd. I, Sp. 1085 ff

Assmann, Jan, Feucht, Erika, Grieshammer, Reinhard (Hrsg.): Fragen an die altäg. *Literatur*. Wiesbaden, 1977

Assmann, Jan: *Gott*. LÄ, Bd. II, Sp. 756 ff

Assmann, Jan: *Harfnerlieder*. LÄ, Bd. II, Sp. 972 ff

Assmann, Jan: *Fest* des Augenblicks – Verheißung der Dauer. Die Kontroverse der äg. Harfnerlieder. In: Fragen an die altäg. Literatur. Wiesbaden, 1977

Assmann, Jan: Der *König* als Sonnenpriester. ADIK 7/1970

Badawy, Alexandre: *Festungs*anlage. LÄ, Bd. II, Sp. 194 ff

Bakir, Abd el-Mohsen: *Slavery* in Pharaonic Egypt. ASA 18, 1952

Barguet, Paul: *Karnak*. LÄ, Bd. III, Sp. 341 ff

Barta, Winfried: Das *Gespräch* eines Mannes mit seinem Ba. MÄS 18, 1969

Barta, Winfried: *Legitimation*. LÄ III, Sp. 960 ff

Barta, Winfried: Lehre für *Kagemni*. LÄ, Bd. III, Sp. 980 f

Barta, Winfried: *Königsdogma*. LÄ, Bd. III, Sp. 485 ff

Barta, Winfried: *Kult*. LÄ, Bd. III, Sp. 839 ff

Barta, Winfried: Zu einigen Textpassagen der *Prophezeiungen* des Neferti. MDIK 27, 1, 1971

v. Beckerath, Jürgen: *Abriß* der Geschichte des Alten Ägypten. München, 1971

v. Beckerath, Jürgen: *Chronologie*. LÄ, Bd. I, Sp. 967 ff

v. Beckerath, Jürgen: *Epochen*bildung. LÄ, Bd. 1, Sp. 1232 ff

v. Beckerath, Jürgen: *Herakleopoliten*. LÄ, Bd. II, Sp. 1128 f

v. Beckerath, Jürgen: *Merikare*. LÄ, Bd. IV, Sp. 94

v. Beckerath, Jürgen: *Mentuhotep* I., II., III. LÄ IV, Sp. 66 ff

v. Beckerath, Jürgen: *Merenrê* I., II. LÄ IV, Sp. 76 f

v. Beckerath, Jürgen: *Königsmord.* LÄ III, Sp. 335

v. Beckerath, Jürgen: *Königsnamen* und -titel. LÄ III, Sp. 540ff

Bergman, Jan: *Isis.* LÄ, Bd. III, Sp. 186ff

v. Bissing, Fr. W.: Altägyptische *Lebensweisheit.* Zürich, 1955

Blumenthal, Elke: *Lehre* Amenemhets I. LÄ, Bd. III, Sp. 968ff

Blumenthal, Elke: *Königsideologie.* LÄ, Bd. III, Sp. 526ff

Brinks, Jürgen: Die Entwicklung der königlichen *Grab*anlagen des Alten Reiches. HAgB, 10, 179

Brunner, Hellmut: *Armut.* LÄ, Bd. I, Sp. 443ff

Brunner, Hellmut: *Lehre* des Cheti. LÄ, Bd. III, Sp. 977f

Brunner, Hellmut: Die Lehre vom *Königserbe* im frühen Mittleren Reich. MÄS, 1955

Brunner, Hellmut: *Gefährdungs*bewußtsein. LÄ, Bd. II, Sp. 479ff

Brunner, Hellmut: *Gottesnähe* und -ferne. LÄ, Bd. II, Sp. 817ff

Brunner, Hellmut: *Literatur.* LÄ, Bd. III, Sp. 1067ff

Brunner, Hellmut: *Lehren.* LÄ, Bd. III, Sp. 964ff

Brunner, Hellmut: *Grundzüge* einer Geschichte der ägypt. Literatur. Darmstadt, 1966

Brunner, Hellmut: *Metrik.* LÄ, Bd. IV, Sp. 120f

Brunner, Hellmut: Lehre des *Ptahhotep.* LÄ, Bd. III, Sp. 989f

Brunner, Hellmut: Die Texte aus den Gräbern der Herakleopolitenzeit von *Siut.* ÄgFo 5, 1937

Brunner-Traut, Emma, und Hell, Vera: *Ägypten.* Stuttgart 1966

Brunner-Traut, Emma: Altägyptische *Literatur.* In: Altorient. Literaturen, Bd. I. Wiesbaden, 1978

Brunner-Traut, Emma: *Liebe.* LÄ, Bd. III, Sp. 1034ff

de Cenival, Jean-Louis: *Ägypten* – Das Zeitalter der Pharaonen. Fribourg, 1964

Clauss, Ludwig Ferdinand: Rasse und *Seele.* München, 1940

Clauss, Ludwig Ferdinand: Die Seele des *Anderen.* Baden-Baden, 1958

Clère, J. J., und Vandier, J.: *Textes* de la première période intérimaire et de la XIᵉ dynastie. Brüssel, 1937

Curto, Silvio: *Krieg.* LÄ, Bd. III, Sp. 765ff

Daumas, François: Une *table* d'offrandes de Mentuhotep à Dendera. MDIK 24, 1969

Derchain, Philippe: *Kultspiele.* LÄ, Bd. III, Sp. 856ff

Donner, Herbert: Die *Beschwörung* des Großen Gottes. ZÄS 100/2, 1974

Drenkhahn, Rosemarie: Die *Handwerker* und ihre Tätigkeiten im Alten Ägypten. ÄgAbh 31, 1976

Drenkhahn, Rosemarie: *Hirtengeschichte.* LÄ, Bd. II, Sp. 1223

Drenkhahn, Rosemarie: Leibeserziehung. LÄ, Bd. III, Sp. 992f

Drioton – Vandier: L'*Égypte*, 3. Aufl., Paris, 1952

Edgerton, William: *Chronology* of the 12th Dynasty. In JNES I/3

Eggebrecht, Arne: *Diener*figuren. LÄ, Bd. I, Sp. 1080ff

Erman, Adolf: Die *Literatur* der Ägypter. Hildesheim, 1971

Fakhry, Ahmed: The *Oases* of Egypt. Cairo, 1973

Fecht, Gerhard: Zu den Inschriften des ersten Pfeilers im Grab des *Anchtifi.* In: Festschr. Schott, Wiesbaden, 1968

Fecht, Gerhard: *Bauerngeschichte.* LÄ, Bd. I, Sp. 638ff

Fecht, Gerhard: Ägyptischer Zweifel am Sinn des *Opfers.* ZÄS 100/1, 1973

Fecht, Gerhard: Der *Totenbrief* von Nag'ed-Deir. MDIK 24/1969

Fecht, Gerhard: Die Wiedergewinnung der altägyptischen *Verskunst.* MDIK 19/ 1963

Fecht, Gerhard: Der *Vorwurf* an Gott in den Mahnworten des Ipu-wer. Abh. d. Akad. d. Wiss. Heidelberg, 1972.

Fischer, Henry G.: An Eleventh Dynasty *Couple.* ZÄS 100/1, 1973

Fischer, Henry G.: *Gaufürst.* LÄ, Bd. II, Sp. 408ff

Fischer, Henry G.: *Hundestele.* LÄ, Bd. III, Sp. 81f

Fischer, Henry G.: *Koptos.* LÄ, Bd. III, Sp. 737ff

Gabri, Gawdat: Preliminary Report on the *Stela* of Htpi from el-Kab. MDIK 32, 1976

Gardiner, Alan H.: The *Admonitions* of an Egyptian Sage. 1909

Gardiner, Alan und Sethe, Kurt: Egyptian *Letters* to the Dead. London, 1928

Gardiner, Sir Alan: The first king *Menthotpe* of the 11th dynasty. MDIK 14/1956

Gardiner, Alan H.: New *Literary* Works from Ancient Egypt. JEA 1/1914

Gardiner, Alan H.: Prophecy of *Neferty.* London, 1914

Gödecken, Karin Barbara: Eine Betrachtung der Inschriften des *Meten.* ÄgAbh 29/ 1976

Gödecken, Karin B.: *Metjen.* LÄ, Bd. IV, Sp. 118f

Goedicke, Hans: Ein *Brief* aus d. Alten Reich. MDIK 22/1967

Goedicke, Hans: Zur *Chronologie* der sog. ›Ersten Zwischenzeit‹. ZDMG 37/1962

Goedicke, Hans: The *Date* of the ›Antef-Song‹. In: Fragen an die altäg. Literatur. Wiesbaden, 1976

Goedicke, Hans: Königliche *Dokumente* aus d. Alten Reich. ÄgAbh 14, 1967

Goedicke, Hans: Probleme der *Herakleopolitenzeit.* MDIK 24/1969

Goedicke, Hans: *Königsbrief.* LÄ, Bd. III, Sp. 481f

Goedicke, Hans: Die *Stellung* des Königs im Alten Reich. ÄgAbh 2/60

Goedicke, Hans: Koptos*dekrete*: LÄ, Bd. III, Sp. 740

Gomaá, Farouk: *Ägypten* während der Ersten Zwischenzeit. Wiesbaden, 1980

Goyon, Jean-Claude: Dramatische *Texte*: LÄ, Bd. I, Sp. 1140ff

Grieshammer, Reinhard: *Briefe* an Tote. LÄ, Bd. I, Sp. 864ff

Grieshammer, Reinhard: Das *Jenseitsgericht* in den Sargtexten. ÄgAbh 20/1970

Guglielmi, Waltraud: *Drohformeln.* LÄ, Bd. I, Sp. 1146ff

Guglielmi, Waltraud: *Hunger.* LÄ, Bd. III, Sp. 82f

Habachi, Labib: King *Amenmesse* and Viziers. MDIK 34/1978

Habachi, Labib: *Heqaib.* LÄ, Bd. II, Sp. 1120ff

Habachi, Labib: King Nebhepetre *Mentuhotep.* MDIK 19/1963

Habachi, Labib: Building activities of *Sesostris* I. MDIK 31, 1/1975

Hayes, William C.: The *Middle Kingdom* in Egypt. CAH

Helck, Wolfgang: Der Text der ›*Lehre* Amenemhets I. für seinen Sohn‹. Wiesbaden, 1969

Helck, Wolfgang: Arbeit, *Arbeiter*. LÄ, Bd. I, Sp. 370f

Helck, Wolfgang: *Bauer*. LÄ, Bd. I, Sp. 637

Helck, Wolfgang: *Herchuf*. LÄ, Bd. II, Sp. 1129f

Helck, Wolfgang: *Heile Welt*. LÄ, Bd. II, Sp. 1086ff

Helck, Wolfgang: *Hirt*. LÄ, Bd. II, Sp. 1220ff

Helck, Wolfgang: *Felderverwaltung*. LÄ, Bd. II, Sp. 152ff

Helck, Wolfgang: *Hörigkeits*verhältnis. LÄ, Bd. II, Sp. 1235f

Helck, Wolfgang: *Individuum*. LÄ, Bd. III, Sp. 132ff

Helck, Wolfgang: Landesverwaltung: LÄ, Bd. III, Sp. 918ff

Helck, Wolfgang: *Kultlegende*. LÄ, Bd. III, Sp. 850ff

Helck, W. und Otto, E.: Kleines *Lexikon* d. Ägyptologie. Wiesbaden, 1970

Helck, Wolfgang: *Maat*. LÄ, Bd. III, Sp. 1110ff

Helck, Wolfgang: Untersuchungen zu *Menetho*. o. O., 1956

Helck, Wolfgang: *Menschenbild*: LÄ, Bd. IV, Sp. 55f

Helck, Wolfgang: Die Lehre für König *Merikarê*. Wiesbaden, 1977

Helck, Wolfgang: *Militär*. LÄ, Bd. IV, Sp. 128ff

Helck, Wolfgang: Zur *Verwaltung* d. Mittl. und Neuen Reiches. Leiden, 1958

Herrmann, Siegfried: Die *Auseinandersetzung* mit d. Schöpfergott. In: Fragen an d. altäg. Lit., Wiesbaden, 1977

Herrmann, Siegfried: Zur Geschichte und *Literatur* d. 12. Dynastie. Orientalische Literaturzeitg., 1958

Herrmann, Siegfried: Die ›Wirklichkeit *Gottes*‹ in d. äg. Religion. ZÄS 101, 2/1974

Herrmann, Siegfried: Untersuchungen zur Überlieferungsgestalt mitteläg. *Literaturwerke*. o. O., 1957

Hoffmeister, Johannes: *Wörterbuch* d. philosophischen Begriffe. Hamburg, 1955

Hornung, Erik: *Chaotische* Bereiche in der geordneten Welt. ZÄS 81/1956

Hornung, Erik: Meisterwerke altägypt. *Dichtung*. Zürich, 1978

Hornung, Erik: Gott-Mensch-*Beziehung*. LÄ, Bd. II, Sp. 788ff

Hornung, Erik: *Einführung* in d. Ägyptologie. Darmstadt 1967

Hornung, Erik: Der *Eine* und die Vielen. Darmstadt, 1971

Hornung, Erik: Das *Totenbuch* d. Ägypter. Zürich, 1979

Hunke, Sigrid: Allahs *Sonne* über dem Abendland. Stuttgart, 1960

Hunke, Sigrid: Das *Ende* des Zwiespalts. Berg. Gladbach, 1971

Hunke, Sigrid: *Glauben* und Wissen. Düsseldorf, 1979

Jacquet-Gordon, Helen: *Kolonisation*, innere. LÄ, Bd. III, Sp. 672f

James, T. G. H.: The *Hekanakhte* Papers. New York, 1962

Jéquier, G.: Le monument funéraire de *Pépi* II. Kairo, 1936–38

Junge, Friedrich: Die Welt der *Klagen*. In: Fragen an d. altäg. Literatur. Wiesbaden, 1977

Junker, Hermann: *Pyramiden*zeit. Zürich, 1949

Kaiser, Werner: Stadt und Tempel von *Elephantine* 1–7. MDIK 26/1970 bis 33/1977

Kákosy, László: Ein literarisch-mythologisches *Motiv*. In: Fragen an d. altäg. Literatur. Wiesbaden 1977

Kaplony, Peter: *Bemerkungen* zu fünf Texten d. Ersten Zwischenzeit. MDIK 25/
   1969
Kaplony, Peter: Die Definition der Schönen *Literatur* im alten Ägypten. In: Fragen
   an d. altäg. Literatur. Wiesbaden, 1977
Kaplony, Peter: *Königstitulatur.* LÄ, Bd. III, Sp. 641
Kees, Hermann: Das alte *Ägypten.* Berlin, 1959
Kees, Hermann: Der *Götterglaube* im alten Ägypten. Berlin, 1977
Kees, Hermann: *Totenglauben* und Jenseitsvorstellungen der alten Ägypter. Ber-
   lin, 1977
Kemp, Barry J.: *Abydos.* LÄ, Bd. I, Sp. 28 ff
Kenyon, K. M.: *Syria* and Palestine. CAH
Kessler, Dieter: *Meir.* LÄ, Bd. IV, Sp. 14 ff
Korostowtsev, Michail A.: A propos du genre ›historique‹ dans la *littérature.* In:
   Fragen an d. altäg. Literatur. Wiesbaden, 1977
Lauer, Jean-Philippe: *Saqqara.* Berg. Gladbach, 1977
Leclant, Jean: *Ägypten.* Das Alte und d. Mittlere Reich. München, 1979
Lichtheim, Miriam: Ancient Egyptian *Literature.* Berkeley, 1973
Martin, Karl: Ein Garantsymbol d. *Lebens.* HägB 3, 1977
Meyer, Klaus-Heinrich: *Kunst.* LÄ, Bd. III, Sp. 872 ff
Montet, Pierre: Das Leben der *Pharaonen.* Herrsching, o. J.
Morenz, Siegfried: Ägyptische *Religion.* Stuttgart, 1960
Morenz, Siegfried: Prestige-*Wirtschaft* im alten Ägypten. München, 1969
Myśliwiec, Karol: Beziehungen zwischen *Atum* und Osiris. MDIK 35/1979
Osing, Jürgen: *Gespräch* d. Lebensmüden. LÄ, Bd. II, Sp. 571 ff
Osing, Jürgen: *Iripat* (Fürst). LÄ, Bd. III, Sp. 177 ff
Osing, Jürgen: *Isis* und Osiris. MDIK 30, 1/1974
Otto, Eberhard: *Ägypten* – der Weg d. Pharaonenreiches. Stuttgart, 1966
Otto, Eberhard: *Amun.* LÄ, Bd. I, Sp. 237 ff
Otto, Eberhard: Zur *Komposition* von Coffin Texts Spell 1130. In: Fragen an d.
   altäg. Literatur, Wiesbaden, 1977
Otto, Eberhard: *Dualismus.* LÄ, Bd. I, Sp. 1148 f
Otto, Eberhard: *Ethik.* LÄ, Bd. II, Sp. 34 ff
Otto, Eberhard: *Gerätefries.* LÄ, Bd. II, Sp. 532 f
Otto, Eberhard: *Osiris* und Amun. München, 1966
Otto, Eberhard: Der *Vorwurf* an Gott. Hildesheim, 1951
Otto, Eberhard: *Wesen* und Wandel d. äg. Kultur. Berlin, 1969
Peterson, Bengt J.: *Brettspiel.* LÄ, Bd. I, Sp. 853 ff
Posener, George: *Littérature* et Politique dans l'Égypte de la XIIᵉ Dynastie. Paris,
   1956
Posener, George: Loyalistische *Lehre.* LÄ, Bd. III, Sp. 982 f
Posener, George: Lehre ein. *Mannes* f. seinen Sohn. LÄ, Bd. III, Sp. 984
Posener, George: Lehre f. *Merikarê.* LÄ, Bd. III, Sp. 983 ff
Posener, George: Syria and Palestine-*Relations* with Egypt. CAH
Roeder, Günther: *Mythen* und Legenden. Zürich, 1960
Roeder, Günther: *Urkunden* zur Religion d. Alten Ägypten. Düsseldorf, 1978

Rössler-Köhler, Ursula: *Jenseits*vorstellungen. LÄ, Bd. III, Sp. 252 ff

Satzinger, Helmut: Die Abydos-*Stele* d. Ipwy. MDIK 25/1969

Seeber, Christine: Jenseits*gericht*. LÄ, Bd. III, Sp. 249 ff

Seipel, Wilfried: *Königsmutter*. LÄ, Bd. III, Sp. 538 ff

van Seters, J.: A *Date* for the Admonitions. JEA 50, 1964

Sethe, Kurt: *Amun* und die acht Urgötter. Berlin, 1929

Settgast, Jürgen: Zu ungewöhnlichen Darstellungen von *Bogenschützen*.
    MDIK 25/1969

van der Sleyden, C.: Das Alte *Ägypten*. Berlin, 1975

Smith, W. Stevenson: The Old Kingdom in Egypt and the Beginning of the First
    Intermediate Period. CAH

Spiegel, Joachim: Die Götter von *Abydos*. Wiesbaden, 1973

Spiegel, Joachim: *Admonitions*. LÄ, Bd. I, Sp. 65 f

Spiegel, Joachim: Das *Auferstehungs*ritual der Unas-Pyramide. ÄgAbh 23/1971

Spiegel, Joachim: Zur *Kunst*entwicklung d. zweiten Hälfte des Alten Reiches.
    MDIK 16/1958

Spiegel, Joachim: Soziale und weltanschauliche *Reform*bewegungen im alten
    Ägypten. Heidelberg, 1950

Spiegel, Joachim: Die Idee vom *Totengericht* in d. äg. Religion. Glückstadt, 1976

Spiegel, Joachim: Das *Werden* d. altäg. Hochkultur. Heidelberg, 1953

Schenkel, Wolfgang: *Anchtifi*. LÄ, Bd. I, Sp. 267 f

Schenkel, Wolfgang: *Cheti*. LÄ, Bd. I, Sp. 945 f

Schenkel, Wolfgang: *Memphis*, Herakleopolis, Theben. ÄgAbh 12/1965

Schenkel, Wolfgang: Ein *Türsturz* d. Königs Wah-ankh Antef. MDIK 29, 2/1973

Schischkoff, Georgi: Philosophisches *Wörterbuch*. Stuttgart, 1965

Schmitz, Bettina: *Königssohn*. LÄ, Bd. 3, Sp. 626 ff

Schott, Erika: Die *Biografie* des Ka-em-Tenenet. In: Fragen an d. altäg. Literatur.
    Wiesbaden, 1977

Schott, Erika: *Künstler*. LÄ, Bd. III, Sp. 833 ff

Schott, Siegfried: Zur Krönungs*titulatur* d. Pyramidenzeit. Göttingen, 1956

Schott, Siegfried: Altägyptische *Liebeslieder*. München, 1950

Schulze, Peter: *Herrin* beider Länder Hatschepsut. Berg. Gladbach, 1976

Schulze, Peter: Auf den Schwingen des *Horusfalken*. Berg. Gladbach, 1980

Stock, Hanns: Die erste *Zwischenzeit* Ägyptens. AnOr 31/1949

Störig, Hans Joachim: Kleine Weltgeschichte d. *Philosophie*. Stuttgart, 1961

Störk, Lothar: *Ackerbau*. LÄ, Bd. I, Sp. 58 ff

Tanner, Rolf: Bemerkungen zur *Sukzession* d. Pharaonen in der XII. Dynastie.
    ZÄS 101/2, 1974

Thausing, Gertrud: Der *Auferstehungs*gedanke in äg. religiösen Texten. Leipzig,
    1943

Thausing, Gertrud: Betrachtungen zum ›*Lebensmüden*‹. MDIK 16/1958

Théodoridès, Aristide: *Dekret*. LÄ, Bd. I, Sp. 1037 ff

Théodoridès, Aristide: *Freiheit*. LÄ, Bd. II, Sp. 297 ff

Vleming, Sven: *Maße* und Gewichte. LÄ, Bd. III, Sp. 199 ff

Volten, Aksel: Zwei altäg. politische *Schriften*. Kopenhagen, 1945

v. d. Walle, Baudouin: *Biographie.* LÄ, Bd. I, Sp. 815 ff

Weber, Manfred: *Harimsverschwörung.* LÄ, Bd. II, Sp. 987 ff

Westendorf, Wolfhart: *Sinuhe* B 160. Wiesbaden, 1968

Wiesner, Josef: Ägyptische *Kunst.* Frankfurt, 1963

Wildung, Dietrich: Die Rolle altäg. *Könige* im Bewußtsein ihrer Nachwelt.
  MÄS 17/1969

Wildung, Dietrich: Zur Frühgeschichte des *Amun-Tempels* von Karnak.
  MDIK 25/1969

Wolf, Walther: Das alte *Ägypten.* München, 1971

Wolf, Walther: *Funde* in Ägypten. Göttingen, 1966

Wolf, Walther: *Kulturgeschichte* des Alten Ägypten. Stuttgart, 1962

Wolf, Walther: Die *Kunst* Ägyptens. Stuttgart, 1957

Žabkar, Louis V.: *Ba.* LÄ, Bd. I, Sp. 588 ff

Quellenhinweise

Kapitel 1

1. Spiegel, Reform 9
2. Spiegel, Reform 9 f
3. Smith, Intermediate 200
4. Spiegel, Reform 10
5. Spiegel, Reform 10
6. Spiegel, Reform 10 f
7. Spiegel, Reform 11
8. Spiegel, Reform 12
9. Spiegel, Reform 12
10. Spiegel, Reform 13
11. Spiegel, Reform 13
12. Spiegel, Reform 14
13. Schulze, Horusfalke 212 ff
14. Spiegel, Reform 14
15. Spiegel, Reform 14
16. Spiegel, Reform 16
17. Spiegel, Reform 17
18. Spiegel, Reform 18
19. Schulze, Horusfalke 205
20. Schulze, Herrin 208
21. Spiegel, Reform 43
22. Spiegel, Reform 20
23. Fecht, Opfer 8, Anm. 4
24. Fecht, Opfer 7
25. Fecht, Vorwurf 15 f
26. Schulze, Horusfalke 136 ff
27. Spiegel, Reform 19
28. Schott, Titulatur passim
29. Ermann, Literatur 131 ff
    Junker, Pyramiden 148
30. Brunner, Literatur 33 f
31. Otto, Wesen 138 f
    Brunner, Gefährdung 818
    Fecht, Vorwurf 31 ff
32. Fecht, Vorwurf 65
33. Spiegel, Admonitions 67
34. Spiegel, Reform 22 f
35. Spiegel, Reform 23
36. Spiegel, Reform 24
37. Spiegel, Reform 24
38. Spiegel, Reform 27
39. Spiegel, Reform 27
40. Morenz, Religion 4 ff
41. Spiegel, Reform 28 f
42. Schulze, Horusfalke 235
43. Hunke, Glauben 111 f
44. Spiegel, Reform 30
45. Spiegel, Reform 31
46. Fecht, Opfer 11
47. Spiegel, Reform 35 f
48. Spiegel, Reform 37
49. Spiegel, Reform 37
50. Spiegel, Reform 38
51. Spiegel, Reform 38
52. Spiegel, Reform 41
53. Fecht, Vorwurf 31 ff
54. Schulze, Herrin 181 ff
55. Spiegel, Reform 43
56. Fecht, Verskunst passim
57. Fecht, Vorwurf 10 f

Kapitel 2

1. Smith, Intermediate 147
2. Schenkel, Memphis 1
3. Wolf, Kultur 199
4. Schulze, Herrin 66 f
5. Wolf, Ägypten 60
6. Helck, Hörigkeit 1236
7. Hornung, Einführung 91
8. Wolf, Kultur 126 ff
9. Gödecken, Meten passim
10. Théodoridès, Freiheit 297
11. Drenkhahn, Handwerker passim
12. Hornung, Einführung 91
13. Wolf, Ägypten 59
14. Schulze, Herrin 66 f
15. Otto, Wesen 52 f
16. Brunner, Lehren 965
17. Schulze, Horusfalke 80
18. Schulze, Horusfalke 223 f

19. Schulze, Herrin 33 f
20. Otto, Wesen 53
21. Schulze, Horusfalke 211 ff
22. Schulze, Horusfalke 224
23. Rössler, Jenseits 256
24. Assmann, Diesseits 1085 ff
25. Wolf, Kultur 163
26. Junker, Pyramiden 148
27. Kees, Ägypten 86 f
28. Schulze, Horusfalke 137 f
29. Tanner, Sukzession 126 f
30. Schulze, Herrin 50 ff
31. Wolf, Ägypten 52
32. Wolf, Ägypten 56
33. Wolf, Ägypten 184
34. Wolf, Ägypten 184
35. Wolf, Ägypten 182
36. Helck, Verwaltung 26
37. Helck, Verwaltung 534 f
38. Helck, Verwaltung 534 f
39. Helck, Heile Welt 1086 ff
40. Spiegel, Werden 340 ff
41. Wolf, Kultur 115
42. Smith, Intermediate 188 f
43. Spiegel, Werden 560 ff
   Helck, Heile Welt 1088
44. Smith, Intermediate 189
45. Otto, Ägypten 86
46. Fakhry, Oasis 74 f
47. Otto, Ägypten 86

48. Wolf, Ägypten 63
49. Stock, Zwischenzeit 21
50. Wolf, Ägypten 236
51. Smith, Intermediate 191 f
52. Helck, Landesverwaltung 919
53. Otto, Ägypten 81
54. Otto, Wesen 42
55. Otto, Ägypten 81 ff
56. Otto, Ägypten 82
57. Osing, Iripat 177
58. Gomaá, Ägypten 121
59. Gomaá, Ägypten 122
60. Fischer, Gaufürst 410
61. Wolf, Ägypten 57
62. Smith, Intermediate 187
63. Gomaá, Ägypten 6
64. Gomaá, Ägypten 6
65. Smith, Intermediate 193
66. Gomaá, Ägypten 7
67. Wolf, Ägypten 183
68. Drenkhahn, Handwerker 139 ff
69. Kees, Ägypten 33 f
70. Guglielmi, Hunger 82
71. Helck, Arbeiter 371
72. Helck, Arbeiter 372
73. Brunner, Armut 444
74. Helck, Heile Welt 1088

Kapitel 3

1. Beckerath, Königsnamen 540 ff
2. Smith, Intermediate 192

3. Smith, Intermediate 192
4. Wolf, Ägypten 184 f
5. Helck, Herchuf 1129
6. Kaiser, Elephantine passim
7. Gomaá, Ägypten 9
8. Gomaá, Ägypten 10
9. Habachi, Heqaib 1120 f
10. Wolf, Ägypten 56
11. Goedicke, Königsbrief 91 f
12. Otto, Ägypten 73 f
13. Kees, Götterglaube 301
14. Gomaá, Ägypten 18
15. Otto, Ägypten 82
16. Otto, Ägypten 82
17. Martin, Leben 32
18. Martin, Leben passim
19. Schulze, Herrin 85
20. Martin, Leben 33, Anm. 1
21. Gomaá, Ägypten 11
22. Goedicke, Stellung 2
23. Goedicke, Stellung 16 ff
24. Goedicke, Stellung 22 ff
25. Goedicke, Stellung 55 ff
26. Helck, Landesverwaltung 919 f
27. Goedicke, Stellung 81
28. Goedicke, Stellung 128 f
29. Goedicke, Stellung 148 ff
30. Goedicke, Stellung 153
31. Goedicke, Stellung 155

32. Goedicke, Stellung 157
33. Spiegel, Kunst 256
34. Helck, Militär 129
35. Wolf, Ägypten 63
36. Otto, Ägypten 110
37. Fakhry, Oasen 74f
38. Kees, Ägypten 92
39. Stock, Zwischenzeit 13
40. Gomaá, Ägypten 124
41. Gomaá, Ägypten 78
42. Goedicke, Stellung 87ff
43. Schulze, Horusfalke 58f
44. Goedicke, Stellung 128ff
45. Helck, Manetho 57
46. Smith, Intermediate 195
47. Brinks, Grab 146f
48. Beckerath, Königsnamen 544
49. Goedicke, Stellung 158
50. Schulze, Herrin 28
51. Smith, Intermediate 178
52. Beckerath, Königsmord 335
53. Otto, Ägypten 90
54. Goedicke, Chronologie 245f
55. Beckerath, Königsnamen 544f
56. Lauer, Saqqara 166
57. Smith, Intermediate 197
58. Smith, Intermediate 196
59. Drioton, Egypte 214
60. Stock, Zwischenzeit 23

61. Stock, Zwischenzeit 18
62. Schenkel, Memphis 42f
63. Schenkel, Memphis 42f
64. Kees, Götterglaube 300
65. Stock, Zwischenzeit 23
66. Junker, Pyramidenzeit 151f
67. Spiegel, Kunst passim
68. Spiegel, Kunst 260
69. Wolf, Kultur 194
70. Otto, Ägypten 91

Kapitel 4

1. Ermann, Literatur 123
2. Spiegel, Reform 48
3. Fecht, Vorwurf 15f.
4. Žabkar, Ba 588ff
5. Hoffmeister, Wörterbuch 165f
   Schischkoff, Wörterbuch 111
6. Störig, Philosophie 171f
7. Störig, Philosophie 25
8. Ermann, Literatur 123
9. Ermann, Literatur 123f
10. Spiegel, Reform 48
11. Ermann, Literatur 124f.
12. Wolf, Ägypten 187
13. Hornung, Dichtung 77
14. Hunke, Sonne 312f
15. Fecht, Verskunst 61
16. Ermann, Literatur 122
17. Fecht, Verskunst 41
18. Junker, Pyramiden 169
19. Otto, Vorwurf 6f
20. Wolf, Ägypten 188
21. Spiegel, Reform 49
22. Brunner-Traut, Literatur 46f
23. Fecht, Opfer 14f
24. Spiegel, Reform 52
25. Hornung, Dichtung 78f
26. Hornung, Dichtung 79f
27. Fecht, Opfer 14f
28. Hornung, Dichtung 80
29. Fecht, Vorwurf 46f
30. Spiegel, Reform 56
31. Fecht, Vorwurf 46f
32. Thausing, Lebensmüden 262
33. Wolf, Ägypten 189

Kapitel 5

1. Assmann, Fest 58f
2. Assmann, Fest 55
3. Brunner-Traut, Literatur 91f
4. Brunner-Traut, Literatur 92
5. Assmann, Fest 61f
6. Peterson, Brettspiel 854
7. Hunke, Ende 38ff
8. Assmann, Fest 62f
9. Kees, Totenglauben 201
10. Kees, Totenglauben 202

11. Goedicke, Date 188 ff
12. Assmann, Fest 64 f
13. Assmann, Fest 79 ff
14. Schulze, Herrin 154 ff
15. Assmann, Fest 61 ff
16. Assmann, Fest 68
17. Donner, Beschwörung 82
18. Arnold, Grab 829 f
19. Stock, Zwischenzeit 24 f
20. Drioton, Egypte 221
21. Rössler, Jenseits 256 ff
22. Roeder, Urkunden 202
23. Roeder, Urkunden 204
24. Roeder, Urkunden 205
25. Roeder, Urkunden 201
26. Otto, Gerätefries 532
27. Kees, Totenglauben 167 f
28. Grieshammer, Briefe 865 f
29. Fecht, Totenbrief 107
30. Fecht, Totenbrief 107 f
31. Junker, Pyramiden 153 ff
32. Hornung, Totenbuch 15 ff
33. Hornung, Totenbuch 233 ff
34. Hornung, Einführung 72
35. Hornung, Totenbuch 95
36. Wolf, Kultur 236

37. Hornung, Dichtung 62 ff
38. Otto, Wesen 138
39. Junker, Pyramiden 150 f
40. Hornung, Totenbuch 36 ff
41. Hornung, Chaotisch 29
42. Abitz, Schächte 117 f
43. Schulze, Horusfalke 234
44. Schulze, Horusfalke 22
45. Wolf, Kultur 257 f
46. Otto, Wesen 102
47. Stock, Zwischenzeit 26 f
48. Spiegel, Abydos 25 ff
49. Arnold, Mentuhotep 72, Anm. 249
50. Arnold, Pyramiden 4
51. Brunner-Traut, Literatur 57 ff
52. Schott, Liebeslieder 170 ff

Kapitel 6

1. Helck, Merikarê 1
2. Gardiner, Literary 20 f
3. Fecht, Vorwurf 130, Anm. 9
4. Helck, Merikarê 6–10
5. Helck, Merikarê 13–15
6. Helck, Merikarê 18 f
7. Helck, Merikarê 20
8. Helck, Merikarê 22
9. Helck, Merikarê 24

10. Helck, Merikarê 25 f
11. Helck, Merikarê 27 ff
12. Helck, Merikarê 30 ff
13. Helck, Merikarê 33
14. Helck, Merikarê 35 ff
15. Wolf, Kultur 242
16. Helck, Merikarê 38 ff
17. Hornung, Eine 248 ff
18. Helck, Merikarê 42
19. Helck, Merikarê 44 ff
20. Helck, Merikarê 51
21. Helck, Merikarê 54 f
22. Clauss, Andern 262 ff
23. Gomaá, Ägypten 121
24. Helck, Merikarê 60 ff
25. Helck, Merikarê 69 ff
26. Helck, Merikarê 76 ff
27. Helck, Merikarê 79 ff
28. Helck, Merikarê 85 ff
29. Helck, Merikarê 89 ff
30. Posener, Merikarê 987 ff
31. Posener, Merikarê 987
32. Posener, Literature passim
33. Goedicke, Dokumente 172 f
34. Gabri, Stela 49
35. Goedicke, Dokumente 177

36. Goedicke, Dokumente 206 ff
37. Goedicke, Dokumente 215
38. Smith, Intermediate 197 f
39. Stock, Zwischenzeit 53
40. Fecht, Vorwurf 6
41. Stock, Zwischenzeit 557
42. Fecht, Anchtifi 50
43. Gomaá, Ägypten 19
44. Fecht, Anchtifi 51
45. Schenkel, Memphis 46
46. Fecht, Anchtifi 57 ff
47. Brunner, Literatur 61 f
48. Schenkel, Anchtifi 267 f
49. Fecht, Anchtifi 50 ff
50. Schenkel, Memphis 47 f
51. Schenkel, Memphis 48 ff
52. Fecht, Anchtifi 52
53. Schenkel, Memphis 54
54. Schenkel, Memphis 57
55. Schenkel, Memphis 73 f
56. Brunner-Traut, Literatur 69
57. Hayes, Middle 465
58. Stock, Zwischenzeit 54
59. Schenkel, Memphis 79 ff
60. Schenkel, Memphis 86 ff
61. Goedicke, Herakleopoliten 140, Anm. 3

Kapitel 7

1. Wolf, Kultur 222
2. Schenkel, Memphis 65
3. Hayes, Middle 473
4. Kees, Götterglauben
5. Hayes, Middle 423
6. Schenkel, Memphis 112 f
7. Schenkel, Memphis 150 f
8. Hayes, Middle 475 f
9. Arnold, Königsgräber passim
   Arnold, Târif passim
10. Hayes, Middle 476 ff
11. Schenkel, Memphis 93
12. Schenkel, Memphis 94
13. Schenkel, Memphis 96 ff
14. Schenkel, Türsturz 218
15. Schenkel, Memphis 106   [106
16. Schenkel, Memphis
17. Schenkel, Memphis 109
18. Spiegel, Auferstehung 279
19. Kees, Götterglaube 306 f
20. Otto, Amun 228
21. Otto, Amun 239
22. Kees, Götterglaube 374 f
23. Hayes, Middle 479 f
24. Arnold, Namensform 43
25. Schenkel, Memphis 225 f
26. Gardiner, Menthotpe 48

27. Schenkel, Memphis 207 f
28. Hayes, Middle 484 f
29. Gardiner, Literacy 48
30. Arnold, Tempel 62
31. Habachi, Mentuhotep 39
32. Schenkel, Memphis 209
33. Schenkel, Memphis 216 f
34. Hayes, Middle 482
35. Schenkel, Memphis 236
36. Hayes, Middle 482
37. Schenkel, Memphis 239
38. Schulze, Herrin
39. Arnold, Namensform 29 f
40. Arnold, Pyramiden 5 ff
41. Arnold, Tempel 18 f
42. Arnold, Tempel 72
43. Assmann, König 12
44. Arnold, Tempel 33
45. Arnold, Tempel 35
46. Arnold, Tempel 43
47. Arnold, Tempel 67
48. Arnold, Tempel 44 ff
49. Schulze, Herrin 204
50. Arnold, Tempel 56
51. Arnold, Tempel 47
52. Arnold, Tempel 48
53. Arnold, Tempel 50 ff
54. Arnold, Tempel 51 f
55. Arnold, Tempel 53
56. Wolf, Kultur 73 f
57. Arnold, Tempel 82
58. Arnold, Qurna 126 ff
59. Schulze, Horusfalke 221 f
60. Arnold, Tempel 73 f

61. Hayes, Middle 92 f
62. Schenkel, Memphis 255 f
63. Schenkel, Memphis 256 f
64. Schenkel, Memphis 257
65. Schenkel, Memphis 257
66. Schenkel, Memphis 263
67. Schenkel, Memphis 264
68. Hayes, Middle 493
69. Brunner, Literatur 54
70. Wolf, Ägypten 191 f
71. Hayes, Middle 496
72. Posener, Littérature passim
73. Hornung, Einführung 33 f
74. Hayes, Middle 496
75. Hayes, Middle 496
76. Hayes, Middle 497
77. Schulze, Herrin 101 ff
78. Anthes, Lehre 44 ff
79. Anthes, Lehre 49
80. Brunner, Literatur 56 ff
81. Wolf, Ägypten 194
82. Weber, Verschwörung 988
83. Wolf, Ägypten 194 f
84. Tanner, Sukzession 172 ff
85. Wolf, Kultur 229
86. Hornung, Dichtung 23 f
87. Hornung, Dichtung 25

88. Hornung, Dichtung 26
89. Hornung, Dichtung 29
90. Westendorf, Sinuhe 127
91. Hornung, Dichtung 31
92. Hornung, Dichtung 33
93. Hornung, Dichtung 34
94. Hornung, Dichtung 36
95. Hornung, Dichtung 38
96. Hornung, Dichtung 39
97. Brunner-Traut, Literatur 78

Kapitel 8

1. Hornung, Dichtung 9
2. Hornung, Dichtung 9
3. Hornung, Dichtung 10
4. Hornung, Dichtung 13
5. Fecht, Bauerngeschichte 643 ff
6. Hornung, Dichtung 14
7. Hornung, Dichtung 15
8. Hornung, Dichtung 16
9. Hornung, Dichtung 16 ff

10. Hornung, Dichtung 22
11. Fecht, Bauerngeschichte 643 ff
12. James, Hekanakhte 4
13. James, Hekanakhte 5
14. James, Hekanakhte 10 ff
15. James, Hekanakhte 13
16. James, Hekanakhte 13
17. James, Hekanakhte 13 f
18. James, Hekanakhte 14
19. James, Hekanakhte 32
20. James, Hekanakhte 32 f
21. James, Hekanakhte 33
22. James, Hekanakhte 33
23. Schulze, Horusfalke 247
24. James, Hekanakhte 48
25. Helck, Bauer 637
26. Otto, Wesen 47
27. Wolf, Kultur 240
28. Wolf, Kultur 241
29. Otto, Wesen 48
30. Schott, E., Künstler 833 f
31. Schenkel, Memphis 245 ff

Zeittafel

Die exakte Chronologie für das Alte Reich und die Erste Zwischenzeit ist noch umstritten; Abweichungen bis ± 50 Jahre sind auch in modernen Werken keine Seltenheit. Erst für das Mittlere Reich liegen durch astronomische Daten gesicherte Zahlen vor. Ich habe mich vor allem auf Beckerath, Abriß u. a. gestützt

ab etwa 3100 v. Chr.	Frühzeit
ab etwa 3000	Reichseinigung, 1. und 2. Dynastie
etwa 2635–2155	Altes Reich
etwa 2635–2570	3. Dynastie, u. a. Djoser
etwa 2570–2450	4. Dynastie, u. a. Snofru, Cheops, Chephren, Mykerinos
etwa 2450–2290	5. Dynastie, u. a. Userkaf, Sahurê, Isosi, Unas
etwa 2290–2155	6. Dynastie, u. a. Teti, Phiops I., Merenrê, Phiops II., Nitokris
etwa 2155	7. Dynastie: Revolution, Interregnum
etwa 2155–2135	8. Dynastie
etwa 2134–2040	9. und 10. Dynastie, ›Herakleopoliten‹, u. a. Achthoes I., Nebkaurê, Achtoes II., Merikarê
2134–1991	11. Dynastie, ›Thebaner‹, u. a. Mentuhotep I., Antef I.–III., Mentuhotep II.–IV.
etwa 2045	Wiedervereinigung von Ober- und Unterägypten
1991–1785	12. Dynastie, u. a. Amenemhêt I., Sesostris I. und weitere Pharaonen dieser Namen

Bildnachweis

Innentitel: Trauernde Frauen. Mastaba des Ankh-ma-hor, Anf. 6. Dyn., Saqqara (Aufn.: Waley-el-dine Sameh, Ronco).

Seite 10: Einbringen der Ernte. Ti-Grab, 5. Dyn., Saqqara (Aufn.: Waley-el-dine Sameh, Ronco).

Seite 11: Hungernder Töpfer. 6. Dyn. (Aufn.: Staatliche Museen zu Berlin, DDR, Ägyptisches Museum, Inv. Nr. 22754).

Seite 15: Mutter und Kind. Mittleres Reich (Aufn.: Ägyptisches Museum, Staatliche Museen Preußischer Kulturbesitz, Berlin, Inv. Nr. 14078).

Seite 17: Getreidespeicher. Mittleres Reich (Aufn.: Waley-el-dine Sameh, Ronco).

Seite 25: Mädchen beim Kornmahlen. 5. Dyn., Museum Kairo (Aufn.: Service des Antiquités d'Egypte, Kairo).

Seite 27: Schreiber verbucht Fischbeute. Grab Mehou, 5.–6. Dyn., Saqqara (Aufn.: Waley-el-dine Sameh, Ronco).

Seite 32–33: Gefangene Vögel im Netz. Grab des Neferherptah, 5. Dyn., Saqqara (Aufn.: Lohn G. Ross).

Seite 40–41: Steuerschuldiger Bauer wird verprügelt. 5. Dyn., Saqqara, Museum Kairo (Aufn.: Waley-el-dine Sameh, Ronco).

Seite 49: Darstellung einer Hungersnot. 5. Dyn., Pyramide des Unas (Aufn.: Service des Antiquités d'Egypte, Kairo).

Seite 50: Kupferstatue Phiops I., 6. Dyn. (Aufn.: Hirmer, München).

Seite 56–57: Zimmerleute bei der Arbeit. Ti-Grab, 5. Dyn., Saqqara (Aufn.: Waley-el-dine Sameh, Ronco).

Seite 60: Phiops II. auf dem Schoß seiner Mutter. 6. Dyn. (Aufn.: Brooklyn Museum, New York).

Seite 71: Sternendecke und Pyramidensprüche im Grab Phiops II., 6. Dyn., Saqqara (Aufn.: Service des Antiquités d'Egypte, Kairo).

Seite 79: Getreidespeicher Ramses II., Neues Reich (Aufn.: Waley-el-dine Sameh, Ronco).

Seiten 83, 84, 85, 86: Stelen aus der 1. Zwischenzeit (Aufn.: Ägyptisches Museum, Staatliche Museen Preußischer Kulturbesitz, Berlin, Inv. Nr. 3/64, 35/66, 4/64, 37/66).

Seite 95: Speise- und Bierzubereitung. Stele aus der 1. Zwischenzeit (Aufn.: D. Johannes, Kairo).

Seite 99: Nachtsonnenbarke aus dem Grab Haremhabs. Neues Reich (Aufn.: Harry Burton).

Seite 105: Blinder Harfner. Neues Reich (Aufn.: Rijksmuseum van Oudheden, Leiden).

Register

Fast auf jeder Seite vorkommende Begriffe, wie Ägypten, König usw., werden nicht aufgeführt. Abkürzungen: Äg = Ägyptologe, G = Gott, Gn = Göttin, Gf = Gaufürst, Kg = König, Kgn = Königin